마음의 청결

En Leiligheds-Tale[1]

af

S. KIERKEGAARD

Kjøbenhavn

Hos Universitetsboghandler C. A. Reitzel

Trykt i Bianco Lunos Bogtrykkeri

기독교 고전 **7**

마음의 청결

쇠렌 키르케고르 지음
이창우 옮김

카리스
아카데미

|일러두기|

번역대본으로는 Søren Kierkegaard, *Upbuilding discourses in Various Spirits,* tr. Howard V. Hong and Edna H. Hong, Princeton: Princeton University Press, 2009을 번역하면서, 덴마크의 키르케고르 연구소에서 제공하는 덴마크어 원문과 주석을 참고하였다. 부언한다면, 만연체의 문장을 단문으로 바꾸었고, 분명하지 않은 지시대명사를 구체적으로 표현했고, 독자들의 이해를 돕기 위해 문장을 추가한 곳도 있다. 가능하면 쉬운 어휘를 선택했다는 점을 밝힌다. 중요 단어는 영어와 덴마크어를 병기하여 의미를 명확히 하고자 했다.
성경구절의 인용은 한글 개역개정판 성경을 사용하였고, 가능하면 성경의 어휘를 사용하여 원문을 번역하였다.

"저 단독자(Hiin Enkelte) "[2]에게
이 작은 책을 바칩니다.

목차

제3장 단독자

역자 서문

　드디어 《마음의 청결》을 출간함으로 1847년에 출판된 키르케고르의 작품 《다양한 정신의 건덕적 강화》 전체 3부 작품을 완역하였습니다. 1부 《마음의 청결》, 2부 《새와 백합에게 배우라》, 마지막 3부 《복음과 함께 고난을 받으라》입니다. 1부의 원제목은 "En Leiligheds-Tale"로, 우리말로 옮기면, "특별한 때를 위한 강화" 정도로 옮길 수 있습니다. 즉, 이 말은 결혼식, 장례식, 고해성사 등 특별한 경우에 행하는 교회의 설교를 가리키는 말입니다. 여기에는 교회 기념일, 정치 행사, 혹은 축하 행사 등에서의 설교도 포함될 수 있습니다. 하지만 《마음의 청결》은 이 중에서 특별히 '고백의 때'와 관계하고 있습니다.

　《다양한 정신의 건덕적 강화》의 전체 3부는 서로 깊은 관련이 있기에, 꼭 함께 읽기를 추천해 드립니다. 키르케고르의 일기를 참고하면, 1부 《마음의 청결》은 윤리적이고도 아이러니컬하며, 그리하여 건덕적이며 소크라테스적입니다. 반면 2부 《새와 백합에게 배우라》는 유머러스합니다.[3] 3부 《복음과 함께 고난을 받으라》는 각 작품에 그 책을 다음 책과 연결하는 하나의 가시를 남겨놓았다고 말합니다.[4] 가시는 무언가를 찌르는 것입니다. 키르케고르가 각 사람의 덕을 세우기 위해, 마치 '독침' 같은 무언가를 각 강화에 숨겨놓았다고 해석할 수 있습니다. 이런 점에서 《다양한 정신의 건덕적 강화》는 상호 관련성이 있습니다.

키르케고르는 《마음의 청결》을 '단독자'에게 바치고 있습니다. 그 정도로 이 책은 단독자와 관련된 작품이지만, 마지막 시리즈인 3장까지 끝까지 읽지 않는 한, 이 글이 단독자에 관한 이야기임을 독자가 분명하게 알아차리기는 쉽지 않습니다. 하지만 그의 일기 내용을 통해 알 수 있듯이, '단독자'는 키르케고르가 생각하기에 인간의 가장 본질적인 요소로서, 착각으로서의 차이를 완전히 폐지하고 영원의 본질적 평등을 확립하는 것입니다. 또한, 가장 아이러니한 범주가 '단독자'라고도 말합니다.[5] 이 작품의 3부는 특별히 단독자를 심층 깊이 다루고 있습니다.

이 작품은 무엇보다 '다양한 정신'을 파헤치고 있습니다. 많은 사람이 '두 마음'을 품고 살아갑니다. 야고보 사도가 "두 마음을 품은 자들아, 마음을 청결하게 하라."(약 4:8)고 경고한 것처럼, 두 마음이 아닌 한마음을 품는 것이 과연 무엇이고, 또한 이것이 얼마나 중요한 것인지를 키르케고르는 이 책에서 중요하게 다룹니다. 마음의 청결이란 사람이 오직 한 가지만을 마음에 품는 것이라고 키르케고르가 말한 것처럼, 이 책을 읽는 모든 분께서 한가지, 즉 청결한 마음을 품으시길 축복합니다.

역자 이창우

프롤로그

이 작은 책을 특별한 때를 위한 강화(occasional discourse)라 부를지라도, 이 강화를 선포하는 사람(speaker)에게 **권위**를 주거나, 혹은 독자를 배우는 자로 만들고자 하는 그런 의도를 가진 것은 아닙니다. **현실의 상황** 안에 자리한 이 작은 책이 비록 심심풀이 상상이나 백일몽처럼 여겨진다 해도, 확신이 없는 것도 아니고 소망이 이루어지지 않은 것도 아닙니다.

이 책은 저 단독자를 찾고 있습니다. 저 단독자에게 이 책은 자신을 바칩니다. 내가 기쁘고 감사한 마음을 갖고 나의 독자라고 부르는 저 단독자가, 자신의 마음속에 떠오른 생각대로[6] 이 작은 책을 받기를 바랍니다. 자발적으로 또한 천천히 이 책을 읽기를 바랍니다. 자신을 위하여 반복적으로, 또한 소리 내 읽기를 바랍니다. 이 책이 그런 단독자를 찾아낸다면, 저 단독자가 이 책에 대한 이해를 **자기 것으로 만들어 자신의 깊은 내면**(inwardness of appropriation)에 간직할 때, 저 소외되고 외진 곳에서 이해는 완성됩니다.

[7]거룩하게 쓰임 받을 옷을 만들 때, 옷을 치장할 모든 꽃을 만들 때, 가능하다면 들판에 핀 아름다운 꽃만큼 아름답게 만듭니다. 옷을 치장할 모든 별을 만들 때, 가능하다면 밤하늘에 반짝이는 별만큼 반짝거리도록 만듭니다. 자기가 가진 가장 귀한 재료들을 아낌없이 사용합니다. 그때 그 사람은, 자기 삶에 중요한 다른 모든 권리를 포기합니다. 사랑스러우며 유일한 그 일을 위해, 밤낮이고 쉬지 않고 일할 수 있는 적절한 기회를 얻기 위해 말입니다. 그러나 자신이 그 옷을 완성했고, 처음에 목적했

던 거룩한 용도에 맞게 그 옷이 사용되었음에도, 누군가는 그 옷이 지닌 의미를 보는 대신, 그 옷의 장식품에 쓰인 예술적 기교만을 보는 실수를 범하게 될까 봐 괴로운 마음이 듭니다. 혹은 옷의 결점만을 보는 실수를 범하지는 않을까 염려하게 됩니다.

만든 자가 스스로 그 옷에 거룩한 의미를 새길 수는 없습니다. 거룩한 의미를 부여하기 위해 특별한 무늬로 수놓을 수 없습니다. 그 옷을 바라보는 자 안에, 바라보는 자의 이해에서, 옷은 마침내 어떤 의미를 갖고 존재하기 시작합니다. 옷을 보는 자가 자신과 마주할 때, 자기(self)와 함께할 때, 자신과는 무한히 떨어져 분리된 외딴곳에서 바느질한 사람과 그 역할은 망각합니다.

바느질하는 사람이 자신의 임무를 다하기 위해 모든 노력을 다하는 것, 이것은 허용될 수 있었습니다. 이것은 적합했습니다. 또한 의무였습니다. 특별하게 소중한 의무였습니다. 그러므로 최고의 기쁨이었습니다. 그러나 누군가 거기에 존재하긴 하지만 무시되어야만 하는 것을 보는 실수를 범한다면, 그것은, 옷을 바느질한 그 가엾은 이에게는 모욕이요, 하나님에 대해서는 실족(offense)입니다. 거기에 존재하는 것, 그것이 주목받지 않도록 하십시오. 반대로, 그것의 부재(absence)만이 거침없이 주목받게 하십시오.

S.K.

참고자료

1 영세, 결혼식, 장례식(장례식 연설), 고해성사(고해성사 연설)에서 사제가, 사제
   임명식에서 학장이, 사제, 주교 및 교회 봉헌식에서 주교가 특별한 경우에 행하는 교회
   연설을 가리키는 용어이다. 때때로 이 용어는 더 광범위하게 사용되기도 하는데, 예를
   들어 J.P. Mynster의 《Kirkelige Leiligheds-Taler, udg. af F.J. Mynster, bd. 1-2,
   Kbh. 1854》에는 취임식 및 고별 설교, 교회 기념일 축하, 정치 행사 같은 특별한 행사를
   위한 설교, 왕과 왕비를 위한 장례식 설교도 포함되어 있다.

2 다음을 참고하라. NB:64, Pap. VII1 A 176

   특별한 때를 위한 강화의 "저 단독자"에 대한 헌사에서 다음이 추가되어야 한다.

   단독자에게,

   나의 이 헌사를 받아 주십시오. 그러나 이것은 말하자면, 맹목적으로 제공되었습니다.
   따라서 어떤 다른 생각들로 인해서도 방해받지 않은 채, 오직 정직하게 제공된 것입니다.
   나는 당신이 누구인지 알지 못합니다. 당신이 어디에 있는지도 모릅니다. 당신의 이름도
   알지 못합니다. 혹은 당신이라는 사람이 실제로 존재하는지조차도 알지 못합니다.
   과거 어느 때 당신이 존재했는지, 그러나 지금은 더 이상 존재하지 않는 사람인지에
   대해서도, 나는 알지 못합니다. 당신의 때가 아직은 이르지 않았지만, 지금 오고 있는지도
   알지 못합니다. 그러나 당신은 나의 소망, 나의 기쁨, 나의 자랑, 나의 영광입니다.
   당신이 누구인지 내가 전혀 알지 못하더라도 말입니다. 만일 내가 당신을 개인적으로
   알았더라면, 세속적인 확실함으로 당신을 알았더라면, 도리어 이것은 나에게 수치요
   죄책이 되었을 것입니다. 나의 영광은 상실되고 말 것입니다.

   내가 정직하게 노력해 왔고, 내 노력이 추구하는 것이 무엇인지를 당신에게 알릴 수
   있는 적절한 때(Beleilligheden)가 있다는 희망이 나를 위로해 줍니다. 따라서 내가 쓴
   글을 읽는 것이 관례가 된다면(이것이 가능했다면), 또는 세상에서 무언가를 얻으려는
   희망으로 읽은 것처럼 보이게 된다면, 독자들에게 적절한 때는 절대 오지 않을 것입니다.
   왜냐하면 그런 경우에는 오해가 승리했을 것이기 때문입니다. 이런 일이 일어나지
   않도록 모든 노력을 기울여 오지 않았더라면, 나는 아마도 정직하지 못하게 행동했을

테지만, 반대로 이런 일이 일어나지 않도록 모든 노력을 다한 결과, 나는 정직하게 행동해 왔습니다. 아니, 내가 쓴 글을 읽는 것이 의심스러운 이익이 될 때(그리고 내가 부여받은 재능에 따라 글을 쓰고 여기에 이바지함으로, 나는 정직하게 행동하고 있습니다), 혹은 더 나아가 그것이 어리석고 부조리한 일이 될 때, 혹은 더 나아가 누구도 절대 인정할 수 없을 정도로 경멸스러운 것이 될 때, 그러나 그것이 독자에게는 적절한 때입니다. 그때 독자는 고요함을 추구할 것이고, 나를 위해서가 아니고 세상을 위해서도 아닌, 바로 자신을 위해 이 책을 읽을 것이며, 나의 친분을 구하지 않고 오히려 그것을 피하는 방식으로 읽을 것입니다. 그렇다면 당신은 나의 독자입니다.

나는 종종 나 자신이 목사의 지위에 있다고 생각했습니다. 군중이 그 설교를 듣기 위해 달려오고, 교회의 큰 아치(arch)가 군중을 수용할 수 없는 나머지, 심지어 밖에 서서 듣고 있는 사람들도 있다면, 성령에 사로잡힌 은사를 받은 그 사람에게 찬양과 영광을 올려드릴 것입니다. 진실로 그는 군중 앞에서 영감을 받아, 영감받은 사람처럼 말합니다. 군중이 있는 곳에 진리가 있음이 확실하다는 믿음도 갖습니다. 결국, 수많은 사람이 있기에, 누구에게나 약간의 진리가 있다는 생각에 영감을 받습니다. 수많은 사람이 약간의 진리를 가질 때, 그것은 진실로 진리입니다. 하지만 나에게 이런 일이 일어난다는 것은 불가능합니다!

그러나 어느 일요일 오후를 상상해 보십시오. 날씨가 불쾌하고 기분은 우울합니다. 겨울 폭풍이 거리를 비웠고, 따뜻한 집을 가진 모든 사람은 더 좋은 날씨가 올 때까지 교회에서 하나님을 기다리게 만듭니다. 자기 집과 마찬가지로 난방이 되지 않는 텅 빈 교회 응접실에는, 집에서나 교회에서나 똑같이 얼어붙을 것이 확실하게 가난한 두 명의 여성이 앉아있었다면! 나는 그들과 대화를 나누며, 진정 서로를 따뜻하게 할 수 있었을 것입니다!

나는 종종 무덤가에서 나 자신을 생각했습니다. 유명하고 훌륭했던 모든 사람이 거기에 모였다면, 그리고 군중이 엄숙한 의식에 사로잡혔다면 말입니다. 슬픔을 실로 진실하게 표현하는 통역사가 되어 감동을 주며 군중을 섬기면서, 여기에 화려함까지 더하는 이런 은사를 가진 이런 사람이 있다면 말입니다. 나는 그 사람에게 당장 찬양과 영광을 보낼 것입니다. 그렇지만 나는 그것을 할 수 없을 것입니다! 그러나 장례식장에 아무도 찾아오지 않은 한 가난한 사람의 시체를 실은 영구차가 있었고, 참석한 사람으로는 오직 고인의 배우자였던 불쌍한 여성뿐이었다면, 남편이 아내를 동반하지 않고 외출한 것은 처음인 그날, 만일 그녀가 내게 부탁한다면, 나도 다른 누구처럼 내 명예를 위해 추도사를 읊을 것입니다.

나는 종종 죽음의 문턱에 있는 나 자신을 생각했습니다. 나의 상태를 알기위해 정신없이 다녔을 것이고, 위기감이 감돌았을 것입니다. 나는 여기서 죽을 수 없다고 생각합니다. 예전의 전투력이 다시 나를 깨우고, 다시 한번 일어나 나가서 사람들과 싸워야 할 것 같습니다. 하지만 내가 길을 비켜 홀로 남는다면, 조용하고 축복받은 죽음을 맞이하기를 하나님 앞에 소망합니다.

군중이 있는 곳에 진리도 있다는, 즉 진리 자체가 군중을 자기편에 두어야 한다는 인생관이 있습니다. 그러나 한편으로 군중이 있는 곳에는 비진리가 있다고 주장하는 다른 인생관도 있습니다. 따라서 각 개인이 조용히 각자의 진리를 갖고 있더라도, 군중으로 모이면(군중이 어떤 결정을 내리고, 투표를 하고, 시끄러운 의미를 갖는 방식으로) 비진리가 즉시 존재합니다. 그러나 이(후자의) 관점을 받아들이는 사람(이 관점은 거의 밝혀지지 않았습니다. 왜냐하면 군중이 비진리 가운데 살고 있다고 믿지만, 사람은 자기 의견이 군중에 의해 받아들여지면 모든 것이 괜찮을 것이라고 믿는 경우가 더 많기 때문입니다.), 이 사람은 물론 자신이 약하고 무력하다는 것을 인정합니다. 한 개인이 어떻게 힘을 가진 많은 사람에게 반대할 수 있겠습니까! 그리고 이것은 물론 자신을 조롱하는 것이기 때문에 그가 자신의 편에 군중을 두는 것을 바랄 수도 없었습니다. 그러나 처음부터 이러한 관점이 약함과 무력함을 인정하는 것이기 때문에 그렇게 매력적이지 않은 것처럼 보이지만, 그런데도 평등주의적인 장점이 있습니다. 누구도 모욕하지 않습니다. 단 한 사람도 말입니다. 누구도 구별하지 않습니다. 단 한 사람도 말입니다.

물론 군중은 개인으로 구성되어 있습니다. 따라서 개인이 개인으로 남는 것은 각자의 힘에 달려 있습니다. 아무도 개인이 되는 것에서 배제되지 않지만, 자신을 배제하는 사람은 다수가 되는 것입니다. 반대로 다수가 되는 것, 즉 자신을 중심으로 다수를 모으는 것은 삶의 경계선입니다. 이에 대하여 말하는 아무리 선의의 사람이라도 개인을 쉽게 모욕할 수 있습니다. 그러나 군중이 다시 권력, 영향력, 명성, 지배력을 갖게 되면, 이 또한 개인을 약하고 힘없는 존재로 간주하고 영원한 진리인 개인을 시간적이고 세속적인 방식으로 지배하면서 무시하는 삶의 경계선입니다.

3 NB:129, Pap. VIII1 A 15.

4 NB: 160, Pap. VIII1 A 49.

5 NB:129, Pap. VIII1 A 15.

6 고린도전서 2:9, "기록된 바 하나님이 자기를 사랑하는 자들을 위하여 예비하신 모든 것은 눈으로 보지 못하고 귀로 듣지 못하고 사람의 마음으로 생각하지도 못하였다 함과 같으니라."

7 이하의 구절은 다음을 참고하라.

서문

이 의미는 보는 자가 지닌다. 그것과 비교할 때, 다른 모든 것, 예술적 기교와 결점, 비용과 가난은 아무것도, 결코 아무것도 아니다. 그러므로 그녀의 낭비는 그녀에게 귀중하다. 그것은 일반적으로 자신을 드러내는 것이 아니라, 오히려 더욱 타인에게 관심받지 못하도록 하기 때문이다. 그녀의 역할, 그러나 누군가 그것에 집중했다면, 그것은 하나님과 그 여인에 대한 실족이다. -Pap. VII1 B 137 n.d., 1846

Pap. VII1 B 137에 추가된 것:

그리고 그것과 비교할 때, 다른 모든 것, 예술적 기교와 결점, 비용과 가난은 아무것도, 결코 아무것도 아니다. 그렇지 않다면 낭비임이 분명하니까. 여기에서 그것은 보이지 말아야 한다. -Pap. VII1 B 138 n.d., 1846

Pap. VII1 B 137에 추가된 것:

세속적인 의미에서, 누군가 금으로 치장했는지, 혹은 보석으로 치장했는지, 이 둘 사이에 큰 차이가 있다. 그러나 종교적으로 보면, 둘 사이에는 아무런 차이도, 절대 어떤 차이도 없다. 왕이 그것으로 치장했을 때, 누구나 그것을 보고 감탄한다. 그러나 교회의 종이 그렇게 한다면, 누구도 감히 그것을 볼 수 없다. 왜냐하면 거기에서 그는 다르게 보고 있기 때문이다. -Pap. VII1 B 139 n.d., 1846

고백의 때

기도

[1]하늘에 계신 아버지! 당신 없는 인간이란 다 무엇입니까![2] 인간의 모든 지식이 다 무엇입니까! 인간의 지식이 아무리 폭넓고 많다 해도, 당신을 알지 못한다면, 일관성 없는 토막지식에 불과합니다.[3] 인간의 모든 노력은 다 무엇입니까! 그 노력이 세상을 다 품는다 해도, 당신을 알지 못한다면, 일의 완성에 겨우 절반 정도 도달한 것에 불과합니다. 왜냐하면, 당신은 하나이면서 전부이기 때문입니다!

그때, 주여, 우리의 이해에 한가지를 깨달을 수 있는 지혜를 더하여 주소서. 우리의 마음에 이 지혜를 받을 수 있는 성실을 더하여 주소서. 우리의 의지에 한가지만을 품을 수 있는 청결을 더하여 주소서.

그때, 모든 일이 다 잘 풀릴 때, 한가지만을 품을 수 있는 인내력을 더하여 주소서. 마음이 혼란할 때, 한가지만을 품을 수 있는 집중력을 더하여 주소서. 고난당할 때, 한가지만을 품을 수 있는 참을성을 더 하여 주소서.

오, 일을 시작하시고 완성하시는 주여,[4] 날이 밝을 때, 젊은이에게, 한가지만을 품을 수 있는 결심을 더하여 주소서. 날이 저물 때, 늙은이에게, 처음의 결심을 새롭게 할 수 있는 기억을 더 하여 주소서. 그래서 마지막이 처음과 같도록, 처음이 마지막과 같게 하여 주소서. 그래서, 오직 한가지만을 품었던 자의 삶이 되게 하여 주소서.

그러나, 아! 이것은 이런 식이 아닙니다. 처음과 마지막 사이에 무언가 끼어들었습니다. 그것들 사이를 죄가 분리하고 있습니다. 매일, 허구한 날, 그것들 사이에 무언가 개입합니다. 지연, 멈춤, 중단, 오류, 파멸입니다.

그때, 주여, 회개하는 가운데 다시 한가지만을 품을 수 있는 담대한 확신을 더 하여 주소서.

회개는 과업의 중단을 가져옵니다. 회개는 일의 멈춤을 가져옵니다. 회개하는 자가 죄를 고백하는 중에, 스스로 고발하며 하나님 앞에 홀로 있을 때, 그에게는 바로 그날이 안식일인 것처럼 말입니다. 회개할 때만이, 무거운 짐을 진 자는 고요합니다.

오, 그러나 회개는 진실로, 처음으로 돌아갈 것을 구하는 중단입니다. 그리하여, 회개는 분리된 것을 재결합합니다. 그리하여, 회개는 슬픔 가운데 실패를 만회합니다. 그리하여, 회개는 배려 가운데 앞에 놓인 것을 완성합니다.

오, 일을 시작하시고 완성하시는 주여, 환난 날에 승리를 더하여 주소서.[5] 그리하여, 회개하는 가운데, 고통당하는 자와 욕망에 불탔던 자와 결심 가운데 단호했던 자, 그들이 실패했던 것을 실행하는 데 성공할 수 있도록 도와주소서. 곧, 한가지만을 품을 수 있게 하옵소서.

인간과 영원

모든 일에는 다 때가 있다고 솔로몬은 말합니다.[6] 이것은, 과거에 관해, 지나간 일에 관해, 경험이 말하는 방식입니다. 자신에게 주어진 삶을 다 살고, 삶을 스스로 구원했던 노인이 기억하며 사색할 때, 감동한 삶을 통해 지혜가 자라났을 때, 바로 그 노인이 말하는 방식입니다. 그런 삶의 감동은 분주한 삶 가운데 즉각적으로 현존하고 있으며, 조용한 기억을 위해 과거에 존재하는 것과는 다른 것입니다.

많았던 일과 소모적인 노력의 시기는 지나갔습니다. 노인에게 춤추고자 하는 욕망을 불러일으키던 시기도 지나갔습니다. 삶은 노인에게 더 이상 무엇도 요구하지 않습니다. 노인 또한 삶에 아무것도 요구하지 않습니다. 현재를 살아가지만, 한가지가 다른 한가지보다 노인에게 더 가깝게 있는 것이 아닙니다. 무엇을 기대하는 중에 자신의 판단을 바꿀 수 없습니다. 무엇을 결정하는 중에 자신의 판단을 바꿀 수 없습니다. 무엇을 후회하는 중에 그의 판단을 바꿀 수 없습니다. 완전히 과거의 것인 양, 현재와 관련된 것은 아무것도 없는 양, 모든 판단은 오직 과거에 의해 결정되었습니다.

나이를 먹는 것이 이런 것이라면, 결과를 떠나, 지금 살아 있지만 존재하지 않는 자로 여겨져야 한다면, 삶은 오직 과거의 사건일 뿐, 살아 있는 사람에게 남은 과업은 아무것도 없는 것이 되어야 한다면, 사람과 삶이 분리된 채, 삶은 이미 끝났고 지나가 버렸으며, 살아 있는 사람이 부재자로 여겨져야 한다면, 나이를 먹는다는 것은 얼마나 암울한 일인가요!

모든 인간적인 것이 솔로몬의 말대로만 존재하는 것이라면, 그 강화마저도, 모든 것에 다 때가 있다고 말한 강화와 똑같이 끝나야만 한다면, 이 얼마나 슬픈 지혜인가요! 이 익숙한 말씀과 함께한다면, "일하는 자가 그의 수고로 말미암아 무슨 이익이 있겠습니까(전도서 3:9)!"

"모든 것에는 때가 **있었다.** 모든 것은 자신의 때를 가지고 **있었다.**"라고 과거형으로 말했다면, 그 의미는 더욱 명확했을 텐데 말입니다. 노인이 된 솔로몬이 과거를 말하고 있었다는 것을 보여주기 위해서라면 말입니다. 그 노인이 다른 누구에게 말한 것이 아니라, 오직 자기 자신에게 말하고 있었다는 것을 보여주기 위해서라면 말입니다.

세월에 따라 변하는 저 인간의 삶을 말하는 자는, 그가 어떤 시기에 있는지 회중에게 말하려거든 반드시 조심해야 할 것이 있습니다. 사람 안에 있는 덧없는 것과 변화무쌍한 것에 관한 지혜를 다룰 때는, 그 지혜가 도리어 사람에게 해를 가하지 않도록, 깨지기 쉬운 것을 다루듯 조심스럽게 다뤄야만 합니다. 오직 영원만, 항상 적용되고, 언제나 존재하며, 언제나 진실하고, 모든 나이의 모든 사람과 관계합니다. 변화무쌍한 것이 존재했을 때, 그것은 존재하지만 동시에 변합니다. 따라서 변화무쌍한 것을 다룬 강화는 변질되기 쉽습니다.

노인이 과거를 말한 것은 지혜일 수 있습니다. 그러나 청년과 장년이 현재를 말한 것이라면, 그것은 단지 어리석음에 불과합니다. 청년은 그 말을 이해할 수 없습니다. 장년은 그 말을 이해하려 하지 않습니다. 좀 더 나이 든 사람만 솔로몬의 말에 완전히 동의할 수 있습니다. 기쁨을 위해 춤출 때가 있다는 것입니다. 어떻게 솔로몬에게 동의할 수 있을까요? 그에게 춤출 시기는 지나갔기 때문입니다. 이제 그는, 지나간 무언가를 말하는 자가 되었습니다.

춤출 수 있는 젊음과 기쁨이 있었을 때, 그가 무도장의 초대에 기쁘게 승낙했든, 혹은 거절당했든, 좀 더 나이 든 사람은 조용히 말합니다.

"그래, 춤출 때가 있지."

그러나 무도장에 급히 춤추러 가는 것, 집에 꼼짝없이 틀어박혀 있어야 하는 것, 젊은이에게는 이 두 가지 상황이 전혀 다른 사건이기에, 젊은이가 이 둘을 같게 여기는 일은 일어나지 않습니다. 젊은이는 말합니다.

"한가지를 위한 때가 있고, 다른 한가지를 위한 때가 있지."

사람은 세월과 함께 변합니다. 세월 가운데 어떤 한 국면이 성취될 때마다, 다양한 내용에 관해 공평하게 말합니다. 그렇지만, 그가 더 현명해진 것을 뜻하지는 않습니다. 단지 변했다는 것을 말할 뿐입니다. 과거에 춤이 젊은이를 흥분시킨 것처럼, 지금 그를 흥분시킨 무언가 있습니다. 장난감이 아이 마음을 사로잡은 것처럼, 지금 그의 마음을 사로잡은 무언가 있습니다. 세월의 흐르면서 사람도 변해가는 방식입니다. 이제 노인은 마지막 변화를 맞이합니다. 과거의 모든 변화무쌍했던 것에 관해 지금 공평하게 말합니다.

그러나 이야기가 여기에서 끝나는 걸까요? 사람인 것이 무엇을 의미하는지, 때에 맞는 인간의 삶이 무엇을 의미하는지, 우리가 들을 수 있는 모든 것을 말했습니까? **그러나 가장 중요한 것과 가장 결정적인 것이 빠진 것이 확실합니다.** 세월에 따른 인간 삶의 자연적인 변화와 외재적 변화에 관한 이야기가, 동식물의 삶의 이야기와 본질적으로 다르지 않기 때문입니다.

동식물도 세월에 따라 변합니다. 동물도 나이 들어가면서 어릴 때와 다른 욕구를 갖습니다. 동물 삶에도 때로 기쁨이 있지만, 때로는 곤경을 겪기도 해야 합니다. 늦은 가을에, 꽃도 세월의 지혜를 퍼뜨릴 수 있고 진실하게 말할 수도 있습니다.

"모든 것은 다 때가 있는 법이야. 날 때가 있으면 죽을 때도 있지.[7] 꽃잎이 활짝 필 때가 있고 시들어 죽고 잊힐 때도 있어. 아름다운 꽃잎으로 모든 관심을 한 몸에 받을 때가 있지만, 어떤 꽃인지조차 알아볼 수 없을 만큼 비참해질 때도 있어. 돌봄을 받을 때가 있지만, 미움받고 뽑힐 때도 있어. 아침의 따스한 햇볕에 기뻐할 때가 있건만, 밤 동안 추위에 얼어 죽어버릴 때도 있지. 모든 것에 다 때가 있는 법이야. 만물의 질서가 이러할진대, 일하는 자의 수고는 다 무슨 유익이람?"

동물이 늙어갈 때 세월의 지혜를 빌어 진실하게 말할 수 있습니다.

"모든 것에 다 때가 있는 법이야. 기뻐 뛰어놀 때가 있고 땅에 기어다닐 때가 있지. 일찍 일어날 때가 있고 늦게 잘 때가 있다고. 친구와 들에서 함께 뛰어다닐 때가 있지만, 죽어서 서로 헤어질 때가 있지. 사랑하는 새와 함께 둥지를 틀 때도 있지만, 지붕 위에 나 홀로 앉아 있을 때도 있어. 구름을 향해 위로 날아올라 갈 때가 있고, 매의 공격을 받아 땅에 떨어질 때도 있지. 모든 것에는 다 때가 있는 거야. 그렇다면, 일하는 자의 수고가 다 무슨 유익이 있을까?"

"더 이상 할 말이 없는가?"라고 누군가 묻는다면, 꽃은 이렇게 대답할 것입니다.

"그래, 꽃이 죽고 나면 이야기는 모두 끝이 나지."

그러나 만일 이것이 그렇지 않다면, 이야기는 처음과 달랐어야 하며, 또한 끝나지 않고 계속되면서 내용이 달라지지 않았을 텐데 말입니다. 꽃이 다른 식으로 대답하면서 이야기를 마무리했다고 가정해 봅시다. 꽃이 덧붙여 말합니다.

"이야기는 끝나지 않았어. 왜냐하면, 나는 불멸하기(immortal) 때문이지."

그런데, 이상하지 않은가요? 꽃이 불멸한다면, 불멸성(immortality)은 꽃이 죽지 않도록 막는 것이어야만 합니다. 모든 생명체의 삶의 순간마다 현존하는 것, 그것이 바로 불멸성이어야만 합니다. 삶의 이야기는, 변화무쌍하고 사멸할 수밖에 없는 모든 다양한 것과 불멸성의 차이를 표현하기 위해, 다시 한번 완전히 달라져야 합니다.

삶의 마지막 단계, 곧 생명체의 죽음의 순간에 갑자기 끼어든 마지막 변화가 불멸성일 수 없습니다. **오히려, 불멸성은 세월이 변한다 해도 자신은 절대 변하지 않는 불변성(changelessness)입니다.** 바로 이 때문에, 지혜로운 솔로몬이 "모든 것은 다 때가 있다."라는 노인의 말에 다음을 덧붙였습니다.

"하나님이 모든 것을 지으시되 때를 따라 아름답게 하셨고, 또 사람들에게는 영원을 사모하는 마음을 주셨느니라. 그러나 하나님이 하시는 일의 시종을 사람으로 측량할 수 없게 하셨도다."(전도서 3:11)

현자(sage)는 이런 식으로 말합니다. 변화에 관한 이야기, 변화를 말하는 다양한 방식은 오직 혼란스러울 뿐이기 때문입니다. 특히 노인의 입을 빌려 말할 때 더욱 그렇습다. **오직 영원자(the eternal)만 덕을 세웁니다. 세월의 지혜는 혼란을 줄 뿐입니다. 오직 영원의 지혜만이 덕을 세웁니다.**

그때, 인간에게 영원한 것이 있다면, 그것은 존재할 수 있어야 하고 모든 변화 안에서 파악할 수 있어야 합니다. 영원한 것조차도 유한한 것으로 말하는 것은 지혜일 수 없습니다. 사멸하는 것이 때를 갖는 것처럼 영원한 것도 때를 갖는다고 말하는 것, 멀리 가지 못하는 바람이 순환하는 것처럼 영원한 것도 순환한다고 말하는 것, 바다를 다 채울 수 없는 강처럼 영원 역시 그런 과정 가운데 있다고 말하는 것, 이것은 지혜일 수 없습니다.[8]

과거가 지나가 버렸을 때 과거를 말하는 것처럼 영원도 같은 방식으로 말하는 것, 이것은 지혜가 아닙니다. 과거는 이미 다 지나가 버렸기에 지금 사는 사람과 아무 관련이 없다고 말하는 것, 심지어 후회해도 소용없다고 말하는 것, 그리하여 오직 부재인 사람과만 관련지어 말하는 것,

이것은 지혜일 수 없습니다. **후회**(Fortrydelse, regret)**란 과거와 현재를 사는 사람과의 관계이기 때문입니다.**

춤출 때의 기쁨, 혹은 그와 반대인 상황을 젊은이가 똑같이 말하기를 바라는 것, 이것은 지혜일 수 없습니다. 이런 현명한 어리석음이란, 젊은이가 더욱 젊었을 때, 그 젊음보다 더 성장하기 원했음을 폭로하는 것에 불과하기 때문입니다. 그러나 **영원의 문제에서, 사람이 영원보다 더 성장하여 영원보다 더 늙게 되는 때란, 인간에게 절대 오지 않는다**는 것을 명심하십시오!

인간에게 영원한 것이 있다면, 영원에 관한 이야기는 달라져야 합니다. '언제나 때를 갖는' 무언가 있다고 말해야 합니다. 우리가 '항상' 감사해야 한다고 사도가 말하듯이[9] '언제나 그래야 하는' 무언가 있다고 말해야 합니다. 때를 갖는 무언가 있다면 그것은 친구로 여겨져야 하며, 결국때를 가진 일시적인 것과 같아야 합니다. 그러나 영원은 친구가 아니라지배자입니다. 지배자는, 때를 갖기 원하지 않고, 도리어 시간을 자기 것으로 만들고 싶어 합니다. 그때 이 지배자는, 일시적인 것이 때를 갖도록허용합니다. 따라서 성서는 선포합니다.

"이것도 행하고 저것도 버리지 말아야 한다."[10]

그러나 해야만 하는 것을 실행할 때만이 오직, 버리지 말아야 할 것을 고려하게 됩니다. 영원한 것도 마찬가지입니다. 사람 속에 있는 것 중에서 영원과 관계하는 것을 세속적인 지혜가 일시적인 것으로 바꾸려 한다면, 그것을 노인이 말하든 젊은이가 말하든, 이것은 어리석은 생각입니다. 왜냐하면 영원과 관계할 때, 세월(나이)은 어리석게 말한 것에 정당성을 확보하지 못하기 때문입니다. 또한 젊다고 해서, 옳은 것이 무엇인지 이해할 수 있는 능력이 없는 것도 아니기 때문입니다.

일시적인 의미에서는, 경건(Gudsfrygt)이란 어린 시절에 속하는 것이라고 누군가 설명한다면, 어린 시절이 점점 사라지듯 경건 또한 세월과 함께 없어지는 것이라고 설명한다면, 이것은 사악하고(ungodliness) 어리석은(foolishness) 생각입니다. 보존할 수는 없으나 기억할 수 있는 행복한 마음의 상태가 경건이라고 볼 때, 나이 들수록 기력이 쇠하면서 감각도 무뎌지며, 잠은 더 이상 오지 않고 무기력만 증가할 때, 그 때 동반되는 것이 회개라고 누군가 설명한다면, 이 또한 사악하고(ungodliness) 어리석은(foolishness) 생각입니다.

물론 나이를 먹을수록 어린 시절 지녔던 경건을 잊어버리는 사람이 있습니다. 세월에 속아 최고의 것을 빼앗겼으며, 가장 건방진 자에 의해 기만당했습니다. 노년기의 고통 중에 회개가 따라잡지 못한 자도 있습니다. 그가 죄지을 만한 힘이 없을 때 말입니다. 그래서 회개는 늦을 뿐만 아니라, 늦은 회개가 갖는 절망은, 결국 마지막이 되고 마는 것입니다.

그러나 이것은 영리하게 설명해야 하는 사건을 말하는 것이 아닙니다. 혹은 인생은 악몽이라고 설명해야만 하는 것도 아닙니다. 사람이 아무리 오래 살아 천 살을 먹는다 해도, 젊은이가 두려움과 떨림으로[11] 인생을 이야기하는 것과 다르게 말할 정도까지는 늙을 수 없습니다. 영원과 관계할 때, 사람이 일시적인 의미에서 영원보다 더 늙을 수 없습니다. 또한 과거의 의미에서도 마찬가지입니다.

오히려, 아이와 젊은이보다 더 자라 어른이 될 때, 인간의 언어는 이것을 성숙이라 부르고 장점이라 말합니다. 그러나 어느 때든 영원보다 더 자라기 원하는 것, 이것은 하나님을 버린 것이기에 영원한 파멸로 일컫습니다. 경건치 않은 자의 삶은 "움직일 때마다 소멸하여 가는 달팽이와 같을 것입니다." (시편 58:8)

후회의 부름

그때, **'언제나 행해야 하는 것'**이 있습니다. 일시적인 의미에서 때를 갖지 말아야 하는 무언가 있습니다. 이것을 행하지 않는다면, 이것이 버려진다면, 혹은 그 반대로 한다면, 슬프게도, 그때 다시 행해야 하는 무언가, 항상 있습니다(혹은 이것은 같은 것입니다. 세월의 경과에 따라 변하긴 하지만, 결국에는 다시 돌아오며, 본질적으로 변하지 않습니다). 일시적인 의미에서는 때를 갖지 말아야 하는 것입니다. **거기에 후회**(regret)**와 회개**(repentance)**가 있어야 합니다.**

우리는 후회와 회개를 말할 때, 그것이 감히 때를 갖고 있다고 말하지 않습니다. 예를 들어, 태평할 때가 있고, 회개하는 중에 엎드릴 때가 있다는 방식으로 말하지 않습니다. 이런 식으로 말하는 것은, 걱정하는 회개가 가진 긴급성과 비교할 때, 용서받을 수 없을만큼 느립니다. 이런 식으로 말하는 것은, 경건한 슬픔과 비교할 때[12] 신성모독입니다. 이런 식으로 말하는 것은, 위험의 순간, 이 순간, 바로 오늘 행해야만 하는 것을 아무 의미 없이 지연시킬 뿐입니다.

거기에 진실로 어떤 위험이 존재합니다. 길을 잃는 것이라고 부르는 위험입니다. 이 위험은 스스로 멈출 수 없고 다만 계속 가다가 결국 영원한 파멸이라 불립니다. 그러나 거기에는 또한 세심한 안내자이자 전문가가 있어 방황하는 자를 일깨우고 소리칩니다. 그리하여 사람이 경계심을 갖도록 합니다. 이 세심한 **안내자**이자 **전문가가** 바로 후회입니다. 소원에 봉사하는 상상은 유연하지만, 후회는 이토록 민첩하지는 않습니다. 승리의 목적만큼이나 견고하게 서 있지도 않습니다. 후회는 슬퍼하면서 천천히 뒤따라옵니다. <u>그런데도 신뢰할 만하며 신실한 친구입니다.</u> 이 안내자의 목소리를 듣지 못한다면, 영원한 파멸의 길로 접어들기 때문입니다. 폐결핵으로 지친 환자가 가장 건강하다고 믿는다면[13] 그 병은 최악의 병이듯 말입니다.

아무것도 후회하지 않도록 일찍이 자기 마음을 강퍅하게 했던 자가 있었다면, 그래서 아무것도 후회하지 않을 수 있었다면, 그러나 후회할 수만 있다면, 후회는 확실히 다시 뒤로 돌아갈 것입니다. 후회는 이상한 능력입니다. 후회의 우정은 신실합니다. 따라서 후회에서 완전히 달아나는 것만큼이나 끔찍한 것은 아무것도 없습니다.

사람이 인생의 수많은 일로부터 몰래 달아나길 바랄 수 있습니다. 그러나 또한 성공할 수도 있습니다. 인생의 은혜를 입은 자가 마지막 순간에 말할 수 있습니다.

"나는 다른 사람들이 찌들어 있는 모든 고된 일에서 벗어났지."

그러나 누군가 후회에서 달아나기 원한다면, 후회에 반항하고 몰래 도망치기 원한다면, 슬프지만, 어떤 것이 더 나쁜 상황일까요? 사람이 실패했다고 말하는 것인가요, 성공했다고 말하는 것인가요?

섭리(Providence)가 인간의 평생 여정 가운데 지켜보고 있습니다. 섭리는 모든 사람에게 두 명의 안내자를 보내주고 있습니다. 한 안내자는 앞에서 부르고, 다른 안내자는 뒤에서 부릅니다. 두 안내자의 역할을 서로 모순되지 않습니다. 나그네가 거기 우유부단하게 서 있도록 남겨두지도 않습니다. 이중의 부름으로 인해 혼란에 빠지게 하지도 않습니다. 오히려, 두 안내자는 서로 영원히 이해하고 있습니다. **한 안내자는 선으로 오라고 앞에서 부르고 있고, 다른 안내자는 악에서 나오라고 뒤에서 부르기 때문입니다.**

그들은 모두 눈먼 안내자가 아닙니다. 그럼에도 두 명인 이유가 있습니다. 나그네의 여행이 안전하도록, 앞과 동시에 뒤도 지켜야 하기 때문입니다. 그러나 슬프게도, 좋게 출발하는 방법을 알지 못한 채 길을 잃은 많은 사람이 있습니다. 잘못된 길인데도 그 길로 계속 가는 사람, 끈질기게 앞으로 나가기만 하는 사람. 후회라도 이 나그네를 돌이켜 옛길로 인도할 수 없습니다. 바로 그 장소에서, 움직이지 않는 회개의 굴종 가운데 길을 잃은 자도 있습니다. 그래서 이 안내자라도, 앞으로 가는 길을 찾도록 나그네를 도울 수 없습니다.

긴 행진이 시작될 때, 행진 가운데 있는 사람에게 "일"이라는 부름이 들립니다. 그러나 모든 사람은 마지막 사람이 대답할 때까지 기다립니다. 두 안내자는 사람을 일찍, 그리고 늦게 부릅니다. 나그네가 두 안내자의 부름에 집중한다면, 길을 찾을 수 있습니다. 자신이 길 위 어느 위치에 있는지 알 수 있기 때문입니다. 이 두 개의 부름이 장소를 결정하고 길을 보여주기에 그렇습니다.

후회의 부름이 더욱 좋을 것입니다. 가벼운 몸으로 길을 걷는 무심한 나그네는 짐 진 나그네가 알고 있는 것만큼은 후회를 잘 배울 수 없기 때문입니다. 앞으로 나가기 위해 분투하기만 하는 자는, 후회하는 자가 길을 아는 것만큼은 잘 알지 못하기 때문입니다. 열정적인 나그네는 새롭거나 신기한 것을 향해 돌진합니다. 동시에 경험으로부터는 멀어집니다. 그러나 후회하는 사람은 뒤에서 따라옵니다. 열심히 경험을 모으며 따라옵니다.

11시

두 명의 안내자는 사람을 일찍, 또 늦게 부릅니다. 그런데도 그것은 그렇지가 않습니다. 후회가 사람을 부를 때, 후회는 언제나 늦기 때문입니다. **죄를 고백하는 가운데 하나님을 구함으로써 다시 길을 찾는 부름은 언제나 11시에 있습니다.**[14] 당신이 젊거나 늙거나, 죄를 많이 지었든 조금 지었든, 법을 많이 어겼든, 많은 일을 방치했든, 죄책(guilt)은 이 모든 것을 11시의 부름으로 만들어 버립니다. 후회가 마음의 내적인 동요를 날카롭게 하는 바, 지금 11시에 있다는 것을 깨닫게 합니다.

일시적인 의미에서 늙은이의 나이가 11시이고, 죽음의 순간은 11시에서도 특별히 마지막 순간입니다. 게으른 젊은이는 자기 앞에 놓인 긴 인생을 말합니다. 나태한 늙은이는 더 오래 살 수 있기를 소망합니다. 그러나 **회개와 후회는 사람의 영원에 속해 있습니다.** 회개가 죄책을 이해할 때마다 시간은 11시라고 생각합니다. 인간적인 나태가 잘 알고 있는 저 시간은 실제로 존재하는 시간이며, 일반적으로 말할 때 올 것입니다. 그러나 같은 시간임에도, 나태한 사람에게 개별적으로 적용할 때는 그 시간은 절대로 오지 않을 것입니다. 노인조차도 그에게 시간이 아직 남아 있다고 믿기 때문입니다. 나태한 젊은이의 경우, 시간이 11시에 가깝다는 것, 이것을 결정하는 결정적 요소는 나이라고 생각하면서 스스로를 속이기 때문입니다.

보십시오, 안내자가 두 명 있다는 것이 사람 일생에 얼마나 유익하고 또 얼마나 필요한지를 말입니다! 승리를 향해 계속 전진하기를 바라며 가볍게 무장한 젊은이의 소원이든, 인생을 싸우면서 살아 가고 싶어 하는 남자다운 결심이든, 자기 마음대로 다룰 수 있는 긴 시간을 생각합니다. 한평생의 시간에 기대하고 있거나, 혹은 분투하기 위한 계획에서 적어도 아직 몇 년이라는 시간이 더 남았다고 확신합니다. 바로 이것이, 인생 가운데 그렇게 많은 시간이 낭비되는 이유이며, 모든 일이 너무나 쉽게 착각으로 끝나버리는 이유입니다.

그러나 회개와 후회는, 두렵고 떨리는 마음으로 시간을 다루는 법을 압니다. 후회가 걱정을 일깨울 때, 깨우는 것은 언제나 11시입니다. 후회가 자기 마음대로 다룰 수 있는 시간이 많지는 않습니다. 왜냐하면 후회는 11시에 있으니 말입니다. 후회는, 인생의 긴 시간이라는 잘못된 개념에 속지 않습니다. 왜냐하면 후회는 11시에 있으니 말입니다. 청춘의 시기이든, 중장년의 바쁜 시간이든, 노인의 최후 순간이든, 사람은 11시에, 이전과는 완전히 다르게 인생을 이해합니다.

그날 어느 시간에든 회개하는 사람은 일시적으로 회개할 뿐입니다. 보잘것없는 죄책에 대해, 오직 피상적이고 잘못된 개념을 유지한 채, 자기 자신을 굳게 지킵니다. 인생의 길이에 관한 오직 기만적이고 분주한 개념을 지닌 채, 자기 자신을 굳게 지킵니다. 그런 사람은 아무리 후회해도, 진정한 자기 성찰(inwardness)을 할 수 없습니다.

오, 11시여, 당신이 현존할 때, 모든 것이 얼마나 많이 바뀌는지요? 마치 한밤중인 것처럼, 모든 것은 얼마나 고요한가요? 죽음의 시간처럼 모든 것은 얼마나 진지한가요? 무덤 사이에 있는 것처럼 얼마나 고독한가요? 영원 속에 있는 것처럼 얼마나 엄숙한가요!

오, 이 노동의 고된 시간이여(잠시 노동을 쉴 때라도), 우리가 결산을 당해야 할 때, 그런데도 거기에는 고소한 사람은 없습니다. 모든 사람이 각자의 이름이 불리는 것을 들어야 할 때, 그런데도 거기에는 불러야 할 사람이 없습니다. 무익한 모든 말이 영원의 변화 속에 반복되어야 할 때입니다![15]

오, 이 얼마나 값비싼 흥정인가요? 그때, 무책임한 사람, 바쁜 사람, 자랑스럽게 분투하는 사람, 성급한 열정을 가진 사람, 대중적인 의견을 가진 사람의 눈에, 아무것도 아닌 것처럼 보이는 것들에, 후회가 그토록 큰 비용을 지급해야 한다니요!

오, 11시여, 당신이 남아 있어야 한다면, 얼마나 끔찍한가요? 죽음이 평생 계속된다 해도 이보다 더 끔찍할 수 있겠는가 말입니다!

회개

그때, 모든 것이 혼란하게 되지 말아야 한다면, 회개는 때를 갖고 있어야 합니다. 왜냐하면 두 안내자가 있으니까요. 하나는 사람을 앞에서 부르고, 다른 하나는 뒤에서 부릅니다. 그러나 회개는 일시적인 의미에서 때를 갖지 말아야 합니다. 오락이나 게임이 어린 시절에 속하고, 이성에 관한 사랑의 흥분이 젊은 시절에 속하듯이, **후회는 그런 삶의 어떤 기간에 속하는 것이 아닙니다.** 변덕과 놀라움처럼 잠시 왔다가 사라져야만 하는 것, 후회는 그런 것이 아닙니다. 아니, 후회는 침착한마음을 갖고 있는 **'행위'**여야 합니다. 그리하여 후회는 듣는 자에게 건덕(upbuilding)을 말할 수 있습니다. 이렇게 후회는 새 생명을 낳습니다. 따라서 **후회는 사건이 될 수 없습니다.** 사건의 슬픈 유산이란 슬픈 기분입니다.

영원의 도장이 찍혀 있는 자유의 의미에서, 회개는 때를 갖고 있어야 합니다. 준비를 위한 때도 갖고 있어야 합니다. 행해야 할 것과 관련해, 집중하고 준비하는 때는 시간 끌기(protraction)가 아닙니다. 오히려, 신실함 가운데 행해야 할 것이 공허하고 성급하게 끝나지 않도록 하는, 거룩한 두려움과 겸손, 그리고 존경심을 담고 있습니다. 사람이 자기 자신을 준비하기 원하는 것은 나태한 지연이 아닙니다. 반대로, 해야 할 것과 이미 조화를 이룬, 내면에 간직한 관심입니다.

영원의 의미에서, 거기에 즉시 회개가 있어야 합니다. 그것을 말할 시간조차 없습니다. 물론 사람은 일시적인 세상에서 살아가며, 시간 안에 움직이고 있습니다. 그러나 영원한 것과 시간적인 것은 서로 이해하기 위해 노력합니다. 시간적인 것이, 다가올 시간을 피하기 위해 지연을 바라는 것이 아니라, 자신의 나약함을 깨닫고 준비할 수 있는 시간을 요구하는 것입니다. 이처럼 영원한 것도 자신의 요구를 포기한 것이 아니라, 연약한 사람에게 약간의 시간을 허락하고, 그를 부드럽게 다루기 위해 자신을 양보합니다.

"즉시(at once)"와 함께 하는 영원자(the eternal)는 갑작스러운 충격이 되지 말아야 합니다. 만일 그렇게 된다면, 영원자가 단지 시간성(temporality)을 어지럽힌 것에 불과합니다. 반대로, 영원자는 인생 전반을 통해 시간성을 도와야 합니다. 정신적으로 열등한 자와 함께한 우월한 자, 혹은 아이와 함께한 어른, 정신적으로 열등한 자와 아이의 마음을 지치게 할 수밖에 없는 극도의 요구조건을 이 둘에게 강요할 수 있는 것처럼, 흥분한 사람의 상상 속 영원자는 시간성을 미치게 만들 수도 있습니다.

그러나 회개가 가진 경건한 슬픔과 내면의 관심은, 조바심 때문에 혼란에 빠지지 않습니다. '즉시' 회개하는 것과 관련해, 언제나 회개하기 위한 적당한 때가 있다고, 경험은 가르치지 않습니다. 성급한 이 순간에 매몰된 생각과 다양한 열정들이 분주하게 활동할 때, 혹은 적어도 휴식 중에 긴장할 때는, 회개가 정말로 회개한 것인지 오해를 받을 수 있기 때문입니다. **회개와 정반대인 다른 것과 혼동할 수 있기 때문입니다.** 즉, 잠깐의 후회입니다. 다시 말해, 이것은 **조바심**입니다. 이것은 고통스럽고 괴로운 세상의 근심과 혼동될 수 있습니다.[16] 다시 말해, 조바심입니다. 자기 내면에 자리한 슬프고도 절망적인 감정과 혼동될 수 있습니다. 바로, 조바심입니다.

그러나 조바심이 아무리 오랫동안 분노한다 해도, 그래서 그 마음이 아무리 어두워진다 해도, 조바심은 절대 회개가 될 수 없습니다. 그 슬픔이 아무리 엉엉 울며 대소동을 벌인다 해도, 회개의 슬픔이 될 수는 없습니다. 비 없는 구름이나 잠깐의 소낙비처럼, 그 눈물은 유익한 결실을 보기에 부족합니다.

이와 반면, 사람이 더 무거운 죄를 지었지만 개과천선하여, 해마다 선을 향해 조금씩 나아간다면, 이에 비례해 자기 죄를 결국 회개하게 될 것이 확실합니다. 시간적인 의미에서, 그것은 날이 갈수록 점점 더 멀리, 자기 뒤에 남겨 놓은 죄입니다. 그러나 죄지은 자가 정직하게 회개한다면, 그 죄는 생생하게 자기 앞에 살아 있어야 합니다.

잠깐의 회개는 의심을 부릅니다. 바람직한 모습도 아닙니다. 그런 회개란, 내면의 염려가 아니라, 그렇게도 생생하게 죄를 드러내고 있는 순간적 감정에 불과하기 때문입니다. 이런 회개는 이기적이고, 감각적이며, 순간적으로만 힘을 가집니다. 그 표현에 있어, 흥분을 잘하고, 가장 다양한 방법으로 과장하여 부풀리며, 심지어 조급하기까지 합니다. 바로 이런 이유로 회개가 아닌 겁니다.

급한 회개는, 슬픔의 모든 쓴맛을 단 한 모금으로 들이켜길 바랍니다. 이후에는 약해집니다. 죄에서 벗어나기만 바랄 뿐입니다. 오직 죄에 대한 모든 기억을 제거하기를 원합니다. 선을 추구하는 것을 미루지 않으려 이 일을 수행했다고, 스스로 착각하며 자신을 더욱 강하게 합니다. 급히 일어난 회개는, 시간의 경과에 따라 죄가 저절로, 또한 완전히 잊히기를 바랍니다. 회개가 더 늦을수록, 처음의 급한 회개에 진심이 부족했다는 것을 스스로 입증할 것입니다.

법을 어기고 벌을 받아야만 했던 한 사람의 이야기가 전해집니다. 법이 정한 판결대로 징역을 살았지만, 감옥에서 개과천선한 후에 사회로 돌아왔습니다. 누구도 그를 알지 못하는 낯선 곳으로 이주했습니다. 그곳에서 선한 행위를 많이 한 사람으로 아주 유명해집니다. 한때는 흉악한 범죄자였던 그 사람은 이제 완전히 잊혔습니다. 새로운 도시에서 존경받는 자가 된 이 사람의 옛 동료—그의 비참한 시절을 누구보다 잘 알고 있는—한 사람이 새로운 도시로 갑자기 찾아옵니다.

옛 동료를 만난다는 것은 그에게 소름 끼치는 기억을 불러왔습니다. 옛 지인을 지나칠 때마다 치명적인 불안이 그를 엄습했습니다. 자신은 아무리 침묵하고 있어도, 옛 지인의 비열한 목소리를 통해 발설될 때까지, 이 기억은 큰 소리로 외쳤습니다. **[17]그때, 구원받은 것처럼 보였던 저 사람을 절망이 결국 사로잡고 말았습니다. 회개가 잊혔기 때문입니다.** 사회적으로 개과천선한 사람일지라도, 회개할 때 찾아오는 겸손 가운데 과거의 상태를 기억할 만큼, 하나님께 온전히 굴복한 것이 아니기 때문입니다.

사회적이고 일시적이며 감각적인 의미에서는, 회개 역시 세월에 따라 오고가는 것에 불과합니다. 그러나 영원의 의미에서 보자면, 회개는 매일 일어나는 **조용한 관심**입니다. 세월이 지나면서 죄가 다른 어떤 것(예를 들어, 선행)으로 바뀔 수 있다는 것은 영원한 거짓입니다. 이렇게 말하는 것은 영원과 전혀 닮지 않은 것(예를 들어, 인간의 망각)을 영원과 혼동했기 때문입니다. 이런 식으로 성급하고 건방지게, 선으로부터의 사면을 스스로 선포하는 것은,[18] 결국 모든 것은 상실되었기 때문에, 이것은 죄 위에 새로운 죄를 쌓는 불경스러운 일입니다.

이 문제를 한 번 더 생각해 봅시다. 이 개과천선한 사람에게 점점 더 슬픈 모습을 띤다고 해서 과거의 그의 죄가 증가하는 것은 아닙니다. 죄가 완전히 잊히는 것 또한 유익이 아닙니다. **반대로, 그것은 손실이자, 영원한 멸망입니다.** 그러나 점점 더 강렬하게 죄를 후회하고자 하는 내면성(inwardness)을 얻는 것, 그것은 유익입니다.

망각으로 인해, 점점 더 늙어가고 있다는 것을 눈치채지 못하는 것은 유익이 아닙니다. 그러나 후회가 가져온 변화로 인해, 자기 내면이 완전히 드러나 점점 더 늙어가고 있다는 것을 눈치채는 것, 그것은 유익입니다. 나무의 나이테를 보고 나이를 알 수 있다고 알려져 있듯, 선에서의 사람의 나이는 회개의 내면성에 의해 알려집니다.

거기에 어떤 절망의 전투가 있습니다. 이 전투에서 싸우고 있는 대상, 그것은 결과들입니다. 적은 계속해서 뒤에서 공격합니다. 그런데도 도전자는 앞으로 나아가야 합니다. 그렇다면, 이 회개는 아직 젊고 나약합니다.

거기에 어떤 회개의 고통이 존재합니다. 이런 회개는 형벌을 참는 데 조급하지 않습니다. 매 순간, 이 형벌 아래서 몸부림칩니다. 그렇다면, 이 회개는 아직 젊고, 아직 나약합니다.

거기에, 낭비된 것을 생각하며 잠을 이룰 수 없는, 어떤 조용한 슬픔이 존재합니다. 이 슬픔은 절망하는 것은 아니지만, 매일 근심하느라 쉴 수 없습니다. 그렇다면, 이 회개는 아직 젊고, 또 나약합니다.

거기에, 발에 물집이 잡혀 걷고 있는 걸음 같은, 어떤 고통스러운 선의 진보가 존재합니다. 그는 갈망합니다. 좀 더 빠르게 걷고 싶습니다. 그러나 담대했던 자신감은 손상을 입었고, 걸음걸이는 고통으로 인해 불안정합니다. 그는 몸부림치고 있습니다. 이 회개도 아직 젊고 나약합니다.

그러나 이 길 위에서 담대하게 걸을 때, 형벌 자체가 축복이 될 때, 결과가 구원이 될 때, 선에서의 진보가 눈에 보일 때, 그때 거기에 죄를 떠올리는, 온화하지만 깊은 슬픔이 있습니다. 자기 시야를 기만하고 혼란을 부추기는 것들을, 이 슬픔은 제거하고 극복했습니다. 다른 것과 착각하지 않고, 저 단 하나의 슬픈 것만을 본 덕분입니다. 이것이 바로, 어른이요, 강한 자요, **능력이 있는 회개**입니다.

이것이 감각적인 문제일 때, 슬픔이 더욱 나빠지다 결국 줄어든다는 것은 맞는 말입니다. 댄서의 때는 젊음과 함께 끝나고 만다고, 우리가 말할 수 있습니다. 그러나 회개하는 자에게는 그렇지 않습니다. 회개에서 슬픔이 잊힌다면, 회개가 가진 능력은 미완성에 불과하다고 말해야 합니다. 그러나 회개가 더 깊이, 더 오래 보존될수록, 상황은 더욱 좋아집니다. 죄를 가까이 볼수록, 더욱 소름 끼치게 보이기 때문입니다. 그러나 선의 길을 따라가며, 회개가 더욱 먼 거리에서 죄를 볼수록, 하나님께는 가장 큰 기쁨이 됩니다.

준비

그때 회개는 자신의 때를 갖고 있어야 할 뿐 아니라, 준비의 때도 가져야 합니다. 회개가 매일의 조용한 관심이어야 한다면, 또한마음을 가라앉히고 엄숙한 때를 준비할 수 있어야 합니다. **고백**(confession, Skriftemaal)[19]은 그런 때이고, 때를 준비해야 하는 **거룩한 행위**(holy act)입니다. 사람이 축제를 위해 옷을 바꿔 입듯이, 고백이라는 거룩한 행위를 준비하는 사람 내면에서도 변화가 일어납니다. 한가지만을 마음에 품기 위해 다양한 것들을 떨쳐버리는 것, 자신과 하나가 되며 묵상하기 위해 침묵으로 옷입고자, 분주한 활동을 중단하는 것, 이것은 옷을 바꾸어 입는 것과 같습니다. 이런 방법으로 자신과 하나가 되는 것은, 잔치에 합당한 의복을 갖추는 것입니다.[20]

산만한마음에는 많은 다양한 것(multiplicity)이 있는 것을 볼 수 있습니다. 다양한 것들 가운데 무언가를 봅니다. 반쯤 감은 눈으로, 분열된 마음으로 그것을 봅니다. 그러나 그것은 무언가 보고 있을지라도 정말로 보는 것은 아닙니다. 분주한 활동 중에,[21] 많은 것을 걱정할 수 있습니다. 우리가 많은 것을 시작할 수 있고, 또한 할 수 있으나, 그 모든 것은 겨우 반쯤 한 것에 지나지 않습니다. 자신과 하나가 되지 않고는 진심으로 고백할 수 없기 때문입니다.

고백의 시간에, 진심으로 결심하지 않은 자가 아무리 침묵하며 남아있다 해도, 오직 산만하여 마음이 모이지 않는 상태에 있는 것뿐입니다. 고백은 하지 않고 다른 말을 하고 있다면, 그는 여전히 수다스러울 뿐입니다.

　　그러나 진심으로 결심한 자, 그 사람은 침묵합니다. 옷을 바꿔 입는 것과 같습니다. 시끄러운 모든 것을 벗어던지는 것과도 같습니다. 왜냐하면 그것들은 공허하니까요. 침묵 속에 숨겨질 때, 모든 것은 폭로되니까요. 이런 침묵은 거룩한 행위가 가진, 순전한 엄숙함입니다. 세속적인 의미에서, 연회장에서 춤출 때 연주자는 많을수록 좋습니다. 그러나 경건한 의미에서는, 고요할수록 더욱 좋습니다.

　　나그네가 시끄러운 도시길을 떠나 고요한 장소에 이르면, 이제는 자신과 대화해야 할 것처럼 느낍니다. 고요가 영혼의 심금을 울리기 때문입니다! 영혼 깊숙한 곳에 숨겨진 무엇을 말해야 할 것처럼 느낍니다. (시인의 설명에 의하면) 형언할 수 없는 무언가를 속사람에서 뿜어내야 할 것처럼 느낍니다. 이토록 표현 불가능한 것은 어떤 언어로도 표현할 수 없습니다. 심지어는 갈망(longing, Længsel) 조차도 결국 표현 불가능한 것은 아니지요. 갈망은 갈망을 재촉할 뿐입니다. 그러나 이 침묵은 무엇을 의미하나요? 이 고요 속에 둘러싸인 환경은 무엇을 말하고 있습니까? **바로, 표현할 수 없다는 것입니다.**

　　[22]나무가 놀라움으로 나그네를 내려다보고 있다고 말한다면, 나무의 놀라움은 아무것도 설명하지 않습니다. 저 길에 있는 나그네의 목소리가 숲을 통과하여 설명에 이를 수 없다는 것을, 숲속의 메아리가 설명하고 있습니다. 난공불락의 요새가 적의 공격을 원점으로 돌려놓는 것처럼, 나그네가 아무리 큰소리를 질러도 메아리 역시 그 소리를 원점으로 돌려놓고 맙니다.

구름은 자기 생각을 뒤따라갈 뿐입니다. **자신에 관한 꿈**만 꿀 뿐입니다. 구름이 수심에 잠겨 쉬고 있든, 둥실둥실 춤을 추며 놀든, 청명한 날 바람이 어디로 불든, 자신을 집결시켜 점점 더 어두워지더니 결국 바람과 대항하며 싸우든, 구름은 나그네에게는 아무 관심도 없습니다.

바다는 지혜로운 사람처럼 자신에 만족합니다. 누워 있다가 입술로 놀고 있는 아이처럼 부드러운 잔물결을 즐기고 있든, 한낮에 주변을 살피며 반쯤은 졸린 상태로 누운 너그러운 사상가 같든, 한밤에 존재를 깊게 고민하든, 현장에 없는 자처럼 교활하게 자신을 숨기며 상황을 염탐하든, 열정으로 분노하든, 바다는 언제나 충분히 깊으며, 스스로 아는 것을 충분히 잘 알고 있습니다. 깊은 지식을 가진 자는, 언제나 이것을 잘 알고 있습니다. 그러나 **공동의 지식**은 갖고 있지 않습니다.

수많은 별의 배열은 얼마나 혼란스러운가요! 물론 하나님의 창조로 가장 질서있게 배열된 것이지만, 이것을 생각하지 않는 자가 보기에는 별무리가 서로 동의하여 이같이 배열된 것처럼 보입니다. 그러나 별들은, 나그네에게 너무 멀리 떨어진 나머지, 나그네를 볼 수 없습니다. 별빛을 볼 수 있는 자는 나그네뿐입니다. 별과 나그네 사이에는 어떤 **합의**도 없습니다. 오해에 바탕을 두고 있는, 시적 갈망이 지닌 슬픔입니다. 왜냐하면 자연에서 홀로 있는 자는 그가 어디에 있든, 그를 이해할 수 없는 전체성이 둘러싼 것이니까요. 나그네가 자연에서 어떤 깨달음을 얻었다 할지라도 말입니다.

표현 불가능한 것도 이와 마찬가지입니다. 마치 **속삭이는 개울**(brook)과 같습니다. 당신이 생각에 깊이 잠겨 걷는다면, 당신이 분주하다면, 그냥 지나치는 동안 이 속삭임에 주목하지 못합니다. 이 속삭임이 존재한 다는 것도 깨달을 수 없습니다. 그러나 당신이 발걸음을 멈출 때, 발견할 것입니다.

당신이 속삭임을 발견했을 때, 가만히 있어야 합니다. 가만히 있을 때, 그 속삭임이 당신을 설득할 것입니다. 속삭임이 당신을 설득했을 때, 당신은 허리를 굽히고 그 소리를 듣습니다. 그때, 그 소리가 당신을 사로 잡을 것입니다. 사로잡히면 벗어날 수 없습니다. 당신은 결국 정복당합니 다. 당신은 완전히 취하여 그 옆에 쓰러지고 맙니다. 다음 순간에는 설명 할 것 같은 매 순간, 개울은 그저 계속 속삭일 뿐입니다. 나그네는 개울 옆에서 늙어갈 뿐이고요.

고백

그러나 고백하는 자는 이와 같지 않습니다. **고요가 고백하는 자를 사 로잡습니다.** 오해가 주는 우울한 기분 때문이 아니라, 영원이 주는 진지 함 때문입니다. 할 바를 알지 못한 채 저 조용한 곳으로 이끌려 간 나그 네와, 고백하는 자는 같지 않습니다. 고독한 상태와 그런 기분을 간절히 찾고 있는 시인과도 같지 않습니다. 고백은 거룩한 행위입니다. 이 행위 를 준비하기 위해 마음이 모입니다. 마음은 침착해집니다.

당신을 둘러싸고 있는 환경(surroundings) 역시, 고요의 의미를 잘 알고 있습니다. 그 환경이 진지함을 요구합니다. 이 환경이 가진 의지를 당신이 이해해야 함을, 환경은 알고 있습니다. 당신이 오해한다면, 그것은 또 하나의 새로운 죄를 범하는 것이라는 사실을, 환경은 알고 있습니다.

이 고백 가운데 현존하고 계신 분, 바로 모든 것을 알고 계신 **전지한 분**입니다. 그분은 모든 것을 기억하시며, 당신—고백하는 자—이 그분께 실토했던 것도 기억하시고, 당신이 차마 고백하지 못하고 당신 안에 비밀로 남겨둔 것도 모두 알고 계십니다.[23] 다시 말하지만, 당신—고백하는 자—최후 순간에 이 시간을 기억하고 계실 분도 전지한 분입니다. 그분은 당신이 실토했던 것도 기억하시고, 오직 비밀로 간직했던 것까지 알고 계십니다.

저 멀리에서도 모든 생각을 알고 계신 전지한 분은[24] 당신—고백하는 자—의 생각이 양심을 몰래 빠져나갈 때도 그 생각의 모든 길을 명확히 아십니다. 은밀한 중에도 사람에게 나타나시는 전지한 분은[25] 침묵하고 있는 사람과도 이야기 나눌 수 있는 분입니다. 그리하여 어떤 사람도 말로든 침묵으로든 감히 그분을 속일 수 없습니다. 심지어 한 사람이 다른 사람에게 침묵으로, 때로는 말로, 많은 것을 숨기는 상황에도, 감히 그분은 속일 수 없습니다.

고백하고 있는 사람은, 사무를 맡긴 주인에게 결산하는 종과 같지 않습니다.[26] 왜냐하면 주인은 모든 것을 관리할 수 없고, 동시에 어디에나 존재할 수 없기 때문입니다. 그러나 전지하신 분은 매 순간 현존하고 계십니다. 매 순간, 모든 것을 장부에 쓰고 결산하는 것은 이루어져야 합니다. 종이 한 일을 계산하는 것은, 주인을 위한 것이 아니라 자신을 위한 것입니다. 계산하던 순간을 어떻게 활용했는지도, 종은 주인에게 설명해야 합니다.

어떤 일 전이든 후이든, 그 일을 전혀 알지 못하는 친구에게 당신이 비밀을 털어놓는 것과도 같지 않습니다. **왜냐하면 전지하신 분은 고백하고 있는 자에게서 아무것도 찾지 않기 때문입니다. 오히려 고백하고 있는 자가 자신에 관해 무언가를 찾습니다.** 따라서 이미 모든 것을 알고 계신 전지하신 분께 비밀을 털어놔 봐야 당신에게 아무런 유익이 없다고 함부로 말하지 마십시오. 고백에 이의를 제기하지 마십시오. 자신에 관해 알지 못했던 무언가를 발견하는 것이, 과연 당신에게 진실로 아무런 유익이 없는지, 그것에 먼저 대답하십시오!

기도가 무익한 행위라고, 성급하게 말할 수 있습니다. 사람의 '기도 따위'가 불변하시는 분을 감히 변화시킬 수 없다는 것입니다.[27] 그러나 이런 설명이 과연 바람직한가요? 변덕스러운 자가 감히 하나님을 변화시키려 했던 것에 관해, 쉽게 회개에 이를 수 없었던가 말입니다! 따라서 진정한 설명은 유일하게 하나이며, 오직 이것만 바람직합니다: **기도하는 자가 하나님을 변화시키지 못한다. 다만 기도는 기도하는 자를 변화시킨다.**

이것은 이 강화의 주제와 같습니다: 하나님은 당신의 고백 가운데, 어떠한 것도 찾지 않으십니다. 다만, 당신, 고백하는 자가 찾아냅니다. 전지하신 분께 고백함으로써 당신이 먼저 발견하게 되는 것은, 많은 것을 마음 속에 은밀하게 숨기고자 했던 **당신 자신**입니다.

끔찍한 범죄를 저지른 사람이 있습니다. 심지어 사건 현장에 피가 뿌려집니다. 누군가, 혹은 많은 사람이, 죄지은 자에게 이 사건에 관해 수없이 많은 말을 했음에 틀림이 없습니다. 그러나 그는 자기가 한 일을 알지 못했습니다.[28] 아마도 그는 자기가 무슨 일을 저질렀는지 끝까지 알지 못한 채, 회개하지 않고 죽었을지도 모릅니다. 그렇다면, 열정은 자기가 한 일을 올바르게 알고 있을까요? 열정이 교활하게 유혹했던 것, 자신에 관해 명백하게 변명했던 것, 자신에 관해 과연 이렇게도 기만적이며 무지할 수 있는 것인지 말입니다. **왜냐하면 열정은 사람 안에 존재할 때, 그의 삶을 아무것도 변화시키지 않고 다만 순간적으로만 변화시키기 때문입니다.** 이 맹목적인 주인이 스스로 맹목적인 노예가 되어 열정을 섬길 때까지, 열정은 그 주인을 섬기기 때문입니다!

미움, 분노, 복수, 낙담, 우울, 절망, 미래에 대한 두려움, 세상에 대한 신뢰, 자기 믿음, 동정과 혼합된 교만, 우정과 혼합된 질투, 변했지만 개선되지 않는 성향: 이런 것들이 언제 사람 안에 존재했나요? 사람은 과연 언제, 무지(ignorance)에 기만적으로 변명하지 않고 진실하게 존재했던가요? 사람이 이것에 계속 무지한 상태로 남아 있다면, **전지하신 분**에 계속 무지한 상태로 남아 있다는 것, 바로 그것이야말로 명백한 이유 아닌가요? 사람이 무엇을 배울 기회나 능력을 얻지 못했다면, 그 누구에게도, 혹은 그 무엇에게도 괴롭힘당할 필요 없는 어떤 무지가, 사람 안에 존재할 수밖에 없습니다. 그러나 많이 배운 자든 배우지 못한 자든, 비극적이게도, **둘 모두에게 자기 자신에 관한 무지가 존재합니다.** 두 사람 모두에게 같은 책임으로 이 무지가 묶여 있는 것입니다: 우리는 이 무지를 자기기만(self-deception)이라 부릅니다. 다른 무지도 있습니다. 이것은, 사람이 날마다 조금씩 점점 더 배워가면서 지식으로 바뀔 수 있습니다. 그러나 저 무지, 자기기만을 제거할 수 있는 단 한가지 무지가 있습니다. 이 한가지를 모른다면, 이 한가지, 오직 이 한가지만 필요하다는 것을 알지 못한다면,[29] 사람은 여전히 자기기만 가운데 있는 것입니다.

　무지한 사람은 많은 것에 무지했을 수 있고, 또한 앞으로도 많은 것에 무지하게 될 수 있습니다. 그런데도, 여전히 그가 알지 못하는 많은 것이 있습니다. 그러나 자기를 속인 사람은, 아무리 많은 것을 알고 말한다 해도, 여전히 자기기만에 머물러 있습니다. 그 잡다한 많은 것의 덫에 걸려 결국 스스로 함정에 빠지게 될 뿐 아니라, 그 안에서 더욱 사로잡히게 됩니다. 무지한 사람이라도 세월이 갈수록 지혜와 지식을 얻을 수 있습니다. 그러나 자기를 속인 사람, 그러나 필요한 단 한가지를 그가 얻을 수 있다면, 마음의 청결(purity of heart)을 얻어야 할 것입니다.

　그리하여 고백의 때에, 우리가 이 주제를 말해봅시다.[30]

마음의 청결은 한가지만을 마음에 품는 것이다.

　야고보서 4장 8절에 나와 있는 야고보 사도의 말씀을 묵상하면서 이 주제를 생각해 봅시다.

　"하나님을 가까이하라. 그리하면 너희를 가까이하시리라. 죄인들아, 손을 깨끗이 하라. 두 마음을 품은 자들아, 마음을 성결케 하라."

　마음이 청결한 자만 하나님을 볼 수 있습니다.[31] 그래야만 그분께 가까이 갈 수 있고, 하나님께서 그들에게 가까이 계셔야만 이 청결함이 유지될 수 있으니까요. 진리 안에서 이 한가지만을 품은 사람만 오직 선을 품을 수 있습니다. 선을 품을 때, 오직 한가지만 품은 사람이 진리 안에서 선만 품을 수 있기 때문입니다.

우리가 이것을 논의해 봅시다. 다만, 이 주제를 이해하기 위해, 사도의 훈계("두 마음을 품은 자들아, 마음을 성결케 하라")와 반대가 되는 것에 이르기 위해, 먼저 이 고백의 때를 잊어봅시다. 즉, 우리가 두 마음을 품는 것입니다. 결국 우리는 아주 특별하게 이 고백의 때로 돌아가야 합니다.[32]

한가지를 마음에 품을 수 있다면,
사람은 선을 품어야 한다.

선 품기

한가지만 마음에 품는다는 것, 이것이 장황한 이야기가 되어야만 하는 것은 아닌가요? 누구나 이 문제를 생각해야 한다면, 먼저 모든 가능한 목표를 하나씩 차근차근 조사해야 하는 것은 아닌가요? 사람이 인생을 살아 나가는 데 있어 도달해야 할 모든 목표를 스스로 설정했을 것이고, 품을 수 있는 많은 일을 하나씩 지정했을 테니까 말입니다. 이런 식으로 모든 것을 고려하는 것은 지극히 평범한 것이기 때문에, 이것으로도 만일 충분하지 않다면, 그가 품을 수 있는 단 한가지가 무엇인지 찾기 위해, 무언가를 한 번에 단 한가지씩만 품는 일을 일일이 시도해 봐야 하는 것은 아닌가요? 단 한가지만을 품는 문제라면 말입니다.

진실로, 누군가 이런 식으로 시작한다면, 그는 이 시도를 절대로 끝내지 못할 것입니다. 혹은, 오히려 잘못된 길에서 시작했다면, 과연 끝낼 수 있기나 할까요? 오류의 길로 계속 나아간다면, 그래서 비참한 방식을 통해서만 선으로 안내된다면, 다시 말해, 나그네가 가던 방향을 돌려 뒤로 가야 한다면, 과연 이런 식으로 끝낼 수 있는 것인지요? 왜냐하면 선은 오직 단 한가지인 것과 마찬가지로, 모든 길은 선으로 안내하니 말입니다. 심지어 오류의 길도 말이지요. 방향을 돌린 자[33]가 같은 길 위에서 뒤로 간다면 더 말할 것도 없습니다.

오, 당신, 측량할 수 없는 선의 신뢰성이여! 사람이 세상에서 어느 곳에 있든지 어떤 길로 여행하고 있든지, 그가 마음에 한가지만을 품는다면, 어떤 길도 그를 당신께 인도할 것입니다!

따라서 여기에서 장황함은 해로울 뿐입니다. 잡다한 것(multiplicity)을 말하며 강화에서 많은 순간을 낭비하는 대신, 잡다한 것을 시도하며 인생의 귀중한 세월을 낭비하는 대신, 인생이 짧은 것처럼, 이 강화 역시 바람직한 간결함을 지닌 채, 이 주제만을 고수해야 합니다.

어떤 의미에서 말해질 수 있는 것이 있다면, 다른 어떤 것도 선만큼이나 그렇게 짧게 말해질 수 없습니다. 왜냐하면 어떤 조건도, 어떤 완곡한 표현도, 어떤 서언도, 어떤 타협도 필요 없이, 선은 무조건 사람이 품을 수 있고 또한 품어야만 하는, 단 하나의 유일한 것이며 단 한가지이기 때문입니다.

오, 축복받는 간결성이여! 자만심에 봉사하다 지친 저 지혜는 더디게 이해하는 것을, 속히 파악하는 이 단순성이여! 그대에게 복이 있을지라!

저 단순한 사람은 경건한마음에서 올라오는 행복한 충동의 도움을 받아, 단순하게 또한 즉시, 오직 선만을 이해하기에, 장황하게 널린 세부적인 것들을 이해할 필요조차 느끼지 못합니다. 그러나, 영리한 자는 그것을 이해하는 데 많은 시간을 들이고도 또한 어려움을 겪습니다. 다시 말해, 선을 품는 것이란, 한 사람이 한가지를 품긴 하지만, 그 품은 것이 선이 아니거나, 혹은 내가 아닌 다른 사람이 한가지를 품지만, 그가 품은 것이 선인, 그런 성질의 것이 아닙니다. 그런 것이 아닙니다.

선이 아닌 다른 한가지를 품은 사람은 실제로 한가지를 품은 것이 아닙니다. 자기가 한가지만을 품고 있다고 착각한 것이요, 유사한 것에 속는 것, 나아가서는 자기기만일 뿐입니다. 왜냐하면 자기의 **속사람**(innermost being)에서 두 마음을 품었으며, 정말로 틀림없이 그랬기 때문입니다.

사도가 "너의 마음을 성결케 하라, 두 마음을 품은 자들아!"라고 말한 바로 그 이유입니다. 다시 말해, "두 마음을 품은 것을 청결하게 하라. 진리 안에서 당신 마음이 오직 한가지만을 품게 하라."라는 뜻입니다. **마음의 청결은 오직 여기에만 있기 때문입니다.**

사도가 "너희 중에 누구든지 지혜가 부족하거든 모든 사람에게 후히 주시고 꾸짖지 아니하시는 하나님께 구하라 그리하면 주시리라. 오직 믿음으로 구하고 조금도 의심하지 말라. 의심하는 자는 마치 바람에 밀려 요동하는 바다 물결 같으니. 이런 사람은 무엇이든지 주께 얻기를 생각하지 말라. 두 마음을 품어 모든 일에 정함이 없는 자로다!"(약 1:5~8)라고 말할 때, 이처럼 마음의 청결을 이른 것입니다. **마음의 청결은 오직 기도로만 획득되는 지혜이기 때문입니다.** 기도하는 사람은 이런저런 학문적인 책들로 고민하지 않습니다. 다만 기도하는 사람은 "무릎을 꿇을 때 눈을 뜨게 된 지혜로운 사람"입니다(민 24:16). 잡다한 많은 것에서부터 마음이 경건해지고 동시에 무지해진 그 사람에게, 이 강화는 간결하게 말하고 있습니다. "선은 한가지다."

두 마음을 품은 자에게 더 어려운 이야기를 언급할수록, 오직 잡다한 것과 그 지식 사이에 의심스러운 친분만 그 마음 안에 더욱 형성될 뿐입니다. 진리 안에서 한가지만을 품은 것이 확실하다면, 사람은 선을 품습니다. 왜냐하면 사람이 이런 방식으로 품을 수 있는 것은 오직 선이기 때문입니다. 그러나 이런 양측의 진술은 하나이며 같은 것을 말하고 있습니다. 만일 그렇지 않다면, 그것들은 각기 다른 것을 말하는 것이니까요. 한 진술은 직접적으로 선의 이름을 언급하며, 이것을 한가지로 정의

합니다. 그러나 다른 진술은 교활하게도 이 이름을 숨깁니다. 이때, 이것은 완전히 다른 어떤 것을 말하는 것처럼 보입니다. 그러나 바로 이런 이유로, 이 진술이 사람의 속사람(inner being)을 날카롭게 파고들었던 것입니다. 사람이 아무리 장담하고, 아무리 주장을 펴고, 자신이 오직 한가지만을 품었음을 자랑한다 해도, 스스로 품은 이 한가지가 선이 아니라면, 이 진술은 사람의 내면을 예리하고 면밀하게 조사한 후, 그 속에 있는 두 마음을 폭로합니다.

확실히, 한가지만을 품었던 저 사람이 이 세상에 있었습니다. 그 사람은 그것을 숨겼을지라도, 그것을 보증할 필요도 없습니다. 그를 반박할 수 있는, 설득력 있는 증거들은 이미 많이 있으니 말입니다. 그 사람이 얼마나 자기 마음을 냉혹하게 단련시켰던지, 어떤 것도 그 사람을 감동하게 할 수 없습니다. 어떤 상냥함도, 어떤 결백도, 어떤 비참함도 할 수 없습니다. 그의 눈먼 영혼은 아무것도 보지 못합니다. 그가 가진 단 하나의 감각 기관이란, 자기가 원하는 그 한가지만 볼 수 있는 눈뿐입니다.

그러나 그가 단 한가지만을 품었다는 것, 그 생각, 그것은 착각, 두려운 착각일 뿐입니다. **세상의 쾌락과 명예, 부와 권력, 그리고 이 세상에 속한 모든 것은 겉보기에만 한가지일 뿐이기 때문입니다.** 모든 것이 변하는 동안, 자신도 변하는 동안, 그것은 한가지가 아니며, 한가지로 남아 있지 않습니다. 반면, 그것은 계속 변하는 것입니다. 따라서 그것의 이름을 한가지라고 부를지라도, 그것이 쾌락이든, 명예든, 부이든, 그는 진리 안에서 한가지만을 품은 것이 아닙니다. 혹은, 그가 품은 것이 본질적으로 한가지가 아닐 때, 본질적으로 잡다한 것, 즉, 흩트림(dispersion), 변화하는 장난감(toy of changeableness), 타락에 주는 먹잇감일 때, 그것을 과연 한가지를 품은 것이라고 말할 수 있는지요!

쾌락의 때에, 그가 쾌락 가운데 있으면서 또 다른 쾌락을 얼마나 갈망하는지 보십시오! 변화는 그의 표어입니다. 그때 변화가, 같이 남아 있는 한가지를 품은 것일까요? 아닙니다, 그것은 같은 것이 되지 말아야 할 한가지를 품은 것입니다. 결과적으로, 그것은 잡다한 것을 품었다는 것을 뜻합니다. 이런 식으로 한가지를 품고 있는 사람은 두 마음을 품은 것일 뿐만 아니라, 자기 안에서 분열되었습니다. 그래서 그는 한가지를 품지만, 즉시 정반대의 것을 품습니다. 왜냐하면 쾌락과 하나가 된 것은 착각이요, 기만이기 때문입니다. 그가 품고 있는 것은 다름 아닌, **쾌락의 다양성이기 때문입니다.**

싫증 나는 지점까지 쾌락을 즐겼을 때, 그가 과식했고 결국 지쳤을 때, 여전히 한가지를 품고 있었다면, 그는 무엇을 품었습니까? 오직 새로운 즐거움을 탐했던 것입니다. 새로운 것을 발견할 만큼 그의 독창성이 흡족하지 않다면, 그의 무기력한 영혼은 분노합니다. 그래, 새로운 것! 쾌락이 그에게 봉사할 때, 변화는 스스로 요구한 것입니다. 변화, 변화! 그가 즐기던 쾌락이 한계에 이르렀을 때, 쾌락에 봉사하던 종들도 지쳤을 때, 그가 비명을 지르며 부른 것은 변화입니다! 변화, 변화를 불러오시오!

자, 다시 한번, 그가 한가지를 품었는지 증명할 수 있는 근거도 그의 삶에서의 변화에서 가져올 수 있습니다. 호색가들이 작별을 고해야 할 때, 춤이 끝나고 더불어 소용돌이 쳤던 감각의 소동이 끝날 때, 모든 것들이 조용해지고 진지해질 때, 거기에는 **사멸 가능성의 변화**(change of perishableness)가 있습니다. **죽음의 변화**(change of death)도 있습니다. 사멸 가능성이 도래하지 않도록 이 호색가가 가끔 자신을 잊는다 해도, 호색가가 이 사멸 가능성을 슬쩍 지나칠 수 있는 것처럼 보여도, 죽음은 자기를 잊지 않습니다. 그가 절대로 죽음을 '슬쩍' 통과하지 못합니다. 저 호색가가 원했던 하나이면서 유일한 것을, 죽음은 무(nothing)로 바꾸어 버립니다.

마침내, **영원의 변화**(change of eternity)가 찾아옵니다. 영원은 모든 것을 바꿉니다. 그 결과, 한가지만을 품었던 자에게 오직 선만 축복된 소유가 되고, 또한 그 소유로 남습니다. 그러나 어떤 비참함도 손댈 수 없었던 저 부자, 저주스럽게도, 계속해서 한가지만을 품어야 하는 저 부자,[34] 그는 지금, 자신이 실제로 한가지만을 품고 있는 것인지 하나님께 묻고 있습니다!

명예와 부, 그리고 권력도 마찬가지입니다. 인생의 황금기에 어떤 사람이 명예를 갈망할 때, 어떤 한계를 발견했나요? 혹은 저 야심이 큰 사람은, 점점 더 높이 올라가려는 생각에 쉴 새 없이 사로잡혀 있지는 않았던가요? 그가 명예를 얻은 후, 또 그것을 확고히 붙들기 위해 잠 못 이루며 노력한 결과로 어떤 쉼을 찾았습니까? 열정이 다스리는 차가운 불 속에서 그가 과연 어떤 회복을 찾았는지요!

저 야심이 큰 사람이 실제로 최고의 명예를 얻었다고 할 때, 이 지상에서의 명예는 본질적으로 한가지인가요? 혹은 그 잡다한 가운데, 수십만 개의 화환을 꾸며야 할 때, 그것이 하나님의 손으로 만들어진 저 들판의 아름다운 카펫과 같은가요?[35] 아니, 세상이 스스로 경멸하는 것처럼, 세상의 명예는 소용돌이요, 혼란스러운 힘의 놀이요, 수많은 의견 가운데 착각의 순간입니다. 곤충의 무리를 멀리서 볼 때는 우리 눈에 하나의 몸으로 보이는 것 같이, 이러한 감각적 기만이 바로 명예입니다. 멀리 떨어진 곳에서 들리는 수많은 시끄러운 소리가 귀에는 한목소리처럼 들릴 때, 바로 그와 같은 감각적 기만입니다.

명예에 관해 만장일치로 의견이 모인다 하더라도, 그것은 아무런 의미가 없습니다. 만장일치를 끌어내는 회의의 구성원이 지금보다 수천 명 더 많아진다 해도 더욱 아무런 의미가 없습니다. 사람들이 그보다 더 많아질수록, 명예가 아무런 의미가 없다는 것을 더욱 빠르게 보여줄 뿐입니다. 저 야심이 큰 자가 원했던 것이 바로 이 수천 명의 만장일치였습니다. 그렇더라도 이것은 선이 승인한 것이 아닙니다. 수천 명 정도의 숫자는 빠르게 셀 수 있습니다. 그렇습니다, 이것은 수천 명이 승인한 것입니다.

이런 숫자를 세기 바라는 것은 과연 한가지만을 품은 것인가요? 충분해질 때까지(slaae til) 세고 또 세는 것, 이전의 결과가 잘못될 때까지(slaae feil) 세고 또 세는 것, 이것이 한가지만을 품은 것인가요? 따라서 이 명예를 원하는 자, 이 경멸을 두려워하는 자, 그가 한가지를 품었다고 말할 수 있어도, **여전히 그의 속사람에서는 두 마음을 품었을 뿐만 아니라, 수천의 마음을 품고 나뉜 것입니다.**

야심이 큰 자가 명예를 얻기 위해 굽실거려야 할 때도 그의 삶은 이와 마찬가지입니다. 명예를 얻기 위해 자기 원수에게 아첨할 때도 마찬가지입니다. 명예를 얻기 위해 존경하는 자를 배신할 때도 같습니다. 왜냐하면, **명예를 얻는 것은 명예의 절정에서 결국 자기 자신을 경멸하는 것을 의미하기 때문입니다.** 변화 앞에서 두려워 떠는 것을 의미하기 때문입니다.

그렇습니다, 변화, 도대체 어디에서, 변화가 이보다 더 무절제하게 분노할 수 있습니까? 명예 가운데 있는 그를 모욕과 조롱이 사로잡기 전, 그가 명예의 복장을 벗을 시간조차 없을 때, 어떤 변화가 이보다 더 빠르고 이보다 더 갑작스러울 수 있습니까! 눈먼 자에게 갑자기 닥친 불의한 장난, 그중에서도 무서운 실수가 되어 버린 장난과도 같습니다.

변화, 최후의 변화, 불확실한 것 중에서 가장 확실한 것, 바로 이것입니다. 명예가 울리는 천둥소리가 자기 무덤에 아무리 크게 들려도, 그 소리가 온 세상에 울려 퍼진다 해도, 여전히 들을 수 없는 한 사람이 있습니다. 죽은 그 사람, 그가 품었던 단 한가지, 명예를 추구하다 죽은 사람입니다. **그러나 아이러니하게도 죽음으로써 그는 명예를 상실합니다. 왜냐하면 명예는 뒤에 남기 때문입니다.** 명예는 혼자서 집으로 돌아가기 때문입니다. 또한 명예는 메아리처럼 사라져 버리기 때문입니다..

그러나 영원이 존재할 때, 변화, 진정한 변화가 있습니다. 명예로운 자, 그에게 명예의 면류관을 영원이 제공할 수 있는 것인지 그것이 궁금합니다! 그런데도 영원은 이 땅과 세상 그 이상입니다. 진리 안에서 오직 단 한가지만을 품었던 모든 사람을 위해, 영원에서 명예의 면류관은 남겨집니다.

이 세상과 그 정욕이 사라져갈 때,[36] 부와 권력과 사멸해 가는 모든 것도 이와 마찬가지입니다. 이것을 품었던 사람은, 그가 비록 단 한가지만 품었다 하더라도, 그것이 사라져갈 때조차 고통을 당하며 그것을 품어야 합니다. 자기가 품었던 한가지가, 그러나 한가지가 아니었다는 것, 모순이 주는 고통을 통해 그것을 배워야만 합니다. 그러나 진리 가운데 한가지만을 품었던 사람, 따라서 선을 품었던 사람, 이것을 위해 희생 당한다 해도, 그는 죽어도 영원히 같은 것을 품지 않겠습니까? 그것이 영원히 승리했을 때, 같은 것을 품지 않겠습니까!

한가지만을 품는다는 것, 그때 그것은 겉보기에만 한가지인 것을 품은 것을 뜻할 수 없습니다. 다시 말해, 본질적으로 세속적인 것은 그것이 **비본질적**(nonessential)이기에 한가지가 아닙니다. 그것이 지닌 **단일성**(unity)이란 본질적 단일성이 아니라, 잡다한 것(multiplicity)을 숨기고 있는 허무(emptiness)에 불과합니다. 그리하여 착각이 지닌 그토록 짧은 순간에도, 세속적인 것은 오직 잡다할 뿐이며, 그리하여 그것은 한가지가 아닙니다. 그때 세속적인 것은 한가지이며, 한가지로 남는 것으로부터 점점 더 멀어져 정반대의 것으로 바뀝니다.

이런 한없는 극단을 추구하는 욕망에 메스꺼움 말고 다른 무엇이 존재할 수 있겠습니까? 이런 현기증 나는, 정상(頂上)에 있는 이 땅의 명예에, 실존에 대한 경멸 말고 다른 무엇이 함께할 수 있겠습니까? 이런 부의 지나침에 가난 말고 다른 무엇이 또 있겠습니까? 탐욕 가운데 숨겨진 세상의 모든 금이, 가난한 사람의 만족 속에 숨겨진 가장 적은 잔돈과 같은 가치를 지닐 수 있을까요?![37] 아니, 그것은 오히려 무한히 더 적은 가치를 지니지 않습니까? 세상 권력에 의존 말고 다른 무엇이 있겠습니까?

사슬에 매인 어떤 노예가 과연 독재자만큼이나 부자유한가 말입니다!

세상 것은 한가지가 아닙니다. 그것은 잡다하기 때문에, 이생에서 정반대의 것으로 바뀌고, 죽음의 문을 통하며 무(nothing)로 바뀌고, 영원의 문을 지나면서, 이 한가지만을 품었던 자에게는, 그것이 저주로 바뀝니다. 오직 선만이 본질의 문제에서 하나이며, 각각의 모든 표현에서도 같게 나타납니다.

사랑을 예로 들어 이것을 실제로 증명해 보겠습니다. 진정으로 사랑하는 사람은 한 번만 사랑하지 않습니다. 지금은 사랑의 한 부분을 사용하고 다음에는 남아있는 다른 부분을 사용하는 것이 아닙니다. 사랑을 바꾼다는 것은 사랑을 대체하는 것이니까요. 아니, 그는 온 마음을 다해 사랑합니다. 사랑은 모든 표현에서 완전히 현존합니다. 그는 계속해서 사랑의 모든 것을 소비합니다. 그런데도 자기 마음속에 사랑의 모든 것을 언제까지나 간직합니다. 이 얼마나 놀라운 부유함인지요!

구두쇠가 오직 탐욕 속에 세상의 모든 금을 다 끌어모았다 해도, 그는 결국 가난해졌을 뿐입니다. 그러나 사랑하는 사람은, 자기가 가진 모든 사랑을 다 소비했다 하더라도, 청결한 마음에 사랑 전부를 간직합니다. 만약 사람이 진리 안에서 한가지만을 품는다면, 모든 것이 본질적으로 다 변한다 해도, 그가 품은 한가지는 오직 불변한 채로 남아야 합니다. 그때 그 한가지를 품음으로써, 그는 **불변성**을 얻을 수 있습니다. 만일 그것이 계속 변하는 것이라면, 그는 변하게 될 것이며, 결국 그도 두 마음을 품은 것이고, 불안정해집니다. 그러나 바로 이런 계속된 변화 가능성이 명확히 **불결함**(impurity)입니다.

위대함

그러나 한가지를 품는다고 함은, 저 건방지고 불경한 열정이 지닌 극단적 오류와 같은 것이 아닙니다. 곧, 선이든 악이든 위대함을 품는 것이 아닙니다.

그가 아무리 필사적일지라도 이런 식으로 위대해지기를 바라는 것은, 그런데도 여전히 두 마음을 품은 것입니다. 혹은 절망(Fortvivlelse)은 실제로 두 마음(Tvesindethed[38])이 아닌가요? 혹은, 두 의지를 품는 것 말고 절망에 다른 무엇이 함께하겠습니까!

마음이 약한 자가 악에서 자신을 떼어낼 수 없으므로 절망하든, 건방진 자가 선에서 자신을 완전히 떼어낼 수가 없으므로 절망하든, 그 둘은 이미 두 마음을 품은 것이고, 두 개의 의지를 갖추고 있습니다. 그들 가운데 어떤 사람도, 진리 안에서 한가지를 품지 않습니다. 아무리 필사적으로 그것을 품는다 해도 말입니다.

자기 욕망이 절망의 구덩이에 빠진 자, 그자가 여자든, 반항하며 절망한 자, 그자가 남자든, 자기 의지를 얻었기 때문에 절망한 자든, 자기 의지를 얻지 못했기 때문에 절망한 자든, 절망 중인 모든 사람은 두 개의 의지를 갖추고 있습니다. 무익하게도, 절망이 이끄는 대로 완전히 따르고자 하는 의지, 역시 무익하게 절망을 완전히 제거하고자 하는 의지.

하나님께서 모든 반역에 대하여, 다른 어떤 왕들이 하는 것보다 더, 하나님 당신을 잘 보호하는 방식이 있습니다. 확실히, 왕이 반역으로 폐위되는 일들이 잦습니다. 그러나 다른 왕이 아닌 하나님께 대항하는 것이라면, 어떠한 반역도 결국은 자기 자신에 대하여 절망하는 지점까지 이르게 됩니다. 절망이 그 한계이고, 이 지점에서 누구도 더 이상 멀리 갈 수는 없습니다! 절망은 그 한계입니다. 비겁하고 두려워하는 자기애의 병든 본성이, 마음의 건방짐-교만하고 반항적인-과 바로 이 지점에서 만납니다. 여기에서 이 둘이 같은 무기력 상태로 여기에서 모입니다.

한 개인의 경험과 다른 사람의 경험은, 인간의 삶이 마땅히 어떠해야 하는지, 대부분 사람의 삶은 그 삶의 의무로부터 얼마나 멀리 떨어져 있는지, 그것에 관한 가르침을 줄 뿐입니다. 모든 사람에게 자기만의 위대한 계기(moments)가 있습니다. 욕망이 일렁일 때, 그들은 요술 거울을 통해 자기를 들여다봅니다. 희망이 가능성을 부여잡고 있는 동안 만들어진 요술 거울입니다. 그러나 매일 삶 속에서 그 환상(vision)을 잊고 삽니다.[39] 혹은 아마도 열정이 일깨워 준 말을 중얼거리기도 합니다.

"혀는 작은 지체이지만 위대한 것을 자랑한다."[40]

그러나 침묵 가운데 실천해야만 하는 것을, 도리어 큰 소리로 선포함으로써, 이 이야기는 열정을 망령되이 일컬어 버렸습니다. 저 영감(靈感) 있는 말씀은 삶의 자질구레한 일로 인해 잊힙니다. 저 말씀이 이런 사람에 관해 말한 것이라는 것도 잊힙니다. 이 말을 했던 자가 그 자신이었다는 것, 그것도 잊히고 맙니다.

그때 아마도, 공포가 둘러싼 가운데 기억이 되살아나, 후회가 새로운 능력을 받을 것 같습니다. 슬프지만, 이것 역시 큰 계기일 뿐입니다. 그들 모두는 이생의 삶과 영원을 위한 목적, 그리고 그것을 위한 계획과 결심을 하고 있습니다. 그러나 그 목적은 젊을 때의 정열을 상실하고 노쇠해 지고 맙니다. 그 결심은 확고하지 못하고, 저항하지도 못합니다. 계획은 흔들리고 환경에 따라 바뀌며, 기억은 점점 희미해집니다. 누군가 말하 듯이, 습관과 협동으로 자기들끼리 서로 위로하는 법을 배울 때까지 말 입니다. 변명을 낳는 연약한 위로를 누군가 선포한다면, 그런 위로가 얼 마나 큰 반역인지 알기는커녕, 그것이 건덕적인(upbuilding) 것임을 기꺼이 발견합니다. 왜냐하면 그런 위로가 무기력 그 자체를 오히려 격려하고 강 화하기 때문입니다.

모든 숭고함과 모든 엄격함으로 한가지만을 품으라는 요구를 주장하 는 것이 건덕적임을 발견하는 사람들이 있습니다. 그래서 스스로, 자기 영혼 가장 깊숙한 곳으로 침투합니다. 그러나 다른 어떤 사람들은 하나 님과 이 요구, 그리고 이러한 언어 사이에서 비참한 타협을 하는 것이 건 덕적임을 발견합니다. 이 요구에 도전하기만 해도, 그것이 건덕적임을 발 견하는 어떤 사람들도 있습니다. 이 요구를 달래서 잠 재우는 것이 즐거 운 것일 뿐만 아니라 건덕적이라고 생각하는, 잠든 영혼들도 있습니다.

정말로 한탄스러운 일입니다. 위로부터 오는 지혜가 아니라, 세상적이 고 정욕적이고 마귀적인 지혜가 있습니다.[41] 이런 지혜는 지금까지 보편 적 인간의 나약함과 무기력을 발견해 왔습니다. 사람에게 도움이 되기를 바라면서 말입니다. 이것이 각자의 의지에 달린 문제임을 지혜는 봅니다. 그리고 큰 소리로 선포합니다.

"한가지를 품지 않는다면, 사람의 인생은 비참하게 평범해지고 고통 을 당하겠지. 사람은, 선이든 악이든 상관없이 한가지만을 마음에 품어야 한다고. 그는 오직 한가지를 품어야 해. 그 속에 사람의 위대함(great-ness)이 있는 거야."

　　그러나 이런 극단적인 오류를 간파하는 것이 우리에게 어렵지만은 않습니다. 성서는 우리의 구원을 위해, 죄는 인간의 타락이라고 가르칩니다.[42] 따라서 오직 선만을 품고 있는 사람의 청결, 그 안에서만 구원이 존재할 수 있습니다. 저 세상적이고 마귀적인 지혜는 이 사실을 왜곡하여 사람을 영원한 멸망에 이르도록 유혹합니다. 다시 말해, 이 지혜는 "약한 것이 사람이 지닌 불행이고, 오직 강한 것만이 유일하게 구원을 가져다준다."라고 말합니다.

　　"더러운 귀신(unclean spirit)이 사람에게서 나갔을 때, 물 없는 곳으로 다니며 쉬기를 구했지만 얻지 못했다. 돌아가려던 그 집이 비고 청소되고 수리되었기에, 가서 저보다 더 악한 귀신 일곱을 데리고 들어갔다."[43]

　　저 불결한 영리함, 사막이나 혹은 물 없는 곳에 거하는 지혜는 무기력하고 평범한 귀신을 내어 쫓습니다. "그래서 마지막은 처음보다 악화하였다."[44] 저런 사람의 본성을 어떻게 서술할 수 있을까요?

　　자기가 낼 수 있는 음역의 소리를 넘어서 고음을 내려다 결국은 목소리가 갈라지고 말았던, 한 가수 이야기가 전해집니다. 마찬가지로, 인간의 본성도 자신을 뛰어넘으려다 갈라지고 맙니다. 곧, 양심이 주는 소리를 뛰어넘으려다 갈라집니다. 또, 현기증이 날 정도로 높은 곳에 서 있어, 자기 눈앞에 보이는 모든 것이 하나로 결합한 것처럼 느끼고 있는 사람의 이야기도 전해집니다. 마찬가지로, 무한한 것(the infinite)에서 현기증을 일으키는 사람도 있습니다. 그곳에서, 영원히 분리된 모든 것이 하나로 결합합니다. 그리하여 광대함만 남습니다. 다시 말해, 현기증을 낳는 것은 언제나 이 메마름과 공허함입니다.

하지만 아무리 필사적으로 한가지만을 품은 자처럼 보여도, 그 사람은 여전히 두 마음을 품은 것입니다. 고집이 센 사람(self-willed, Selvraadig)이 자기 의지(will, raade)를 갖추고 있다면 그에게는 오직 한가지만 있을 뿐이고, 두 마음을 품지 않은 유일한 자일 것입니다. 그는 모든 속박을 벗어버린 자일 것이고, 그 때문에 유일하게 자유로운 자일 것입니다. 그러나 자유로울지라도, 죄의 노예는 정말로 자유로운 것이 아닙니다.[45] 그 속박을 벗어던지지도 못했습니다. "왜냐하면 그는 스스로 조롱했기 때문입니다."[46]

그는 묶여 있습니다. 따라서 두 마음을 품은 자입니다. 지금까지 단 한 번도 자기 길을 간 적이 없을 수도 있습니다. 그를 묶고 있는 어떤 힘이 있습니다. 그것으로부터 벗어날 수 없습니다. 이 힘을 마음에 품을 수조차 없습니다. 왜냐하면 이 힘 또한 그에게 거절당했기 때문입니다.

독자 여러분, 당신이 그런 사람을 보았다면, 사람이 가진 나약함과 평범함이 일반적임에도 불구하고 그런 사람을 보기 어려울지라도, 당신이 나약한 순간이라고 불러야 할 때 그를 만나야 한다면! 오, 슬프군요! 그러나 당신은 그 순간을 더 좋은 순간이라고 불러야 합니다. 사막 한 가운데서 그가 쉼을 얻지 못하는 동안 당신이 그를 만나야 한다면? 현기증이 그를 잠시 지나갈 때, 그가 선에 관해 비통한 갈망(longing)을 느낄 때,[47] 그가 가장 깊숙한 내면에서 흔들리고 있을 때, 당신이 그를 만나야 한다면! 아무리 연약해도 선만을 마음에 품고 있는(단 하나의 목적을 지닌) 어떤 사람, 그가 슬퍼하며 생각에 잠겼을 때 당신이 그를 만나야 한다면, 그가 두 의지를 갖고 있되 고통스럽게 두 마음을 품고 있다는 것을 발견하게 될 것입니다.

아무리 절망한다 해도, 그는 생각합니다: *상실된 것은 상실될 뿐이다.* 그럼에도 한 번 더 돌아서서 선을 갈망할 수밖에 없습니다. 사람이 아무리 반항한다 해도 선에서 완전히 벗어날 만한 힘이 없는 것처럼, 선은 더욱 강하기에 또한 선을 완전히 품을 만한 힘은 없음을 나타내는 갈망, 이 갈망에 맞서는 것은 얼마나 두렵도록 쓰라린가요!

[48]절망한 한 사람이 말한 것을 당신도 들은 적이 있을 것입니다.

"그러나 무언가 좋은 일이 나에게 일어날 거야."

파도 가운데 있는 그의 죽음을 목격할 때, 아직 죽지 않았어도 그의 몸은 가라앉다가도 다시 올라옵니다. 마침내 물거품이 입에서 올라옵니다. 이런 일이 일어날 때, 그는 죽어가면서 가라앉고 있습니다. 저 거품은 그의 마지막 호흡이며, 바다보다 그를 더 가볍게 할 수 있는 마지막 남은 공기입니다.

이 말도 마찬가지입니다. 저 말로 그는 마지막 구원의 소망을 내쉽니다. 억압된 채, 이 구원의 소망은 여전히 그의 생각 속에 있습니다. 일단 다른 사람에게 확신에 차서 이 말을 하게 되면, 오, 절망하는 사람이 아무리 스스로 거역하면서 이 말을 한다 해도, 확신을 잘못 사용하는 것,

이 얼마나 두려운 일인가요! 일단 저 말이 들리면, 그는 영원히 가라앉을 것입니다.

무턱대고 자신의 파멸로 달려드는 사람을 보는 것, 그것은 슬프지만, 끔찍합니다. 전혀 의심하지 않은 채, 저 심연의 모서리에서 춤추고 있는 자를 보는 것은 끔찍합니다. 그러나 그 자신, 자신이 확실히 파멸하리라는 생각, 이것은 훨씬 더 끔찍합니다. 절망의 소용돌이 가운데 내동댕이쳐진 자가 위로를 구하고 있는 것을 보는 것은 끔찍합니다. 그러나 죽음의 고통 가운데 있는 자가 "나는 가라앉고 있어요, 나를 좀 구해주세요!"[49]라고 단 한 번도 소리 지르지 못하는 것, 이 평정은 훨씬 더 끔찍합니다. 영원한 멸망으로 가고 있는 자신의 마지막 길에서, 오직 한 사람 - 조용한 증인-이 되고 싶을 뿐입니다.

오, 이토록 극단적인 허영심이여! 아름다움으로, 부함으로, 능력으로, 권력으로, 명예로, 다른 사람의 이목을 자신에게 이끄는 것이 아니라, 스스로 파멸하는 것으로 타인의 관심을 구걸하는 자여! 슬프게도, 동정(sympathy)이 자기 무덤에서 이 말 한마디 하는 것을 자신에게 들려주고 싶어하는 자여!

"그러나 그에게 좋은 일들이 일어났었지!"

이 얼마나 두렵도록 두 마음을 품은 것인가요! 파멸로 가는 중에, 선이 존재하는 것은 알지만 자신이 결코 품을 수 없는 유일한 것이라는 사실로부터 어떤 장점을 끌어내려 했다니 말입니다! 이제 다른 한 의지가 그에게 있어 분명해집니다. 그 의지가 너무 약하다 못해 파멸의 순간에

조차 미적거리고 있더라도 그렇습니다. 파멸의 도움을 받아 특출난 자가 되려는 시도입니다.

그때, 한가지를 마음에 품는 것, 원래 한가지가 아닌데 두렵게도 거짓의 도움을 받아 한가지로 보이게 하는 것, 허위의 도움으로만 어떤 한가지를 품는 것을 뜻할 수 없습니다. 이 한가지만을 품은 사람이 거짓말쟁이인 것처럼, 이 한가지를 떠올리게 한 자가 거짓의 아비인 것처럼 말입니다.[50] 저 메마름과 공허함은 진리 안에서 한가지가 아니라, 진리 안에서 아무것도 아닙니다(nothing). 이 한가지만을 품은 사람에게 이것은 파멸입니다.

그러나 사람이 진리 안에서 한가지만을 품어야 한다면, 이 한가지는 인간 존재의 가장 깊숙한 곳에서부터, 또한 그 본질에서, 오직 한가지여야만 합니다. 그것은 영원히 분리된 상태로 존재하기 위해, 자기 안에서 이질적인 것을 제거해야 합니다. 그래서 그것이 한가지로 계속 남아야 합니다. 그리하여 이 한가지만을 품은 자를 자신과 닮은 형상으로 만들어야 합니다.[51]

진리 안에 품기

따라서 진리 안에서 한가지를 품는다는 것은 오직 선(善)만을 품는 것을 뜻합니다. 다른 한가지는 한가지가 아니지만, 그럼에도 다른 한가지만을 품기를 원하는 사람은, 다름 아닌 '두 마음'을 품은 자이기 때문입니다. 무엇을 갈망하는 자는 스스로 갈망하는 대상과 닮기 때문입니다. 혹은, 악(惡)만을 품기 위해 스스로 강퍅하게 한 자가 있을지라도, 악을 품음으로써 한가지를 마음에 품는 일이 가능할까요? 사악한 사람처럼, 악은 자기 자신과 불화하면서 또한 분열되지는 않을까요?

그와 같은 사람을 데려와 봅시다. 사회에서 그 사람을 격리해 봅시다. 감옥에, 독방에 가두어 봅시다. 그와 같은 마음을 가진 사람들의 사악한 연합이란, 오직 '분열된 결합'에 불과한 것처럼, 그도 역시 거기에서 자신과 분열되지 않겠습니까? 그러나 선한 사람은 세상에서 멀리 떨어진 저 외딴곳에 홀로 살더라도, 다른 어떤 사람도 그를 찾아볼 수 없다 해도, 선만을 품은 자는 여전히 자기 자신과 하나이며, 동시에 모든 것과 하나입니다. 왜냐하면 그는 오직 한가지만을 품고 있고, 그 한가지는 오직 '선'일 뿐이니까요.

그때, 진리 안에서 한가지를 품고 있는 사람이라면, 누구나 선을 품게 되는 것이 틀림없습니다. 때로는, 가장 깊은 의미에서 선이 아닌 한가지를 품는 것으로 시작한다 해도 그렇습니다. 그러나 결백한 것이 조금이라도 있다면, 날마다 조금씩 선을 품음으로서, 그때 그것은 진리 안에서 한가지만을 품는 것으로 바뀌게 될 것입니다.

예를 들어, 때로는 관능적 사랑(erotic love, Eslkov)이 누군가를 올바른 길로 가도록 도왔을 수 있습니다. 그는 신실하게 단 한가지, 사랑을 마음에 품었습니다. 그 사랑으로 살고 그 사랑으로 죽었습니다. 그 사랑으로 모든 것을 희생했습니다. 오직 그 사랑에서만 행복을 얻었습니다. 사랑에 빠진다는 것은, 선 자체는 아니었으나, 사랑에 빠진 자를 교육하고 발전하도록 이끌었던 교육자였던 것입니다. 애인을 얻거나 잃음으로써, 진리 안에서 한가지를 품고 또한 선을 품는 것이 무엇인지 배웠던 것입니다. 이렇듯 사람은 다양한 방식으로 양육 받습니다. 관능적이라 하더라도 정직한 사랑 역시 선으로 이끄는 양육입니다.

어떤 특별한 목적에 사로잡힌 열정을 가진 사람이 있습니다. 열정으로 가득 차 있기에, 오직 한가지만을 마음에 품었습니다. 그 목적으로 인해 살기도 하고 죽기도 했을 것입니다. 그 목적을 위해 모든 것을 희생했을 것입니다. 그때 그것을 위해 노력하는 과정에서만 행복을 얻었을 것입니다. 왜냐하면 관능적인 사랑과 열정은 나누어진 마음에 만족하지 못하니까요. 그러나 가장 깊은 의미에서 그가 기울인 노력은 선은 아니었습니다. 열정이 그를 가르쳤으나, 결국 그는 열정보다 더 성장했습니다. 그러나 또한 열정에 많은 빚을 지게 되었습니다.

이미 언급했다시피, 사람이 진리 안에서 한가지만을 마음에 품는다면, 모든 길은 사람을 선으로 안내합니다. 그가 한가지만을 품는 곳에 어떤 진리가 존재한다면, 그가 선에 이를 수 있도록 이것이 도울 것입니다. 그러나 사랑에 빠진 사람과 열정가가 길을 잘못 들어선 나머지, 선으로 안내받기는커녕 위대한 것에 빌붙는 곳이 있다면, 그곳에는 위험이 도사리고 있습니다. 선은 진정으로 위대한 것이 확실합니다. 그러나 위대함이 언제나 선은 아닙니다.

누군가 위대함을 품기만 해도 여자의 호의를 얻을 수 있습니다. 이것이 소녀가 가진 교만한마음을 즐겁게 할 수도 있습니다. 소녀는 또한 위대함을 품은 남성을 숭배함으로 그가 가진 위대함에 보상할 수 있습니다. 그러나 하늘에 계신 하나님은 철없는 젊은이의 어리석음 같지 않습니다. 하나님은 위대함에 감탄으로 보상하지 않습니다. 오히려, 사람이 진리 안에서 감히 예배할 수 있는 것, 이것이 하나님께서 선한 사람에게 주시는 보상입니다.

참고자료

1 이하의 구절은 다음을 참고하라.

하늘에 계신 아버지! 그러나 이 처음과 이 마지막 사이에, 그것들 사이에 놓여 있는 것.(여백에서: 지연, 멈춤, 방해, 오류) 마음이 회개하는 가운데 당신을 찾는 것을 간절히 느낄 때마다, 어떤 방해도 없게 하소서. 당신을 향한 회개의 슬픔이 실패를 만회하게 하소서. 한가지만을 계속 원하게 하소서. -Pap. VII1 B 140 n.d., 1846

Pap. VII1 B 140에 추가된 것:

그러나 슬픈 것은, 이 처음과 마지막 사이에, 그것들 사이에 끼어든 것, 그것이 지연, 멈춤, 중단, 오류, 멸망이기 때문이다.(여백에서: 매일 범하는 것과 허구한 날 쌓고 있는 것)

당신께서, 회개에게 극복할 수 있는 힘을 주소서. 회개하는 가운데 한가지만을 품을 수 있는 힘을 더하여 주소서. 온 영혼을 다해 회개할 수 있는 힘을 더하여 주소서. 회개하는 중에 다시 한가지만을 품을 수 있는 담대한 확신을 주소서. 인정하다시피, 죄를 고백하며 회개하는 자가 당신을 찾을 때, 그것은 중단, 멈춤입니다. 그러나 그것은 경건한 슬픔 가운데 실패를 만회함으로써, 당신을 신뢰하는 가운데 지속성을 얻게 됨으로써 관계하는 중단입니다. 사람은 그 날의 다른 시간에 당신을 찾습니다. 그러나 회개하면서 그가 당신을 찾을 때마다, 그 시간은 언제나 11시 입니다. -Pap. VII1 B 141 n.d., 1846

Pap. VII1 B 141에 추가된 것:

그리고 그것에 대한 기회가 있다. 인간 속에 하나님의 부르심인 어떤 충동이 있다. 수많은 장소에서 수많은 때에, 하나님의 부르심이 사람에게 나타난다. 그러나 죄를 고백하면서 그분을 찾고 있는 부름은 언제나 11시에 찾아온다. 그가 젊었든 늙었든, 죄를 많이 지었든 적게 지었든, 때는 항상 11시이다. 회개는 이것을 이해한다. -JP IV 4947 (Pap. VII1 B

145) n.d., 1846

Pap. VII1 B 145의 여백에서:

가볍게 무장한 소원이 먼저 오고 세상을 포획하기를 바란다. 그러나 이내 공포에 휩싸여 후퇴한다. 그때 결심의 중요한 힘이 와서 감히 전투하기를 바란다. 그러나 물러나야만 한다. 지금은 11시이기 때문이다. 그때 회개가 찾아온다. -JP IV 4948 (Pap. VII1 B 145) n.d., 1846

2 시편 8:5, "그를 하나님보다 조금 못하게 하시고 영화와 존귀로 관을 씌우셨나이다."

3 고린도전서 13:12, "우리가 지금은 거울로 보는 것 같이 희미하나 그때에는 얼굴과 얼굴을 대하여 볼 것이요. 지금은 내가 부분적으로 아나 그때에는 주께서 나를 아신 것 같이 내가 온전히 알리라."

4 빌립보서 1:6, "너희 안에서 착한 일을 시작하신 이가 그리스도 예수의 날까지 이루실 줄을 우리는 확신하노라."

5 구약 시편에는 이 용어가 몇 번 나타난다. 다음을 참고하라. 시편 50:15, 59:16, 77:2, 86:7

6 전도서 3:1, "범사에 기한이 있고 천하 만사가 다 때가 있나니"

그리고 다음을 참고하라.

원고에서:

전도서 3:9(일하는 자가 그의 수고로 말미암아 무슨 이익이 있으랴?)

모든 일에는 다 때가 있다고 솔로몬은 말한다. 심지어 준비해야 하는 때를 가져야 하는 일도 있다. 그러나 이것은 고백의 때에 해당한다. 회개의 속도와 관련하여, 바로 저 순간에 일어나는 일과 관련하여, 이런 관점에 보는 '이때'는 너무 느린 것도 아니다. -JP III 3876 (Pap. VII1 B 147) n.d., 1846

7 전도서 3:2, "날 때가 있고 죽을 때가 있으며 심을 때가 있고 심은 것을 뽑을 때가 있으며"

8 전도서 1:6-7, "바람은 남으로 불다가 북으로 돌아가며 이리 돌며 저리 돌아 바람은 그 불던 곳으로 돌아가고 모든 강물은 다 바다로 흐르되 바다를 채우지 못하며 강물은 어느 곳으로 흐르든지 그리로 연하여 흐르느니라."

9 예를 들어, 디모데전서 4:4, 에베소서 5:20, 데살로니가전서 1:2, 5:18, 데살로니가후서 1:3가 있다.

10 마태복음 23:23, "화 있을진저 외식하는 서기관들과 바리새인들이여 너희가 박하와 회향과 근채의 십일조는 드리되 율법의 더 중한 바 정의와 긍휼과 믿음은 버렸도다.

그러나 이것도 행하고 저것도 버리지 말아야 할지니라."

11 빌립보서 2:12, "그러므로 나의 사랑하는 자들아 너희가 나 있을 때뿐 아니라 더욱 지금 나 없을 때에도 항상 복종하여 두렵고 떨림으로 너희 구원을 이루라."

12 고린도후서 7:10, "하나님의 뜻대로 하는 근심은 후회할 것이 없는 구원에 이르게 하는 회개를 이루는 것이요 세상 근심은 사망을 이루는 것이니라."

13 아마도 이것은, 죽기 직전 키르케고르 자신의 경험을 언급한 것처럼 보인다.

14 마태복음 20:6, "제십일시에도 나가 보니 서 있는 사람들이 또 있는지라. 이르되 너희는 어찌하여 종일토록 놀고 여기 서 있느냐?"

15 마태복음 12:36-37, "내가 너희에게 이르노니, 사람이 무슨 무익한 말을 하든지 심판 날에 이에 대하여 심문을 받으리니, 네 말로 의롭다 함을 받고, 네 말로 정죄함을 받으리라."

16 고린도후서 7:10, "하나님의 뜻대로 하는 근심은 후회할 것이 없는 구원에 이르게 하는 회개를 이루는 것이요 세상 근심은 사망을 이루는 것이니라."

17 다음을 참고하라.

Journal JJ:319(Pap. VI A 34), "때때로 선을 품는 데 더 큰 성공을 거두지 못해 조급해지기도 하지만, 이러한 조급함은 자신의 죄에 대한 슬픔이 아니라 하나님에 대한 폭력 행위이다. 그리고 성실함이 부족하다."

JJ:320(Pap. VI A 35), May 18, 1845:탈옥한 죄수가 지나가거나 석방된 범죄자에게 다가갈 때와 같이 오랫동안 남겨진 무언가에 대한 기억이 찾아와 불안을 가져 오는 것처럼, 그것은 때로는 불안을 유발하는 기억이다. 사람이 조급해지거나 그것을 인정하지 않으면 그는 길을 잃은 것이다. 그래서 그는 지금이 더 나아 졌다는 것에 겸손하게 감사하는 대신 불평하고 그것을 상기시키는 것이 부당하다고 생각한다.

18 그가 선을 행한 것처럼 보일지라도, 하나님 앞에서 선하지 않은 것은 선이 아니다.

19 키르케고르 당시에, 고백은 교회가 가진 중요한 의식 중 하나였다.

20 마태복음 22:1-14를 참고하라.

21 누가복음 10:38-42를 참고하라.

22 최종본에서 삭제된 것:

숲은 나그네와 맺어지기를 원하지 않는다. 따라서 숲은 어떤 변화도, 어떤 동정도 없이 나그네의 말을 돌려보낸다. 그 메아리는 "노(no)"와 같다. 숲이 셀 수 없이 다시 메아리칠지라도, 역시 그 대답은 반복된 "노(no)"일 뿐이다. 숲이 나그네와 대화하기 원했다면, 아마도 대답했을 것이다. 숲이 나그네를 동정하며 이해했다면, 나그네의 말을 잡았을 것이고, 그것이 변하지 않도록 간직했을 것이다. -Pap. VII1 B 192:8 n.d., 1846

23 욥기 29:5, "그때에는 전능자가 아직도 나와 함께 계셨으며 나의 젊은이들이 나를 둘러 있었으며"

24 시편 139:2, "주께서 내가 앉고 일어섬을 아시고 멀리서도 나의 생각을 밝히 아시오며"

25 마태복음 6:6, "너는 기도할 때에 네 골방에 들어가 문을 닫고 은밀한 중에 계신 네 아버지께 기도하라. 은밀한 중에 보시는 네 아버지께서 갚으시리라."

26 아마도 마태복음 18:22-35를 언급하고 있는 것이라 생각된다. 부분적으로는 마태복음 25:14-30에 나와 있는 달란트 비유를, 부분적으로는 누가복음 16:1-13에 나와 있는 불의한 청지기 비유를 언급하고 있다. 이 세 경우에, 그들은 맡겨진 사무에 대한 계산을 하고 있는 종들이다.

27 예를 들어, JP II 1348 (Pap. VII1 A 143)을 참고하라.

28 누가복음 23:34, "이에 예수께서 이르시되 아버지 저들을 사하여 주옵소서. 자기들이 하는 것을 알지 못함이니이다 하시더라. 그들이 그의 옷을 나눠 제비 뽑을새"

29 누가복음 10:42, "몇 가지만 하든지 혹은 한가지만이라도 족하니라. 마리아는 이 좋은 편을 택하였으니 빼앗기지 아니하리라 하시니라."

30 최종본 여백에서 삭제된 것:

사람에게 필요한 한가지를 위한 욕구를 죄의식이 날카롭게 할 때, 사람이 거룩한 결심을 하는 데 통과(passage)의 진지함이 그 의지를 강하게 할 때, 전지하신 자의 현존이 자기 기만을 불가능하게 할 때, 이 훈계를 명심하라. . . . -Pap. VII1 B 192:9 n.d., 1846

31 마태복음 5:8, "마음이 청결한 자는 복이 있나니 그들이 하나님을 볼 것임이요."

32 최종본에서 삭제된 것:

. . . . 전체 강화가 실제적 고백이 아닌 고백의 때에 관한 내용이기 때문에, 고백적 강화가 아닌 예비적인 묵상일지라도. -Pap. VII1 B 192:10 n.d., 1846

33 회개한 사람을 의미한다. 1837년 10월 11일 키르케고르가 일기(Journal AA: 52)에서 다음과 같이 말하고 있다. "나는 그리스도의 충만과 인간의 죄와의 관계를 생각해 본다. 한 측면에서 보면, 그리스도의 죽음을 통해 인간이 죄를 용서받는다는 것은 맞다. 그러나 다른 측면에서 볼 때, 인간은 옛 사람, 즉 '사망의 몸'에서 벗어나지 못했다. 바울이 말한 대로 말이다(롬7:24~25). 회개한 사람은, 자신이 앞으로 갔던 같은 길을 돌아가야 한다. 반면, 죄가 용서받았다는 깨달음으로 인해 그는 의로워 지고 더 이상 자신에게 저항하며 절망하지 않는다."

34 누가복음 16:19-29을 참고하라. 부자는 사나 죽으나, 오직 한가지만을 구하고 있다.

35 이 부분은 마태복음 6:28-31의 들의 백합을 암시하고 있다.

36 요한일서 2:17, "이 세상도, 그 정욕도 지나가되 오직 하나님의 뜻을 행하는 자는 영원히 거하느니라."

37 마가복음 12:41-44, "예수께서 헌금함을 대하여 앉으사 무리가 어떻게 헌금함에 돈 넣는가를 보실새 여러 부자는 많이 넣는데 한 가난한 과부는 와서 두 렙돈 곧 한 고드란트를 넣는지라. 예수께서 제자들을 불러다가 이르시되, 내가 진실로 너희에게 이르노니 이 가난한 과부는 헌금함에 넣는 모든 사람보다 많이 넣었도다. 그들은 다 그 풍족한 중에서 넣었거니와 이 과부는 그 가난한 중에서 자기의 모든 소유 곧 생활비 전부를 넣었느니라 하시니라."

38 덴마크어 Tvivl(의심), Fortvivlese(절망), 그리고 Tvesindethed(두 마음)은 공통된 어원을 갖고 있다. tve는 "둘"을 의미한다.

39 이 부분은 야고보서 1:23-24를 암시하고 있다. "누구든지 말씀을 듣고 행하지 아니하면 그는 거울로 자기의 생긴 얼굴을 보는 사람과 같아서 제 자신을 보고 가서 그 모습이 어떠했는지를 곧 잊어버리거니와"

40 야고보서 3:5, "이와 같이 혀도 작은 지체로되 큰 것을 자랑하도다. 보라 얼마나 작은 불이 얼마나 많은 나무를 태우는가."

41 야고보서 3:15, "이러한 지혜는 위로부터 내려온 것이 아니요, 땅 위의 것이요, 정욕의 것이요, 귀신의 것이니"

42 잠언 14:34, "공의는 나라를 영화롭게 하고 죄는 백성을 욕되게 하느니라."

43 마태복음 12:43-45, "더러운 귀신이 사람에게서 나갔을 때에 물 없는 곳으로 다니며 쉬기를 구하되 쉴 곳을 얻지 못하고 이에 가서 저보다 더 악한 귀신 일곱을 데리고 들어가서 거하니 그 사람의 나중 형편이 이전보다 더욱 심하게 되느니라. 이 악한 세대가 또한 그렇게 되리라."

44 마태복음 12:45, 위 구절 참고.

45 요한복음 8:31-34, "그러므로 예수께서 자기를 믿은 유대인들에게 이르시되 너희가 내 말에 거하면 참으로 내 제자가 되고 진리를 알지니 진리가 너희를 자유롭게 하리라. 그들이 대답하되 우리가 아브라함의 자손이라. 남의 종이 된 적이 없거늘 어찌하여 우리가 자유롭게 되리라 하느냐?"

로마서 6:16, "너희 자신을 종으로 내주어 누구에게 순종하든지 그 순종함을 받는 자의 종이 되는 줄을 너희가 알지 못하느냐 혹은 죄의 종으로 사망에 이르고 혹은 순종의 종으로 의에 이르느니라."

로마서 6:20, "너희가 죄의 종이 되었을 때에는 의에 대하여 자유로웠느니라."

46 이 부분에 대하여는 다음을 참고하라. Börne의 Collected Works, Vol. II, p. 126과

비교해 보라. "그들의 속박을 비웃는 모든 사람은 자유로운 것이 아니다." G. E. Lessing, Nathan der Weise, IV. 4; Gotthold Ephraim Lessing's sämmtliche Schriften, I-XXXII (Berlin, Stettin: 1825-28; ASKB 1747-62), XXII, p. 181; Nathan the Wise, tr. Patrick Maxwell (New York: Bloch, 1939), p. 295. Stages on Life's Way, p. 421, KW XI(SV VI 392).

47 이 부분에 관해 다음 예를 참고하라. "갈망은 더 고차원적인 삶의 탯줄이다."-JP IV 4409 (Pap. II A 343)

48 이하의 내용과 관련하여 다음을 참고하라.

영원히 멸망당하는 지점까지 잘못 인도된 자가 파멸하기 직전, 그의 최후 발언과 징후는 이렇다: 그러나 더 좋은 일이 나에게 일어날 것이다. 물에 빠진 사람으로부터 올라오는 거품처럼, 이것은 그 징후다. 그때 그는 침몰한다. 그가 숨겨져 있는 것을 설명하지 않기 때문에 둘러싸인 은폐가 사람의 파멸이 될 수 있는 것처럼, "파멸"이라는 저 단어의 발언도 이와 마찬가지이다. 이 발언은 그가 그만큼 자기 자신에 관하여 객관적이라는 표현이다. 그렇기 때문에 그는 감히 자기 자신에 관한 파멸을 말할 수 있는 것이다. 이미 결정된 무언가를 누군가 말하는 것처럼, 심리적으로 관심이 있는 무언가를 제3자가 말하는 것처럼 말이다. 그 안에 더 좋은 무언가 있을 것이라는 소망은 그의 구원을 위해 침묵 가운데 활용되어야 한다. 이 소망은 그가 자기 자신에 대하여 구원받는 장례식 추도사의 내용으로 확장되고 이용된다. -JP IV 4591 (Pap. VII1 A 22) n.d., 1846

49 마태복음 8:23-27을 참고하라.

50 요한복음 8:44, "너희는 너희 아비 마귀에게서 났으니 너희 아비의 욕심대로 너희도 행하고자 하느니라. 그는 처음부터 살인한 자요, 진리가 그 속에 없으므로 진리에 서지 못하고 거짓을 말할 때마다 제 것으로 말하나니 이는 그가 거짓말쟁이요, 거짓의 아비가 되었음이라."

51 최종본에서 삭제된 것은 다음과 같다.

폭풍이 일어나는 중에 바다가 분노할 때, 하늘이 숨겨질 때, 바다와 하늘이 이런 뒤죽박죽 상태에서 하나로 혼합될 때, 이 드라마가 아무리 끔찍해도 우리는 바다가 청결하다고 말하지 않는다. 다시 평온이 찾아와 그들이 구별된 후에야, 저 바다 위로 하늘이 아치를 높이 그릴 때, 바다가 그 하늘을 깊은 곳에서부터 반사할 때, 그 후에야 우리는 바다가 청결하다고 말한다. 분노한 폭풍에 의해 "하나로 섞이는" 가운데 청결이 있는 것이 아니라, 구별(distinction) 속에 있다. 이런 이유에서 우리는 영혼을 바다에 비유할 수 있다.

영혼이 혼란스러운 것들을 하나로 통합하기 위해, 거만하게도 선과 악의 구별을 어길 때, 그 때 영혼은 짜증나고 불결해진다. 그러나 하늘 가까이 닿은 숲과도 같은 '선'이 영혼 위에서 아치를 그릴 때, 그래서 영혼이 하나됨(oneness)을 깊은 곳에서부터 다시 만들 때, 우리는 이것을 청결하다 말한다. 선과 악 사이의 구별이란 단순성(simplicity)이고, 혼란스러운 통일은 이중성(doubleness)이다.

어린아이가 단순하게 이해하는 것을 지혜가 더 이상 이해할 수 없다면, 아이에게 물어보라! 이것은 우리가 사용하는 심상(image)이다. 선과 악을, 바다와 하늘을 구별하는 것처럼* 물리적으로 나눌 수 없기 때문에 이것은 부적절한가? 혹은, 결국 하늘은 선이 아니고 바다는 악이 아니기 때문에 이것은 부적절한 비유인가? 하지만 거기에 구별이 존재한다면, 혼란한 통일 가운데 그것을 혼합시키는 것은 사람의 능력 안에 있다. 혹은, 마음이 청결한 가운데 겸손하게 그러나 엄격하게 구별하는 것도 사람의 능력에 달려 있다. 그때 이 은유는 정말로 적절하다!

여백에서: *그러나 영적으로, 따라서 비가시적으로, 영혼의 비가시성 속에 숨겨져 있다.

-JP IV 4435 (Pap. VII1 B 192:13) n.d., 1846

Chapter
2

진리 안에서 한마음을 품어야 한다면,
사람은 진리 안에 선을 품어야 한다.

A. 사람이 진리 안에서 선을 품으려면, 모든 두 마음을 포기하기 위해 자신을 이해해야 한다.

사람이 한가지를 품는 것이 **가능해지려면**, 선을 품어야 합니다. 왜냐하면 오직 선만 이렇게 일치(unity)하기 때문입니다. 그러나 오직 한마음을 품는 것이 **현실이 되려면**, '진리 안에서' 선을 품어야 합니다.[1]

여기에서 누가 이것을 올바르게 말할 수 있습니까! 왜냐하면 여기에서 이 강화는 대다수 사람의 삶에 대해 말하고 있기 때문입니다. 사람이 선을 품었다 해도, 세상은 여전히, 그만큼의 두 마음으로 가득 차 있습니다. 또한 여기 화자(speaker)에게도 자기 삶이 있습니다. 확실히 결점도, 두 마음을 품은 부분도 있습니다.

원컨대, 이 강화가 다른 사람을 비판하거나 비난하는 것처럼 보이지 않게 하소서. 왜냐하면 이 또한 두 마음을 품은 것이기 때문입니다. 자기 자신은커녕 다른 사람을 비판하기를 원하는 것입니다.[2]

원컨대, 다른 사람은 구속하면서도 정작 이 강화를 말하는 자는 오직 말하는 과제만 받은 것인 양, 강화가 요구하는 것에서 화자는 제외되는 것이 타당한 것처럼 되지 않게 하소서. 이 또한 두 마음을 품은 것이기 때문입니다. 다른 사람을 위로하는 것처럼 들리지만, 정작 말하는 자는 위로받기를 거부한 것이고, 거기에는 진실로 교만이 숨어있기 때문입니다. 말하는 자가 슬픔과 친절로 옷 입고, 듣는 자를 동정하는 것에 있어, 인간적으로 위로하는 법을 아무리 잘 안다 해도, 동시에 자신에게는 어떤 위로도 되지 않는 것을 믿고 있다면, 이것은 숨은 교만이요, 두 마음을 품은 것입니다.

오, 원컨대, 이 강화가 오직 사람의 마음을 치유하는 일 말고는, 누구도 상처 주는 일을 하지 않게 하소서.

원컨대, 이 강화 때문에 누구도 화내지 않게 하시고, 다만 이것이 진리가 되게 하소서.

원컨대, 이 강화가 진리로 침투하여 안에 숨긴 것을 폭로하게 하소서.

원컨대, 이 강화가 두 마음을 제거해 버리고 선을 위한마음만을 드러내게 하소서. 이것이 설득으로 이루어지지 않게 하소서. 설득하면서 기쁨을 즐기기를 원하는 것, 그것을 갈망하는 것, 그것으로 자기 마음을 가라앉히기를 원하는 것, 이것 역시 두 마음을 품은 까닭이기 때문입니다. 그로 인해, 진정으로 해야 할 일을 잊게 되기 때문입니다.

원컨대, 이 강화가 모든 사람을 내쫓고, 사람들의 관심사로 '오직 선만' 남게 하소서!

1. 먼저, 이해하기 쉬운 것부터 말해야 한다. 보상을 받고자 선을 품은 사람은 한마음이 아니라, 두 마음을 품었다.

선은 한가지일 뿐이고 보상은 선과는 별개의 존재입니다. 보상이 정말 올 수 있습니다. 그러나 더 늦게까지, 결국 마지막까지, 보상이 오는 데 실패할 수도 있습니다. 그때, 사람이 보상을 위해 선을 품는다면, 한가지를 마음에 품은 것이 아니라 이중적인 무언가를 품고 있는 것입니다.

그러나 사람이 이런 식으로 선의 길을 간다면 멀리 가지 못할 것이 확실합니다. 왜냐하면 당연한 것을 행하기보다, 두 눈으로 동시에 한가지를 바라보기보다, 한 눈으로는 한쪽을, 다른 한 눈으로는 다른 쪽을 보고 있는 사람과 같기 때문입니다. 이것은 절대로 성공하지 못할 것입니다. 시야에 혼란만 줄 것입니다. 하지만 우리가 지금 이것을 말하는 것이 아니라 두 마음을 품은 것을 말하고 있습니다.

이 문제도 역시 고대에 논의 주제였습니다. 옛날에 뻔뻔한 선생들 (Frækhedens frække Lærere)[3]이 있었습니다. 정의란 거대한 규모로 불의를 행하는 것이고, 그러고도 선을 분명히 품을 수 있는 것으로 생각했던 뻔뻔함을 지닌 자들 말입니다. 그들은 이익을 이중으로 얻을 수 있다고 생각했습니다. 한가지 이익은 불의를 행할 수 있고, 의지를 가질 수 있으며, 열정을 분노하게 할 수 있는 비참한 이익이며, 다른 이익은, 이 모든 것을 행하고도 마치 선을 행한 것처럼 보이는 위선적 이익입니다.

한편, 단순하고 현명한 사람이 있었습니다.[4] 그 단순함이, 뻔뻔한 자들이 현자를 트집 잡기 위한 올가미가 되었습니다. 선을 품은 것을 확실히 하기 위해, 선처럼 '보이는' 것을 피해야 한다고, 이 현자는 가르쳤던 것입니다.[5] 보상이 유혹하지 못하도록 해야 하니까요.

선과 보상은 완전히 다른 것임에도, 선을 행하고 보상을 바란다고 할 때, 선은 고상하고 거룩한 요소지만, 보상은 유혹하는 요소이기에 이 둘은 양립할 수 없습니다. 유혹은 좋은 것이 아니지요. 여기서 우리가 말하는 보상은 세상의 보상입니다. 하나님께서 선과 영원히 함께하도록 결합하신 보상은 어떤 의심스러운 것 하나 없이 오직 확실하기 때문입니다. 현존하고 있는 것이나 앞으로 다가올 것도, 높음이나 낮음도, 천사나 악마도 **하나님께서 결합하신 선과 보상을 분리할 수 없을 것입니다.**[6]

그러나 세상이 가장 심오한 의미에서 선이 아니라면, 성경이 말하는 것처럼 세상이 악한 자의 권세 아래 있다면,[7] 반면 선을 품지 않은 자가 절대 드물지 않다면, 세상의 보상은 정말로 의심스럽습니다. 그때 세상은 **자기가 선으로 여기는 것**에 보상할 것입니다. 저 뻔뻔한 선생들이 가르친 대로, **선과 '닮은 것'**에 보상할 것입니다. 뻔뻔한 선생들이 세상과 친하지 않은 것이 아닙니다. 그때, 보상은 정말로 유혹하는 요소입니다.

돈과 사랑

이 문제는 어렵지 않습니다. 흔한 이야기로 한 남성과 여성을 예로 들어 보겠습니다. 만약 한 남성이 오직 돈 때문에 다른 여성을 사랑한다면, 누가 그 남성을 사랑꾼이라 부르겠습니까? 결국 여성을 사랑한 것이 아니라 돈을 사랑한 것이기 때문입니다. 상대가 가진 재산을 노리는 사냥꾼이지, 사랑꾼이 아닙니다. 그러나 누군가 "내가 사랑한 건 그 사람이다. 그 사람이 돈을 가지고 있을 뿐이다."라고 말했다면, 판단하는 것은 우리의 일이 아니나, 그가 우리에게 의견을 묻는다면, 아마도 이렇게 대답할 것입니다.

"돈이 문제를 만들었군요. 돈이 많은 영향을 끼친다고들 말하죠. 쉽게 오해받을 수 있고요. 돈 때문에 사람이 자신을 알기[8] 어렵게 되었네요."

이 문제로 인해 그 사람이 깊이 걱정하고 있다면, 자기의 사랑이 시험받을 수만 있다면 오히려 돈이 사라지기를 바랐을 것입니다. 상대를 진정으로 사랑한 사람이었다면 아마도 이렇게 말했을 것입니다.

"이 사람에게는 단 하나의 결점이 있지. 바로 돈을 갖고 있다는 거야."

자, 그렇다면 그 사람의 상대방은 이 상황을 뭐라 말할까요? 만약 상대방이 "나에게 소원이 하나 있다면, 그를 부자로 만들 수 있는 장점이 나에게 있기를 바라는 거지."라고 말했다면, 상대방도 그 사람을 진정으로 사랑한다고 말할 수 있는 것인지, 그것이 궁금합니다. 이것이 맞는다면, 결국 상대방도 그 사람을 사랑한 것이 아니라, 돈을 사랑한 것입니다. 하지만 서로 사랑하는 두 사람이, 사랑의 장애물로 여겨진 이 돈을 가지고 선한 일을 하기로 합의했다면, 그들은 오직 사랑만을 마음에 품는 것이 가능할 것입니다.

원컨대, 이 지점에서 어떤 사람도, "인생이 이 두 사람에게 무엇을 가르치고 있는지"를 우리에게 말함으로써, 이 아름다운 생각이 가진 순수한 상상을 방해하는 일에 분주하지 않도록 하소서.

아, 비참한 지식이여! 지식이 현실과 맺은 어떤 야비한 친분이 존재합니다. 비참하고 야비할 뿐만 아니라 어느 때라도 중요한 척 가장합니다. 비겁하면서도 거만하게, 또한 부러워하며, 그것을 반역적으로 표현하려는 누구에게나, 이 지식이 결코 불명예가 아닌 것처럼 가장하는 것 말입니다. 이런 친분을 품고도 마치 품지 않은 것처럼, 경멸적인 두 마음이 아닌 것처럼, 결국 품은 것은 선과 선한 사람에 관한 거짓말뿐인 것처럼 말입니다.

그렇습니다, 기억에 관해 우리에게 전해 내려온 것을 언젠가 이 지식에 적용할 수 있습니다. 다시 말해, 잊는 기술을 배우기를 바라는 것이 오히려 더 나을 것입니다.[9] 사람이 이런 종류의 지식을 배우기는 쉽습니다. 또한 저 경멸적인 모든 사람에게서도 쉽게 배울 수 있습니다. 그러므로 우리는 오히려 기도하고 소원해야 합니다. 사람이 그런 지식에는 무지하도록 가르칠 수 있는 기술이 있기를 말입니다.

사랑하는 사람들의 이야기로 돌아가서, 그 상대방 여성은 '돈 없는 돈'을 원했습니다. 우리가 선을 생각해 봅시다. 모든 것이 완전합니다. 진지함과 진리는, 아름다운 생각이 품는 순결한 상상입니다. 보상 때문에 선을 품는 것은 두 마음을 품은 것이지요. 따라서 한마음을 품는 것이란, 보상을 위해 '보상 없는 선'을 품는 것입니다. 진리 안에서 한마음을 품는 것이란 선을 품지만, 세상에서 선에 대한 보상을 원하지 않습니다.

확실히 보상은, 사람이 원하지 않고도 올 수 있습니다. 저 외재적인 영역에 계신 하나님으로부터 올 수 있습니다. 그러나 외재적인 영역에 있는 모든 보상도 언제나 세상이 주는 것이 될 수 있고, 자신에게 시험일 수 있다는 것을 명심한다면, 그때 그는 진실로 선만을 품기 위해, 보상을 받지 않도록 방어해야 합니다. 이런 식으로 자신을 방어하는 것이 마치 교만에 빠지는 시험처럼 보일 수 있다는 것, 이것을 잊지 말아야 한다 해도 말입니다.

그러나 이 세상에서 선에 대한 보상이 있는 것이 사실이라면, 또한 세상이 주는 보상이 위험하다면, 그때 이 세상에서 선은 덕을 세우는 특성을 보입니다(이 견덕이 영원의 복된 웃음 속에 완화되어 있을지라도 말입니다). 다시 말해, 한마음을 품음으로써 진리 안에서 선을 품은 사람은, 보상에 유혹당하는 어려움에 빠지는 일이 거의 없습니다.

선이 그 자체로 보상이라는 것, 이것은 영원히 확실합니다. 이보다 더 확실한 것은 없습니다. 어떤 신이 존재한다는 것이 이것보다 더 확실한 것이 아닙니다. 왜냐하면 이것은 하나이면서 동일하니까요. 이 세상에서 선은 일시적으로나마 배은망덕으로, 혹은 감사의 부족으로 보상받을 수 있습니다. 가난으로, 경멸로, 많은 고난으로, 때로는 죽음으로도 보상받을 수 있습니다. 선이 그 자체로 보상하고 있다고 말할 때, 그런 보상이 아닙니다. 그것은 외재적인 영역에서 오는 보상이며 첫 번째로 오는 보상입니다.

이것은, 정확히 보상 때문에 선을 품은 사람들이 두려워하는 것입니다. 그에게 기다릴 시간이 없으니까요. 영원을 위해 저버릴 만한 시간도,

세월도, 삶도 없기 때문입니다. 따라서 외재적인 영역에서 오는 보상은 바람직한 것이 아닙니다. 그러나 오히려, 그러므로 외재적인 영역에서 오지 않는 보상만이 유익하고 격려할 만합니다. 그리하여 내적 존재에 있는 두 마음은 사라지게 되고, 결국 하늘이 준 보상만 더욱 위대해집니다.

보상 때문에 선을 품는 것, 이것은 두 마음을 말합니다. 야고보 사도의 말에 따르면, 두 마음을 품은 사람은 모든 일에 정(定)함이 없습니다.[10] 어떤 것도 성취하지 못할 것입니다. 왜냐하면 두 마음을 품은 사람은 무엇을 기도하든지 주께 얻기를 생각하지 말아야 하기 때문입니다.[11]

따라서 그런 두 마음을 품은 사람이 보상 때문에 선을 품기를 바라면서, 자랑하며 과시한다 해도, 그리하여 자기가 추구하는 것을 얻을 수 있다고 생각하면서 바보짓을 한다 해도, 그렇게 미쳐있는 수많은 사람이 어리석게도 같은 생각을 하더라도, 나의 독자여, 우리는 서로를 속이지 맙시다! 착각이 이것을 하도록 합시다!

다시 말해, 그가 보상이라 부를 수 있는 좋은 것을 얻는다는 것은 확실히 가능합니다. 그러나 보상으로 좋은 것을 얻지 못합니다. 진리 안에서는 조금도 그럴 수 없습니다. 다시 말해, 진리 안에서 선을 품는 것이, 보상 없이 품는다는 점에서 구별되는 것이라면, 그렇습니다.

오, 당신 선이여, 자기 자신과 얼마나 놀라운 일치입니까! 당신은 스스로 속는 일이 없군요! 보상 때문에 두 마음을 품은 자가 선을 품는다면, 그래서 그가 보상을 얻은 것처럼 보인다 해도, 그는 여전히 보상을 얻지 못한 것입니다. 그가 얻은 것이, 선을 위한 보상으로 얻는 것이 아니니까요. 진리 안에서 보상으로 얻는 경우가 아니기 때문에, 그가 보상을 받을 때, 오히려 진리 안에서 보상을 상실합니다![12]

　기만적인 남성은 돈을 가진 여성을 속일 수 있습니다(반대의 경우도 마찬가지입니다). 실제로는 여성이 가진 돈을 사랑하고 있을지라도, 마치 오직 여인을 사랑하는 것처럼 속일 수 있습니다. 여성은 행복하고, 기쁠 수 있습니다. 자신이 사랑받고 있다는 착각 속에 살아갈 수도 있습니다. 그러나 어떤 사람도 선을 속일 수 없습니다. 영원에서는 절대로 아닙니다! 이것은 불가능합니다! 영원에서 선을 속이는 것은 눈곱만큼이라도 불가능합니다. 그러나 이곳 시간에서는 그렇게 될 수 있습니다. 선을 속이는 것은 아닙니다. 선과 닮은 것으로 사람들을 속이는 것뿐입니다. 이런 종류의 것이 선의 관심을 피할 수 없습니다.

　이따금 선은 그런 사람에 대한 분노를 쌓고(samler det Vrede)[13] 그의 기만을 폭로합니다. 그러나 종종, 그런 사기꾼을 내버려둘 수도 있습니다. 왜냐하면 선 자신이 더욱 강한 것을 잘 알고 있으니까요. 나약하고 용기 없는 사람만 즉시 자기의 권리를 갖기를 원합니다. 바깥세상에서 즉시 승리하기를 바랍니다. 그는 나약하기에, 강한 자라는 증거를 저 밖에서 가져와야 하기 때문입니다.

　진리 안에서 능력이 있고 강한 자는, 약한 자가 마음대로 할 수 있도록 조용히 내버려둡니다. 약한 자가 더 강한 자인 듯 과시할 수 있도록 허용한 것처럼 보입니다. 선도 이와 마찬가지입니다. 선이 사기꾼을 참고 견딜 때, 그것은 마치 사기꾼에게 은밀히 말하는 것과 같습니다.

　"그래, 당신의 기만을 과시하며 즐겁게 지내시게. 그러나 이것만은 기억하게나. 우리 둘이 이 문제를 주제로 다시 논의할 걸세."

제3의 길

두 마음을 품은 사람이 갈림길에 섭니다. 두 가지 가능성이 앞에 놓여 있습니다. 하나는 선이고 다른 하나는 보상입니다. 사람의 힘으로 이 둘을 화해시킬 수 없다는 것이 문제입니다. 이 둘은 이질적이기 때문입니다. 하나님께서 내적으로 주시는, 선에 영원히 더하시는, 바로 이 보상만이 선과 같습니다. 그래서 그가 신중하게 골똘히 생각하며 거기에 서 있는 것입니다. 이런 신중함에 푹 빠져 있다면, 그는 두 마음을 품은 자의 상징으로 거기 남아 있게 될 것입니다.

그러나 그때, 아마 이런 신중함에서 벗어났기에, 그가 전진합니다. 어떤 길로 갑니까? 자, 그것에 관해서는 그에게 묻지 맙시다. 우리의 질문에 그가 아주 깊고 전문적인 분야의 지식으로 대답할 수도 있고, 혹은 깊지는 않으나 모든 분야를 넘나드는 폭넓은 지식을 자랑할 수도 있습니다. 그러나 그가 할 수 없는 한가지, 유일한 한가지가 있습니다. 두 길 중에 어떤 길을 가야 할지 묻는 말에는 대답할 수 없습니다. 신중하게 또한 골똘히 생각하는 동안, 이질적인 것을 동시에, 그리고 반복적으로 보면서 어느 정도는 시야가 혼란스러웠습니다. 그러나, 그것도 잠시, 자기가 선택할 수 있는 제3의 길이 있고, 이 길을 따라 걸을 수 있다는 것을 발견했습니다. 아니, 믿은 것입니다.

제3의 길에는 이름이 없습니다. 존재하지 않는 길이기 때문입니다. 따라서 그가 '특별히' 정직하다면, 어떤 길을 선택할 것인지 말할 수 없다는 것을 설명할 수 있습니다. 그가 정직하다면, 확실히 선의 길을 선택했노라 선포할 겁니다. 사람들에게 그것을 이해시키는 것이 자신에게 아주 중요한 관심사가 될 것입니다. 그래야 사람들이 그를 존경할 것이고, 그가 세상에서 추구하던 보상의 일부가 될 테니까요. 제3의 길은 그가 마음속에 간직해 두었던 비밀이었던 것입니다.

제3의 길은 곡예사가 타고 있는 줄보다 더 얇습니다. 존재하지 않는 길이기 때문입니다. 그때 그가 이 길을 따라 어떻게 앞으로 나아가겠습니까? 눈앞에 분명한 목표가 있는 다른 사람처럼 말입니다.[14] 방해받지 않도록 주변을 둘러보지 않는 사람처럼, 저 단 한가지만을 찾고 있는 사람처럼, 오직 목표만을 향해 앞으로 나아갈 수 있습니까? 선의 길 위에 있는 사람은, 눈앞의 선만 보고 있는 방식으로 걷습니다. 욕망의 넓은 탄탄대로 위에서 모든 쾌락을 추구합니까? 그럴 수 없습니다. 그는 저 길도 걷지 않습니다. 무서움도 모른 채 주위 모든 것을 두리번거리는 태평한 젊은이처럼 걷고 있습니까? 아닙니다. 그러기에 그는 너무 늙었습니다.

그때, 이 사람은 어떻게 걷습니까? 어려운 길을 자신의 상황에 맞추어 천천히 걷습니다. 발로 천천히 길을 더듬으며 앞으로 나아갑니다. 마침내 한쪽 발을 딛고 서서 한 걸음 나아갈 때, 즉시 구름을 올려다봅니다. 바람이 어디에서 불어오는지, 굴뚝에서 피어오른 연기가 곧장 하늘로 올라가고 있는지 보면서 방향을 확인하고자 합니다.

보상, 세상의 보상을 그는 보고 있습니다. 마치 구름, 혹은 바람, 어쩌면 굴뚝에서 피어오른 연기 같습니다. 그래서 계속 조사하며, 행인들의 얼굴을 살피고 있습니다. 보상이 가지는 사회적 지위를 알아보고자, 그 값을 매긴다면 과연 얼마인지, 보상을 한다면 그 시대(Tidens)[15]와 사람들의 요구가 선과 관련이 있는지, 알아보기 위해서입니다.

그때, 이 사람이 실제로 마음에 품고 있는 것은 무엇입니까? 그러나, 그것과 관련해 그에게 묻지 맙시다. 다른 온갖 질문에는 그가 대답할 수 있을지도 모릅니다. 하지만 길에 관한 단 한가지 질문만은 예외입니다. 그러나 그가 정직하다면, 명확히 이 한가지에 관해서는 대답할 수 없을 것입니다.

그러나 그렇지 않다면, 그 대답은 즉시 준비가 되어 있습니다. 곧, 자신은 선을 원하고 악을 혐오한다고 대답할 것입니다. 그것이 혐오스러운 것처럼 보일 때는 그렇습니다. 또한, 선한 사람들의 승인을 원한다고 대답할 것입니다. 그들이 대다수이고 권력을 갖고 있을 때입니다. 혹은, 좋은 목적에 쓰임 받기 원한다고 대답할 것입니다. 사실은 그 목적이 오히려 그에게 쓰임 받을 만큼 유익하기 때문입니다.

그러나 그가 정직하다면, 마음에 품고 있는 것을 감히 말할 수 없습니다. "나는 선을 원한다!"라고 확신에 찬 목소리로 감히 크게, 결정적으로 말할 수 없습니다. 말하더라도, 생기 없는 어조로 두 마음을 품는 것에 경각심을 갖고 말합니다. 선과 보상이 얼마나 이질적인지 잘 알기 때문입니다.

선과 보상의 분쟁

지금 선과 보상이 분쟁하고 있다고 상상해 보십시오. 어떤 신중하지 못한 의견이 분쟁의 원인이 되었습니다. 한 사람이 '어느 정도' 선을 품은 것으로 여겨졌던 일을 상상해 보십시오. 그러나 물질적인 보상은 받지 못했습니다. 전에 세상에서 무슨 일이 일어났을까요? 그때 그가 무엇을 마음에 품었던 것일까요? 그는 선을 품었지만, 선을 품은 모습을 피하려 했습니까? 아니요, 절대 그렇지 않습니다.

그때, 그가 마음에 보상을 품었나요? 그렇습니다. 그러나 그는 그것을 직접 말로 표현하기는 원치 않습니다. 그때, 그가 마음에 선을 품었습니까? 글쎄요, 가끔은 그랬을 겁니다. 사람들이 말하듯이, 아마도 상식적인 예절 선에서일 것입니다. 그는 선을 품었다는 것을 과시합니다. 명예와 보상을 얻기 위해서 말입니다. 가끔 진실하게 마음에 선을 품기도 합니다. 그저 상식적인 예절 선에서 말이지요.

보상을 탐하는 자에게 일어나는 일들입니다. 두 마음을 품는 모든 것이 파멸이라는 것을 알지 못한다면, 이런 사람은 자신을 향해 웃어야 할지 울어야 할지 정말로 알 수가 없습니다. 그러나 이것을 알게 된 사람은 무엇을 해야 할지 잘 알고 있습니다. 특별히 이 두 마음 안에 자신의 몫이 있을 때 말입니다.

한편, 보상을 위해 선을 품고 있는 이 문제는 조금 다른 측면이 있을 수 있습니다. 어쩌면 진실하게, 선을 품었던 사람이 있었습니다. 세상과 대중들이 적대시할 때도, 그는 하나님 앞에서 겸손했고, 열정 가운데 신속했고, 선한마음을 품기에 또한 신속했습니다. 그러나 이런 것의 반대가 바로 보상이었다는 것을 깨달았습니다. 이것에 관해 더 이상 할 말이 없다는 것을 깨달았습니다. 하나님의 도우심을 받아 이전보다 더욱 강해졌고, 확신과 믿음을 갖고 강건해지자, 그는 세상으로부터 오는 다른 보상은 바라지도 않았습니다.

그러나 그때 다시 약해졌습니다. 더 좁은 의미의 보상을 붙잡았고, 보상에 관한 더 쉬운 이해를 받아들였습니다. 왜냐하면 이해가 오해에 가까울수록, 일반적으로 이해하기에 더 쉬워지기 때문입니다. 이해에 영원이 함께 하고 있다는 것을 견딜 수 없었습니다(holde ud). 세상과 사람들이 그에게 반대하는 것을 견딜 수 없었습니다(unholde). 선이 세상과 적정선에서 타협해야만 한다는 이해, 그는 이런 이해와 함께 하는 보상을 요구하기에 이릅니다. 마침내 그는 보상만을 요구했습니다. 바로 이것이, 그가 퇴보한 방식입니다.

좋은 출발이 이 얼마나 슬픈 결말로 끝나게 되었는지요! 오, 당신! 선이여! 선이 사람을 그토록 날카롭게 질투하다니요! 당신이 그를 거절할 때만, 오직 사람이 세상의 보상을 얻도록 허락한다니 말입니다! 은혜를 잊은 채, 선에 보상을 얻는 것이 얼마나 복된 일인지를 망각할 때, 반면 세상은 보상하기를 거절할 때, 당신은 오직 그때만, 세상의 보상을 얻을 수 있도록 사람에게 허락하는군요!

혹은, 그가 그렇게 고상하게 시작한 것이 아니라 다만 진리 안에서 선을 품고 시작했을 뿐입니다. 세상에 관한 어떤 지식도 없이, 사람에게 일어날 수 있는 일에 어떤 가능성이 있는지는 마음속에 상상도 하지 않은 채, 선에 따른 보상이 결핍되지 않기만을 그저 경건하게 소망했습니다. 영원의 관점에서 이해할 때, 그것은 영원히 진실하고 거룩한 진리입니다. 그러나 시간의 의미에서, 그것은 불확실하고 무익한 지혜입니다.

그는 경험 학교에 입학했습니다. 우리가 인생을 사는 한, 모든 사람은 학교에 가야 하기 때문입니다. 인생의 학교는 어른을 위한 학교입니다. 아이들이 다니는 학교보다 더 엄격합니다. 아이들을 위한 학교에서 기민하고 부지런한 학생들은, 그렇지 못한 다른 학생들보다 성과가 더 좋습니다. 그래서 인생은 그를 엄하게 훈육했지만, 그는 저항했던 것이지요.

그는 자신의 요구사항을 줄였습니다. 선을 속이는 것을 원치 않았습니다. 그러나, 이 또한 아무런 도움이 되지 않는 것처럼 보입니다. 선을 고집하는 한, 삶의 주권을 그가 스스로 주장할 수 있다고 믿었습니다. 그러나, 이제 선이 그에게 권리를 주장하는 것처럼 보입니다. 이때 그가 가졌던 담대한 확신은 사라져 갑니다. 주변을 살펴봅니다. 얼마나 많은 사람이 보상을 움켜쥐었는지 봅니다. 유혹자가 묻습니다. 왜 당신은 다른 사람처럼 되기를 바라지 않는지, 확실한 것을 붙잡기는커녕 왜 상상의 불확실한 것들을 추구하려 하는지를 묻습니다. 그는 심약해지고 불안정해지기 시작합니다.

그의 마음은 변했습니다. 학교에 선생이 없는 상황에서, 좋은 학생들이 틀림없이 겪었을 만한 같은 일들이, 그의 삶에 일어났습니다. 다시 말해, 좋은 학생들을 타락시킬 만한 힘, 평범한 학생들이 그 힘을 얻고 주도권을 잡는 일들이 벌어집니다. 왜냐하면, 좋은 학생이 의지할 만한 선생이 학교에 없기 때문입니다. 우리 삶에서도 좋은 학생을 격려할 만한, 눈에 보이는 선생이 없습니다. 왜냐하면 우리는 모두 학생이니까요.

좋은 학생이 자기 길을 계속 걸어가려 한다면, 그는 자신 안에서 격려를 찾아야만 합니다. 그러나 찾지 못했습니다. 용기에 금이 갔습니다.

어쩌면 그는, 이 세상에서 구하고 있는 것을 찾지 못했습니다. 그래서 굴복했습니다. 속은 자가 되었습니다. 그가 선을 품었을 때, 세상이 보상으로 그를 속였습니다. 세상은, 그가 선을 포기하도록 이끌었을 때, 가장 끔찍하게 그를 속였습니다.

2. 다음으로 형벌에 대한 두려움으로만 선을 품는 자는 한마음이 아
   니라, 두 마음을 품은 자라고 말해야 한다.

　형벌에 대한 두려움 때문에 선을 품는 것, 그것은 보상을 탐하는 것
의 이면에 불과합니다. 따라서 이것도 본질적으로 보상을 위해 선을 품
은 것과 같습니다. 악을 피하는 것과 장점을 얻는 것, 두 가지가 동류의
이익이라면 그렇습니다. 선은 한가지지만 형벌은 별개의 문제입니다. 따
라서 두 마음을 품은 사람이 형벌을 피하려는 의도로 선을 품을 때, 그
는 한가지를 품은 것이 아닙니다. 그 의도는 명확히 두 마음을 나타내고
있습니다.
　이런 의도가 없다면, 그는 단순히 형벌을 두려워하는 것이 아닙니다.
왜냐하면 형벌은 사람이 두려워해야 하는 것이 아니기 때문입니다. 그러
나 그가 불의를 행한다면, 실제로 한가지, 즉 진리 안에서 선을 품는다
면, 그는 오히려 벌 받기 원해야 합니다.[16] 약이 병을 고치듯, 형벌이 그를
고칠 수 있으니까요.
　환자가 약의 쓴맛을 두려워한다면, "의사가 환자를 마취하고 절개하
는 것"[17]을 두려워한다면, 아무리 난리를 치며 이것은 절대 사실이 아니
라고 항의한다 해도, 반대로 다시 건강해지기를 원한다 해도, 그는 실제
로는 회복되는 것을 두려워하는 것입니다. 이런 저항이 더욱 강렬하게
불타오를수록, 환자가 두 마음을 품었다는 것을 폭로할 뿐입니다. 다시
말해, **환자는 건강을 욕망하지만, 그것을 품지 않습니다. 자기 능력으로
건강을 회복할 수 있다한들 말입니다.**

할 수 없는 것을 욕망하는 것은 두 마음이 아닙니다. 왜냐하면 장애물은 욕망하는 자의 능력 속에 있는 것이 아니니까요. 그러나 욕망하는 자가 스스로 방해자가 될 때, 욕망을 획득하는 것을 스스로 막는 자가 될 때, 욕망을 포기한 것이 아니라 욕망을 품지 않을지라도 계속 품기를 바랄 때, 그때 두 마음이 더욱 명확해집니다. 이것이 두 마음이라는 것은 명백합니다.

실수 자체가 아니라 실수로 인한 창피를 두려워한다면, 저 두려움은 그가 실수에서 빠져나올 수 있도록 돕기는커녕, 더 파멸적인 곳으로 그를 인도합니다. 그가 행여 실수하고 있지 않더라도 말입니다.

누군가 형벌에 대한 두려움 때문에 선을 행하기를 원할 때도 마찬가지입니다. 다시 말해, 병에 걸릴 것 같은 두려움 때문에 자기 평생을 환자의 상태로 지내는 것과 같은 예가 아니라면 말입니다. 두려움은 진리 안에서 선을 행하도록 사람을 돕기는커녕 도리어 파멸로 이끕니다. 왜냐하면 형벌이 약이기 때문입니다. 그러나 그때 누구나, 심지어 어린아이조차도, 약을 잘못 사용할 때 약처럼 위험한 것은 없다는 것을 잘 압니다. 죽음까지 가지는 않더라도, 치명적인 질병을 초래할 수 있습니다.

영적인 면에서 치명적인 병이 있습니다. 두려워해야 할 것을 두려워하지 않는 병입니다. 경건의 거룩함,[18] 하늘에 계신 하나님, 의무의 명령, 양심의 소리, 영원의 책임을 두려워하지 않습니다. 이 치명적인 병이 낫기 위해, 이 병에서 구원받기 위해, 사람이 자기 자신을 벌하는 것이 유익합니다. 다시 말해, "가슴을 치며 통곡하는 것입니다."[19] 벌을 받는 것은 훨씬 더 유익합니다. 형벌로 인해 깨어있게 되고 정신 차리게 될 것입니다.

아무리 특별하게 이해한다 해도, 삶에서 형벌을 받는 것이야말로 자기가 있어야 할 자리로 가는 것이고, 그 자리야말로 선을 위한 자리가 될 것입니다. 진실로, 그가 마땅히 벌 받기 바란다면, 그것은 선을 위한 자리가 될 것입니다.

병과 약의 혼동

그러나 영적으로 이해할 때, 또 다른 병이 있습니다. **두려워하지 말아야 하고 두려워할 필요가 없는 것을 두려워하는, 더욱 치명적인 병입니다.** 첫 번째 병은 반항, 완고함, 아집입니다. 그러나 두 번째 병은 비겁, 비굴, 위선입니다. 후자의 병은 환자가 잘못된 방식으로 약을 사용하고 의사는 그것을 공포 가운데 그저 지켜보는 것만큼이나 소름 끼칩니다.

형벌에 대한 두려움으로 선을 품은 사람은 아직 병들었다고는 말할 수 없을 것처럼 보입니다. 왜냐하면 그는 "마음에 선"을 품고 있으니까요. 그러나 확실히 형벌이 병이 아닙니까? 그런데도 그는 병들었습니다. 그의 병은 정확히 이것입니다: 병과 약을 혼동하는 병.[20] 형벌에 대한 두려움으로 선을 품은 사람은 약을 사용했다고 말할 수 없을 것처럼 보입니다. 따라서 그는 잘못된 방식으로도 약을 사용한 적이 없습니다. 왜냐하면 약을 사용하는 것에 관한 두려움으로 인해, 건강해지기를 원하고, 그리하여 선을 품었으니까요.

하지만 영적으로 이해할 때, 혈액 속에 있는 열병[21]과 같은 물리적인 병이 아닌 곳에, 병 속에 들어있는 약과 같이 외재적인 것이 아닌 곳에, 그곳에서의 두려움은 약을 사용했고, 사용한 적이 있고, 약을 먹은 적이 있다는 것을 뜻합니다. 물론, 잘못된 방식으로 말입니다. 이것은 다른 질병이 가장 치명적이고 병적 증상 가운데 있다는 것을 보여줍니다.

사치스럽던 사람이 갑자기 가난에 두려움을 느끼고 구두쇠가 되는 것을 본 적이 있을 것입니다. 그러나 그가 적절히 절약하는 모습은 본 적이 없을 것입니다. 왜 그럴까요? 잘못된 방식으로 약을 먹을 것 같은, 두려움으로 인한 변화였기 때문입니다. 육체적인 쇠약을 두려워하는 것은, 방탕한 삶을 사는 자에게 그나마 절제해야 함을 가르쳤습니다. (잘못된 방식으로 약을 먹는 것을 그가 두려워하기 때문입니다.)그러나, 그가 순결해질 수는 없습니다. 결과적으로, 그 두려움으로, 그는 악의 소용돌이 가운데 하나님을 잊기는커녕(마음에 혼란이 이는 것이 슬프군요!), 방탕하게 사는 중에, 오히려 겸손한 태도로, 그러나 매일 하나님을 조롱하는 것을 배웠습니다(마음이 평정한 상태임에도 이토록 혐오스럽다니요!).

형벌에의 두려움은 확실히 죄인을 위선자로 만듭니다. 메스껍게도 위선자처럼 두 마음을 품고 있기에, 그가 아무리 하나님을 사랑하는 것을 보여주었다 한들(이 두려움은 잘못된 방식으로 약을 먹는 것에 관한 두려움이므로), 이것으로 자신의 마음이 청결해질 수 없습니다. 오직 이것만 확실합니다: 형벌은 병이 아니라 약입니다.

예를 들어, 경솔한 자가 병상에 누워있는 것은 형벌일 수 있습니다. 그러나 그가 진심으로 그것을 형벌로 이해할 때, 그 병은—열병이든 다른 어떤 질병이든—약입니다. 반대로, 오직 형벌에 대한 두려움 때문에 선을 품고 있는 모든 두 마음은 이것으로 식별할 수 있습니다: 두 마음은 형벌을 다만 병으로 여깁니다.

염려가 과장되어 두 마음으로 나타났을지라도, 사람이 진심으로 그것을 동정할 수 있다 하여도, 환자가 두려워하다 못해 상상의 날개를 펼치다가 결국 약의 효과를 변질시키는 것과 같을 뿐입니다. 증거는 이것입니다. **형벌을 약이 아닌 병으로 혼동한다는 것, 고통당하는 자가 진리 안에서 병에서 자유롭게 되기를 바라는 것이 아니라, 비진리 안에서 약으로부터 자유롭게 되기를 바란다는 것.**

그러나 정작 어떤 것이 두려운 형벌일까요? 우리가 어떻게 하면, 이것을 더 잘 이해할 수 있을까요? 두 마음을 더욱 명확하게 알기 위해, 이것을 한번 깊이 생각해 봅시다. 하나이면서 동일한 병이 가지는 다양한 위험성과 본질에서의 차이는, 다양하지만 잘못된 형벌의 개념과 비례하기 때문입니다.

영원의 형벌

형벌을 주제로, 오늘날은 누구도 거의 언급하지 않는 어떤 것을 생각할 수 있습니다. 즉, 영원의 형벌입니다. 이 형벌에 대한 두려움 때문에 선을 품고 있는 사람은, 두 마음을 품고 있지 않은 것처럼 보입니다. 왜냐하면 그가 형벌을 영원에 맡겼기 때문입니다. 영원, 즉 선에 고향과도 같은 장소에 그 생각을 맡겼기 때문입니다. 그런데도, 그는 선을 품은 것이 아닙니다.

그는 다만 형벌이 두렵기에 선을 품습니다. 만약 형벌이 없다면! 이 "만약(if)"은 두 마음을 숨기고 있습니다. 만약 형벌이 없다면!! "만약"은 "쉿" 소리를 내며 두 마음을 말합니다. 만약 형벌이 없다면, 영원의 형벌이란 인간의 상상이 만들어낸 허구에 불과하다는 것을 그에게 말해 줄 수 있는 누군가라도 있다면, 이런 식으로 생각하는 것이 그저 관례적인 것에 불과하다면, 이런 생각이 관례적인 다른 나라로 그가 여행 갈 수 있다면, 혹은 흥분하고 비겁한 미신이 속죄(expiation)하는 값싼 도구를 발명할 수 있었다면!!!

두 마음을 보십시오! 두 마음은 미신(Overtro)에서 뿐 아니라 불신앙(Vantro, unbelief)에서도 위로를 찾을 수 있습니다. 이들을 찾아낸 것이 두 마음이 아니라면, 이 문제가 명백해질 때까지 두 마음에 사로잡혔던 자는 바로 그들입니다.

두 마음을 적절한 한 단어로 나타낼 수 있다면, "만약" 혹은 "혹시라도(in case)"보다 더 잘 설명할 수 있는 말이 있을까요? 사람이 선을 품고 진리 안에서 한가지만 품음으로, 의지가 명령을 얻게 된다면, 거기에는 "만약"이 존재하지 않습니다. 그러나 두 마음은 언제나 "만약"에서 자신을 중단시킵니다. 두 마음에는 영원의 계기가 없습니다. 그 앞에 무한의 감수성이 없습니다. 두 마음은 결국 자기 자신을 멈추기 위해, 자신을 앞질러 자신과 만날 뿐입니다.

[22]십자가의 거룩한 표시로써 귀신이 한 발짝도 움직이지 못하도록 귀신을 중단시킨 이야기가 전해집니다. 마찬가지로 두 마음도 "만약"이라

는 이 슬픈 표시로 자기 자신을 중단시키고 있습니다. 두 마음이 처음부터 존재하지 않았던 것처럼, 잠시나마 안 보이게 할 수 있습니다. 두 마음을 품은 사람은 속이는 방식으로 말할 수도 있습니다. 그러나 사람이 행동하려 할 때, 그 속에 두 마음이 있다면, "만약"을 고정함으로써 두 마음은 즉각적으로 드러납니다.

사람이 말로만 시간을 때울 수 있는 것도 사실입니다. 그러나 영원은 그 행위의 본질을 폭로합니다. 진리 안에서 선을 품은 사람만, 오직 그 사람만 영원의 형벌을 배운 것[23]이 사실입니다. 형벌만을 두려워하는 사람에게, 그것이 영원한 사실로 남을 수 없습니다. 그 속에 영원한 것이 없기 때문입니다. 진리 안에서 선을 품을 때만 그 속에 영원함이 존재할 수 있기 때문입니다.

영원한 것이 존재한다는 단 하나의 증거가 있습니다. 바로, 그 안에 있는 믿음입니다. 두려움이란, 두려워하는 자가 믿지 않고 있다는 것을 입증하는, 흔들리는 증거입니다. 귀신들도 믿고 떠는 것처럼 말입니다.[24] 그러나, 두려워하는 자는 믿지 못합니다. 오직 한가지만, 사람이 진리 안에서 선을 품을 수 있도록 도울 수 있습니다. 바로 선입니다. 두려움은 도움을 주는 것 같으나 실제로는 삶을 속입니다. 두려움이 기쁨을 상하게 할 수 있습니다. 삶을 고되고 비참하게 하기도 합니다. 그러나 선에 이르도록 도울 수는 없습니다. 왜냐하면 두려움 자체가 선을 잘못 생각하기 때문입니다. 그러나 선은 속을 수 없습니다.

다른 어떤 사람도, 어떤 낯선 도움도, 혼란을 일으킬만한 어떤 결정적인 개입도 선은 견디지 못한다는 것, 이것은 선이 가진 진정한 본질, 질투하는 선에 속하지 않습니까? 따라서 보상이 손짓하며 부르는 곳, 선이 사람들에게 손짓하며 부르는 곳, 선이 그 목표에 자리 잡을 때, 어쩔 수 없이 두 개의 길이 있음을, 두 명의 노력하는 사람이 있다는 것을 보고 선은 어쩔 수 없이 참습니다. 한 사람, 그는 진리 안에서 선을 품습니다. 그는 겸손하게 또한 기쁘게 손짓하는 것을 따른 것입니다. 반면, 다른 사람, 그는 두려움 때문에 그곳에 내몰린 것입니다!

영적인 관점에서 볼 때, 이처럼 두 명의 다른 사람이 같은 곳에 도착할 수 있다고 상상할 수 있지 않나요? 영적으로 이해할 때, 그 장소는 감시인아 채찍을 휘두르고 노예는 그의 의지에 맞서 싸우는, 그런 외재적인 곳이 아닙니다. 앞으로 여행하든, 뒤로 여행하든 아무 상관 없는, 그런 길이 아닙니다. 그 장소와 그 길은 모두 사람 안에 존재합니다. 그 장소는 노력하는 정신(영)의 복된 상태이며, 그 길은 노력하는 정신(영)이 가져오는 지속적인 변화이기 때문입니다.

선이 유일하게 한가지인 것처럼, 사람을 돕는 데도 홀로이기를 바랍니다. 선은 아기에게 젖을 먹이고 돌봅니다. 젊은이를 먹이고 양육합니다. 어른을 강하게 합니다. 노인을 보살핍니다. 선은 노력하는 자를 가르치고 돕습니다. 사랑하기 때문에, 엄마가 아기 홀로 걷도록 가르치는 것처럼 말입니다.

엄마는 아기와 충분히 멀리 떨어져 있습니다. 실제로 아기를 붙잡을 수 없는 거리입니다. 엄마는 아기 앞에서 팔을 벌립니다. 아기의 움직임을 흉내 냅니다. 아기가 아장아장 걷다가 비틀거리면, 이내 아기를 잡을 것처럼 몸을 굽힙니다. 따라서 아기는 홀로 걷는 것이 아니라고 믿습니다. 아기가 홀로 걷는 이 문제에 관해 어떤 진리가 있다면, 아기를 가장 사랑하는 엄마도 아무것도 하지 않는다는 것입니다. 그런데도 엄마의 얼굴이, 표정이, 엄마의 말보다 더 많은 일을 합니다. 엄마가 아기에게 보내는 표정은 마치 선의 보상, 영원히 보장된 행복이 격려하는 것과 같은 손짓입니다.

그래서 아기는 홀로 걷습니다. 자기 앞에 펼쳐진 길의 어려움에 시선을 고정한 것이 아니라 엄마의 얼굴에 고정한 채, 눈에 보이지 않는 엄마 팔의 도움을 받는 것이지요. 아기는 엄마의 팔 안에 있는 안식처에 도달하기 위해 노력합니다. 같은 순간, 아기는 엄마 없이도 걸을 수 있다는 것을 스스로 입증할 수 있음을 의심하지 않습니다. 왜냐하면 아기는 이미 홀로 걷고 있기 때문입니다.

반면, 두려움은 젖이 나오지 않는 보모(dry nurse, Goldamme for Barnet)입니다. 아기에게 젖을 줄 수 없습니다. 두려움은 젊은이에게 냉혈한과 같은 교관입니다. 용기를 북돋는 손짓 따위는 하지 않습니다. 두려움은 어른에게 질투증입니다. 어떤 복도 없습니다. 노인에게는 공포입니다. 그토록 길고 고통스럽게 지속되었던 인생의 수업이 영원한 행복으로 안내하지 못한 것으로 판명 날 때 말입니다.

두려움도 사람을 도울 것입니다. 홀로 걸을 수 있도록 가르칠 것입니다. 그러나 사랑해서 가르치는 엄마와는 태도가 다릅니다. 왜냐하면, 두려움이 하는 일은, 끊임없이 아기를 밀어 쓰러뜨리는 것이기 때문입니다. 두려움은 아기가 앞으로 가도록 도울 것입니다. 그러나 사랑하는 엄마의 손짓과 같지 않습니다. 왜냐하면, 두려움의 임무란, 넘어진 아기를 짓눌러 그 자리에서 다시 일어나지 못하도록 하는 것이기 때문입니다. 두려움이 그를 목표 지점으로 인도할 것입니다. 그런데도, 목표가 두렵게 만드는 것이 두려움의 역할입니다. 두려움은 사람이 선에 도달할 수 있도록 도울 것입니다. 그런데도, 두려움에 배운 자는 선의 은혜를 얻지 못합니다.

그런 사람은 하나님의 친구가 되지도 못합니다. 왜냐하면 성서가 가르치듯, 도둑과 강도뿐만 아니라 겁쟁이 또한, 하나님 나라에 들어갈 수 없기 때문입니다.[25] 스스로는 결코 하나님 나라를 품지 못합니다. 오직 형벌에 대한 두려움으로만 그 나라를 원할 뿐입니다. 그때, 그 사람은 두 마음을 품은 것 아닌가요? 자신을 완전히 다른 사람으로 폭로했던 그런 사람이 아니더라도 말입니다.

꿈속에 있는 그를 본다면, 그가 잠자는 동안 두려움의 통제를 벗어던질 때, 모든 것이 그가 실제로 원하던 대로 있을 때, 그가 실제 모습 그대로 있을 때, 두려움이 거기 없었다면, 그래서 그가 자고 있지만 깨어있는 것처럼 있을 때, 그가 두 마음을 품은 것 아닌가요? 왜냐하면 사람의 영혼은 자기 꿈을 통해서 알려진다고 예로부터 전해지기 때문입니다.[26]

이 형벌을 영원이 주는 형벌로 여길 때, 형벌에 대한 두려움으로만 선을 품는 것은, 마치 두 마음이 아니었던 것처럼 속은 것 같습니다. 그러나 그런데도 이것은 두 마음입니다. 선한 사람임에도 불구하고, 그가 형벌에 대한 두려움으로 비굴하게 결백을 주장하는 일이 생긴다면, 그는 여전히 두 마음을 품은 자입니다.

그는 자신이 원하지 않는 것을 계속하고 있습니다. 혹은 어떤 기쁨도 없는 것을 행하고 있습니다. 왜냐하면 그때 기쁨이라는 것은, 단지 피상적이고 감각적인 쾌락에 불과하기 때문입니다. 감각적 쾌락 중에서도 가장 피상적인 것은 결국 비참한 영광만을 낳으며, 그조차도 무언가를 회피하는 중에만 존재하는 쾌락입니다. 그래서 이 쾌락조차도 그 자체로 존재하는 것이 아니라, 오직 비교에 의해서만 존재합니다.

그는 형벌을 하나님, 그리고 선과 관련짓지도 못합니다. 반대로, 그가 가진 개념에서 선은 한가지이고 형벌은 완전히 다른 무엇입니다. 물론 그때 선은 한가지가 아닙니다. 따라서 그가 지닌 두 마음으로 인해, 그는 선과 형벌 사이에 불편한 관계를 만듭니다. 그는 형벌이 존재하지 않기를 바랍니다. 또한 선이 실제로 존재하지 않기를 바랍니다. 왜냐하면, 만일 그렇지 않다면, 형벌과 관계 맺는 것보다 선과 다른 관계를 맺어야 한다는 것을 알기 때문입니다.

자, 형벌은 존재하지 않습니다. 그래서 그는 형벌에의 두려움으로 선을 행합니다. 그러나, 진리 안에 선을 품은 자는 형벌이 죄 때문에 존재한다고 이해합니다. 하나님을 사랑하는 자에게 들이닥치는 다른 모든 것과 같은 것이라고 이해합니다. 즉, 형벌을 돕는 손으로 이해합니다.

두 마음을 품은 사람은 형벌을 고통, 불행, 심지어 악이라고 생각하고 피합니다. 그리하여 자기 자신을, 형벌에 관한 이해와 선에서 나온 형벌과의 관계에서 완전히 단절시켜 버립니다. 이런 완고함은 아이가 갖는 유치한 개념과 같습니다. 아이는 이해가 부족한 나머지, 아버지의 본성을 분리해 버립니다. 아이에게 아버지는 사랑스러운 사람이지만, 반면 형벌은 나쁜 사람이 발명한 것이라고 가정합니다. 사랑스러운 아버지가 자신을 사랑하기 때문에 형벌을 발명했다는 것, 이것이 아이에게 분명하게 다가오지 못합니다.

선과 형벌의 관계

선과 형벌의 관계도 이와 같습니다. 즉, **배우는 자를 사랑하기에, 선은 형벌을 만들었습니다.** 우리는 모두 학교에 갑니다. 예외적으로 인생의 학교는 어른을 위해서만 존재합니다. 따라서 이 형벌은 아이들의 학교에 있는 형벌보다 더 심각한 본성을 지닙니다.

이 형벌은 그렇게 분명한 것이 아닙니다. 따라서 더욱 심각합니다. 그렇게 즉각적인 것도 아닙니다. 따라서 더욱 심각합니다. 그렇게 외재적인 것도 아닙니다. 따라서 더욱 심각합니다. 이 형벌에 연달아 타격이 따라오는 것도 아닙니다. 따라서 더욱 심각합니다. [27]형벌이 잊힌 것처럼 보이기에, 덩달아 자유롭게 되는 것도 아닙니다. 따라서 더욱 심각합니다. 그러나 형벌은 심각하기에, 선을 위해 존재합니다. **사람이 형벌을 원한다면** 말입니다.

두 마음은 형벌을 원하는 것이 아니라, 형벌에 부드럽고 감각적인 개념을 계속 가질 뿐만 아니라, 선에 무기력한 의지를 갖추고 있습니다. 따라서 두 마음을 품은 사람은 나이를 먹어감에 따라 인생이 더욱 황폐해집니다. 두려움보다 더 나은 무언가를 지녔던 그의 젊음이 상실되었을 때, 두려움이 지혜와 공모하여 그를 노예로, 즉, 선의 노예로 만들기 위해 음모를 꾸밀 때 말입니다.

진리 안에서 선을 품은 사람, 이 사람은 아주 다른 사람입니다. 유일하게 자유로운 사람, 선을 통해 자유를 누립니다. 그러나 **형벌의 두려움으로만 선을 품은 사람은 진리 안에서 선을 품은 것이 아닙니다. 따라서 선이 그를 노예로 만들 뿐입니다.**

그러나 아주 드물게, 두 마음이 영원의 형벌을 생각합니다. 두려운 형벌이 이 땅에 관한 것, 일시적인 것일 때, 종종 더 잘 이해됩니다. 오직 이 형벌이 두려워서 선을 품은 사람에게, 당신은 두려워하지 말아야 할 것이나 두려워할 필요가 없는 것을 두려워한다고, 특별히 강조해서 말해줘야 합니다. 금전 혹은 명성을 잃고, 감사가 부족하며, 무시당하고, 세상에서 판단을 받고, 바보들에게 조롱당하고, 때로는 경솔한 자에게 비웃음당하며, 예의를 구걸하는 겁쟁이에게 하소연을 듣거나, 때로 무가치한 것이 순간에 부풀려지며, 무시무시한 안개가 공기 중에 나타나는 것들과 같은 그런 부류임을 말입니다.

보상을 위해 선을 품었던, 저 두 마음을 품은 사람이 모든 길에 정함이 없듯, 이 두 마음을 품은 자도 정함이 없습니다. 왜냐하면 그는 변덕스럽게 계속 변하는 것에만 전망을 두고, 두려워하지 말아야 할 것을 언제나 두려워하기 때문입니다. 자신에게 상처 주고, 학대하고, 더럽히고, 몸을 죽일 만한 힘은 있지만 정작 영혼을 죽이지 못하는 자를, 그는 두려워합니다.[28] 두려움을 통해 그것을 얻지 못하는데도 말입니다.

세상을 사랑하지 않는다면, 육신의 정욕, 안목의 정욕, 이생의 자랑을 사랑하지 않는다면,[29] 그 손에 있는 돈과 사람들의 존경과 같은, 세상의 것을 탐하지 않는다면, 그때 그는 세상에 속한 것을 두려워하지 않을 것입니다. 세상도 사람도, 가난이나 핍박에 의한 배척도 두려워하지 않을 것입니다. 그러나 이것을 탐할 때, 그는 두 마음을 품어 사람들의 노예가 되듯이, 두 마음의 먹잇감이 될 것입니다.

그렇습니다. **선에 속한 수치심이 있습니다.** 그러나 이것을 버리는 자에게 화가 있을 것입니다. 이 수치심은 평생에 걸쳐, 사람을 구원으로 이끄는 안내원입니다. 그러나 이것과 단절하는 자에게 화가 있을지라! 이 수치심은 성화(聖化, sanctification)와 진정한 자유에 봉사합니다. 그러나 이 수치심이 어떤 제약인 것처럼 그 앞에서 실족하는 자에게 화가 있을지라!

성서에 의하면, 평생 홀로 살아가는 것이 별로 좋지 않은 것이지만,[30] 이 수치심의 안내를 받으며 홀로 살아간다면, 이것은 확실히 유익하고 좋은, 유일한 것이 될 것입니다! 홀로 있는 자가 넘어졌다면, 그런데도 이 수치심이 여전히 그의 안내자로 있다면, 우리는 전도자가 "홀로 있는 자에게 화가 있을지라!"라고 외치듯 외치지 않을 것입니다. 또한 전도자가 "홀로 있는 자에게 화가 있을지라. 그가 넘어지면, 누가 그를 일으킬 것인가?"라고 말하듯 말하지 않을 것입니다.[31] 왜냐하면 이 수치감이, 가장 친한 친구보다 더, 그를 걱정하기 때문입니다. 모든 인간적인 동정이 하는 것보다 더, 그를 도울 것이기 때문입니다. 인간적인 동정은 한가지가 아닌 두 마음으로, 너무도 쉽게 안내하고 말기 때문입니다.

사람은 일반적으로, 다른 사람들이 지켜보지 않을 때보다 지켜볼 때, 더 분별 있게 행동하고 더욱 자기 통제력이 강하고 활력이 넘친다는 것.

이것에 의문의 여지가 없습니다. 그러나 문제는 이런 분별이나 이런 통제력, 혹은 이런 에너지가 과연 진실하냐는 것입니다. 아니면, 그가 이런 외적인 허세에 빠져, 영혼 속에 끊임없이 불타는 두 마음의 불을, 스스로 너무 쉽게 지피는 것은 아니냐는 문제입니다.

다른 사람 앞에 있을 때보다 자기 자신 앞에서 수치심을 느끼지 못하는 사람은, 어려움에 부닥치고 삶에서 시험을 당할 때, 사람들의 노예가 되고 말 것입니다. 자기 자신보다 다른 사람 앞에서 더 수치심을 느끼는 것, 있는 그대로 모습(being)보다 허울(seeming)을 더 부끄러워하는 것 말고 다른 무엇이 있겠습니까? 그러나 사람은 허울보다 있는 그대로 모습으로 더 수치를 당해야 합니다.

만일 그렇지 않다면, 이것도 역시 사람이 진리 안에서 한가지를 품은 것이 아닙니다. 왜냐하면 그는 매력적인 외모를 감탄하는 것에 빠져 변하는 겉모습에만 탐심을 가지고, 대중들에게서 인기 있는 의견만을 듣기 바라기 때문입니다. **다른 사람의 의견을 두려워하는 자는 다른 사람 앞에서 수치를 당합니다.** 자신 앞에서 수치를 당할 줄 모른다면, 이것은 사람에게 슬픈 일입니다. 그가 지닌 교활함은 다른 것이 자기 내면으로 침투할 수 없도록 하는 데 성공할 것입니다. 또한 스스로 자기 존재를 속이는 데 성공할 것입니다. 그렇다면, 그다음에는 어떻게 되겠습니까?

사람들의 의견을 두려워하고 사람들 앞에서 수치 당하기 때문에 자기 힘을 사용하지 않는 자, 그가 자기 자신 앞에서 수치를 당하지 않는다면, 슬프게도 그는 아마 성공할 것입니다. 또한 입에 발린 말뿐인 안내자는 그를 멍청이로 만들어, 이렇게 상상하도록 만들 것입니다.

"이 안내자는 아주 교활해. 하나님조차도 이 안내자는 간파할 수 없을 거야."

그렇다면, 그다음에는 어떻게 될까요? 그러나 다음에 무슨 일이 일어날지 기다릴 필요도 없습니다. 곧, 그의 두 마음을 표현하는 것 말입니다. 이 이야기는 이 사람의 두 마음에 관한 것만 다루고 있기 때문입니다. 결과는 이미 명백합니다.

두 마음이 사람에게 명백하든 명백하지 않든, 두 마음은 거기에 존재하고 두 마음을 품은 자는 비참합니다. 따라서 진실한 것이, 비진리 가운데 있는 자를 비참하다고 부를 만한 권리를 가진다는 것을 잊지 맙시다. 심지어 이 비참한 사람과 다른 모든 사람조차 그를 행복하다고 생각할 때도 말입니다. 진리의 관점에서 보면, 진실한 것은 사람이 스스로 비참하다는 것을 깨닫지 못하도록 돕지 않습니다. 오히려 깨닫지 못하는 것이야말로 사람을 더 비참하게 만들 뿐이니까요.[32]

그러나 자신 앞에서(홀로 있을 때) 더 수치를 당하는 자는 한가지를 품는데 더 강해집니다. 교활함이 아무리 교활해도, 교활함을 발명해 낸 자신은 그것을 간파할 수 있습니다. 교활함이 모든 사람에게서 숨겨진다 해도, 이 은폐가 어떻게 그 자신을 유혹할 수 있겠습니까! 비밀을 알고 있는 자에게는 비밀이라는 것이 존재할 수 없기 때문 아닙니까?! 오히려 그는 자신 앞에서 가장 큰 수치를 당하고 맙니다!

아무리 타락한 시대라 할지라도, 자신의 유익을 위해 자신의 판단을 유익한 수치로 두려워할 수 있는 사람, 진리 안에 선을 품는 데 자신에게 교훈적인 판단을 내릴 수 있는 사람이 없었음을 뜻하는 것이 아닙니다.

그러나 존경받는 자 앞에서 겸손한 자에게 이 수치심이 진정 유익한 것으로 작용하려면, 겸손한 자가 자신 앞에서 가장 수치를 당해야 한다는 것, 이것은 여전히 피할 수 없는 조건입니다. 따라서 사람이 죽은 자 앞에서 수치를 당하는 것이 가장 유익하다고 말하는 것이 더 타당합니다.

그가 살아 있는 사람 앞에서 수치를 당한다면, 죽은 자 앞에서 수치를 당하듯 살아 있는 자 앞에서 수치를 당하는 것, 이것이 당신에게 더 소름 끼치는 것처럼 여겨진다면, 독자여, 나는 당신에게 같은 것을 말하지만 다른 표현을 사용할 것입니다. 이 표현이 아름다운 형식을 빌려 이것을 설명하고 있을지라도 말입니다. 다시 말해, 변화된 사람 앞에 있는 것처럼 살아 있는 사람 앞에서 수치를 당하는 것 말입니다.

죽은 자는 진실로 변화된 사람입니다. 살아 있는 사람은 실수할 수 있고 앞으로도 변할 여지가 남아 있습니다. 한순간에 휩쓸려 올 수도 있습니다. 그가 당신에게 존경받을 만하다면, 당신을 훈계하면서 당신의 관심을 끌 것입니다. 당신과의 관계를 유지하면서, 당신이 다른 사람을 지지하게 되는 두 마음을 품지 않도록 말입니다. 살아있는 사람은 당신에게 더 호의적일 수 있습니다. 그러나 어쩌면 더 호의적이지 않을 수도 있습니다.

당신이 그와 매일 어울린다면, 당신의 수치심은 그 엄숙함을 상실하게 될 것입니다. 혹은 아마도 격렬한 질병을 일으킬지도 모릅니다. 그리하여 당신이 존경하는 사람을 홀리기 위해 좀 더 마술 같은 매력을 원할 수도 있습니다. 당신이 그의 환심을 사길 바랄 수도 있습니다. 혹은 적어도 매일 그의 호의를 바랄 수 있습니다. 왜냐하면 그 사람이 당신을 판단하는 것이, 이제 당신에게 가장 중요한 것이 되었기 때문입니다. 이것은 얼마나 큰 위험인가요! 두 마음을 품게 되는, 이 얼마나 큰 유혹인가요!

당신이 죽은 자와 어울리는 것처럼 그 사람과 어울릴 때까지, 이 유혹은 절대 사라지지 않습니다. 당신이 그 사람과 당신 사이를 멀리하였습니다. 그러나 그를 잊지 않았습니다. 그러나, 당신이 죽기 직전처럼 그 사람과 분리될 때까지, 이 유혹은 사라지지 않습니다. 당신은 세속적이고 시간적인 의미에서 그 사람과 가까이하지 않았을 뿐입니다. 그러나 당신은 그 사람의 본성에서 최고의 것이라 부를 수 있는 것을 오직 기억할 뿐입니다!

변화된 자는 설득당하지 않습니다. 호의와 설득 그리고 경솔함은 삶의 순간마다 존재하는 것들입니다. 그러나 죽은 자는 이런 격려를 인식할 수 없습니다. 변화된 자는 그것들을 이해할 수도 없고, 또한 이해하기를 바라지도 않습니다. 당신이 그것들을 포기하지 않는다면, 그때 당신은 그 변화된 자를 포기해야 합니다. 그때 당신은 감히 변화된 자를 모욕하고 그와 단절해야 합니다. 그를 제거하는 것입니다. 왜냐하면 그가 변화된 자가 아니라면, 그는 존재하지 않기 때문입니다.

살아 있는 사람은 지상적인 의미에서 존재하고 있으므로 다른 식으로 살아 있는 사람과 말할 수 있습니다. 당신이 조금이라도 그를 변화시키려 했다면(슬프게도, 이것은 당신에게는 파멸을, 그에게는 경멸을 가져다줍니다!), 이것은 마치 당신이 의지해야 할 그 사람이 존재하는 것과 같습니다. 말하자면, 당신은 여전히 그의 말을 하고 있고, 그가 찬성해 주기를 원하고 있습니다. 결국, 당신이 그와 연합하는 중에, 변화가 일어났다는 것이 둘 모두에게 잊힙니다.

그러나 변화된 자, 그는 사람의 눈에 보이지 않습니다. 사람의 귀에 들리지 않습니다. 오직 변화된 자처럼 존재할 뿐입니다. 수치심의 복된 침묵에서만 존재할 뿐입니다. 그는 더 이상 변화될 수 없습니다. 눈곱만 큼도 말입니다. 즉시 주목을 받지도, 전부를 잃어버리지도, 소멸하지도 않습니다. 변화된 자는 변화된 것처럼만 존재할 뿐입니다.

더 좋은 무언가로 변화될 수 없습니다. 그는 변화된 자입니다. 죽은 자입니다. 그는 이제, 오직 자기 자신에게만 진실하게 남습니다. 다름 아 닌 같은 사람, 그러나 변화된 자입니다! 수치심으로 선을 품는 데 강해진 자가, 어떻게 그 앞에서 두 마음을 품을 수 있겠습니까?

확실히, 정직한 사람도 많은 약점들로 인해 놀랄 수 있습니다. 때로 잘못된 길에 들어설 수도 있습니다. 그러나 그때 그에게 한가지 소망이 있습니다. 신이 있다는 것, 의로운 섭리가 있다는 것, 그분이 형벌로 그를 일깨우고, 다시 그를 복귀시킨다는 소망입니다.

이것이 다른 점입니다. **진리 안에서 선을 품은 사람은 심지어 형벌 받 기를 원합니다. 따라서 두 마음을 품으며 형벌에 대한 두려움으로만 선을 품기를 바라는 자는, 진리 안에서 선을 품는 것과는 거리가 멉니다.**

두 마음을 품은 사람이 교차로에 섭니다. 두 개의 전망이 나타납니 다. 형벌이 가지는 선한 모습과 두려운 모습입니다. 두 모습이 같지 않아

보입니다. 지혜로운 하나님께서 모든 범죄에 부과하는 형벌이 선하다는 생각을 부정할 수 없습니다. 그러나, 그것 또한 형벌을 감사로 받을 때만 그렇습니다. 형벌을 악으로 생각하고 두려워할 때는 그럴 수 없습니다.

두 마음을 품은 사람은 이런 형벌에 별로 관심이 없습니다. 오히려 세상에서 받는 형벌을 더 걱정합니다. 그러나 **선이 내리는 형벌과 세상이 내리는 형벌이 같을 수 없습니다.** 세상이 실제로 하나님처럼 완전하고 거룩했나요? 선한 자에게 보상을 주고 악한 자에게 벌을 줄 만큼, 완전하고 거룩했나요? 하나님의 손안에서 삶의 가치관을 얻었고, 그 관점에 따라 삶을 형성하기를 원하는 사람, 이 사람이 세상을 숭배할 수 있겠습니까?

진실로, 우리는 듣습니다. 특별히, 사람들이 축제의 분위기 가운데, 많은 말로 서로를 속이기 위해 모인 곳에서 말입니다. 그곳에서 우리는 영광스러운 말을 듣습니다. 세계가 어떻게 진보하고 있는지, 우리 시대와 국가들이 어떻게 발전하고 있는지를 듣습니다.

그러나 독자여, 당신이 혹시 아버지라면(확신컨대, 당신은 이 이름에 고상한 개념을 가지며, 이 이름에 부여된 책임에 세심한 개념을 가집니다), 당신의 아이를 세상에 내보낼 때, 감히 아버지로서 이렇게 말할 수 있습니까?

"내 아들아, 확신을 품고 세상으로 나아가라. 다수가 찬성하고 세상이 보상을 주는 결과에 집중하거라. 세상이 곧 선이기 때문이다. 세상이 벌을 주는 것은 악이란다. 요즘 세상은 옛날 세상과는 다르지. 많은 사람의 의견이 그저 물 위에 떠 있는 거품에 불과했던, 그런 옛날과는 다르단다. 그런 의견은 아무 의미도 없으면서 시끄럽기만 하고, 맹목적이면서 결정적이지만, 그것은 따를 수 없어. 왜냐하면 그런 의견은, 색상은 잘 알지만 변덕스러운 어떤 사람이 자기 옷의 색상을 바꾸는 것보다 더 빨리 변하기 때문이지.

그러나 요즘은 어떤 의견의 결과도 의심할 필요가 없구나. 선은 즉시 승리한다. 요즘은 어떤 희생도 요구하지 않아. 어떤 자기 부정도 요구하지 않고 말이다. 왜냐하면 세상이 선을 품고 있으니까. 요즘 많은 사람의 동의하는 의견은 곧 지혜로운 자의 의견이란다. 각 개인은 바보들이지. 요즘은 이 땅이 바로 하나님의 나라야. 하늘에 있는 나라는, 이 땅의 모습이 그대로 거울에 비춘 모습에 불과하단다. 요즘 세상이란, 우리가 가장 신뢰할 만한 것, 우리가 지을 수 있는 유일한 터전, 우리가 맹세할 수 있는 유일한 바탕이야."

그러나 사랑하는 독자여, 이 이야기는 당신에게 아무것도 물을 필요가 없습니다. 왜냐하면 당신의 대답을 미리 확신할 수 있기 때문이지요. 그러나, 이 축제에서 가장 열렬한 연사에게는 꼭 묻고 싶습니다.

아버지로서, 당신의 아이에게, 당신은 감히 이런 내용을 말할 것인가요? 혹은 그가 가진 정직한 영혼을 당신에게 완전히 헌신하며, 신뢰하는 눈빛으로 당신을 바라보고 있는 한 젊은이가 있다면, 당신은 감히 그에게 이와 같은 것을 말하겠습니까? 다른 사람이 아닌 바로 '당신'이 이것을 말하기 때문에, '이것은 진실한 것이 틀림없다, 감사로 평생 맹세하며 나의 가르침을 따르는 데 헌신해도 된다'라고 젊은이를 설득하면서 말입니다.

혹은, 세상에서 고된 운명과 싸우며 환난으로 고난당하는 한 위대한 자의 이야기를 이 젊은이가 읽고 들을 때, 세상에서 업신여겨지고 버림 받았던 영광스러운 자들의 이야기를 젊은이가 읽고 들을 때, 젊은이를 사로잡은 이 아름다운 열정을 당신이 직접 보게 된다면, 그런데도 어떤 소란도 당신이 헛소리를 지르도록 자극하지 못한 채, 오직 확신이 주는 고요 안에만 당신이 머물러 있다면, 열정에 사로잡힌 젊은이가 당신에게 신뢰를 보내지만, 그런데도 여전히 미숙한 젊은이가, 당신을 재촉하여 당신이 진실을 말하도록 강요한다면, 감히 가슴에 손을 얹고 당신은 다음과 같이 말할 수 있겠습니까?

"그런 일은 더 이상 일어나지 않을 거야. 요즘은 세상이 계몽되었고 완전해졌지. 요즘은 이 세상과 이 세상 관습을 먼저 구하는 것이, 옛날에 하나님의 나라와 의를 먼저 구하는 것과 같은 거야."[33]

슬프게도, 사람이 나이가 들어갈수록, 점점 더 삶에 익숙해집니다. 다른 것 중에서도 역시, 의도하지 않았던 많은 것을 말하는 데 익숙해지고 맙니다. 동시대인들 사이에서도, 수많은 가정(presuppositions)을 내린 그 범위 안에서 말하는 것이 익숙해진 나머지, 오히려 단순하고 고상한 것들은 거의 잊히고 맙니다. 가끔 사람들은 분노를 표현하는 말을 끊임없이 내뱉습니다.

"물론, 우리가 어떤 세상에 살고 있는지는 누구보다 잘 알아."

세상은 다른 시대에 신성화되는 지점까지 찬양받았습니다. 그러나 어떤 언급도 설교자(speaker)에게 더 깊은 인상을 남기지는 못했습니다. 왜냐하면 첫 번째 것이 그를 일깨우지 못했기 때문입니다. 세상은 그렇게도 악하기에, 적어도 두려움과 떨림으로 자신에게 충격을 주어 스스로 구원하기를 원하도록 만들지 못했기 때문입니다. 두 번째 것은 열정적으로 선을 품도록 설교자를 강화하지 못했습니다. 그가 세상의 완전성에 확신에 차 있기 때문입니다.

슬프지만, 사람은 삶에 너무 쉽게 익숙해집니다. 다른 사람들과 어울리며, 습관적으로 반복되는 지루한 일상에 익숙해집니다. 일상적인 것들과 어울려 노는 동안, 결국 자신을 상실하는 지점에 이릅니다. 그러나 불쌍하게도 그 정도로 버릇없이 길러진 사람도, 아이나 젊은이를 훈계할 때는 책임감과 수치심을 느끼며 말합니다. 이것은 아름다운 보복입니다. 젊은이는 수치심을 느끼며 노인에게 다가섭니다. 노인이 젊은이에게 훈계할 때, 언제나 수치심을 느끼며 말합니다.

하나님이시여! 원컨대, 젊은이에게 훈계할 기회를 얻은 모든 자가, 훈계할 때 느끼는 수치심으로부터 어떤 유익을 얻게 하소서!

그가 훈계할 때(강조점은 바로 이것에 있으니까), 노인은 젊은이에게 세상의 끔찍한 모습을 보여주지 않을 것입니다. 정말 확실히도 말입니다. 어쨌든 그런 것은 진지함이라기보다 병적인 상상에 불과합니다. 그러나 노인이 훈계할 때, 젊은이가 두 마음을 품는 위험에 빠지도록 자신이 직접 관여한다는 생각에 몸서리칠 것입니다.

보십시오! 노인은 기만적인 사람입니다. 세상의 형벌에 관심이 고정되어 있기 때문입니다. 거룩한 두려움과 선 앞에서의 수치심에 깊은 인상을 받기보다, 오히려 순수한 젊은이를 더럽히고 있으니까요. 돈과 명성을 잃는 것, 감사가 부족한 것, 무시당하는 것, 세상으로부터 판단 받는 것, 바보들에게 조롱당하는 것, 경솔한 자에게 비웃음을 받는 것, 복종이 내는 비열한 소리를 듣는 것, 무가치한 것이 순간에 부풀려 지는 것, 안개가 올라오는 수증기 따위를 두려워하라고 젊은이를 가르침으로써, 젊은이를 더럽히고 있으니까 말입니다.

이런 고결한 생각들은 많은 사람에게, 마치 금을 도금하는 것과 흡사할 뿐입니다. 삶이 품은 두 마음에서 껍질이 벗겨집니다. 두 마음은 서로를 갉아 먹고 또 갉아 먹습니다. 그러나 이렇게 갉아 먹힌 사람도 젊은이에게 훈계하며 말할 때, 수치심을 느낀 나머지 감히 아무 것도 말하지 못할 상황을 떠올립니다.

노인이 훈계할 때, 말할 것입니다. (여기에 소개되는 예외적인 화자는 없으니까요. 따라서 선을 찬양하는 것은 더욱 영광스럽습니다. 왜냐하면 웅변이 선을 도울 필요가 없기 때문입니다. 젊은이에게 훈계하며 말하는 자는, 이 삶에서 가장 슬픈 응석받이이기 때문입니다.)

"두려워하지 말아라. 다른 사람들을 판단하는 것을 천천히 하거라. 그러나 자기 자신을 돌아보아라. 한가지만을 품는 데, 진리 안에서 선을 품는 데 확고히 서라. 그때 이것이 당장 너를 어디로 안내하든, 이것만 너를 안내하게 해라. 왜냐하면 이것이 너를 영원히 승리로 안내할 것이기 때문이다. 그러나, 일시적으로 이것이 너를 번영이나 파멸로, 혹은 명예나 조롱으로, 삶이나 죽음으로 안내하게 하려무나.

이 한가지를 놓지 말아라. 이 한가지의 손을 잡고 있을 때, 너는 위험에서도 안전하게 걸을 수 있단다. 가장 치명적인 위험 가운데서도 너는 엄마가 아기의 손을 붙잡고 있는 상황에서만큼 안전하게 걸을 수 있단다. 왜냐하면 아기는 위험을 모르기 때문이다."

따라서 노인이 훈계할 때, 세상을 두려워하지 말라고 젊은이에게 경고할 것입니다. 이 두려움이 바로 두 마음이기 때문입니다.

때로는 "선을 행할 때, 형벌로 고난당할 수" 있다고 말합니다. 이것이 가능한가요? 도대체 누구로부터 이 형벌이 오는 것인가요? 확실한 것은, 이것이 하나님에게서 오는 형벌은 아니라는 겁니다! 결과적으로 세상으로부터 옵니다. 이 세상의 지혜가 실수할 때, 악에 보상하고 선에 벌을 가할 때, 그때 선을 행하고 형벌로 고난당합니다.

그러나 아닙니다. 이것은 "세상"이라는 단어가 의미하는 것과 같지 않습니다. 이 단어가 말하는 것이 바로 그것이 의미하는 것과 일치하지 않습니다. 이 단어는 부적절하게 표현된 것입니다. 왜냐하면 여기에서 "세상"이라는 단어는 강력하고도 끔찍한 소리를 갖고 있으니까요. 그런데도, 세상은 가장 비천하고 가장 보잘것없는 사람처럼, 같은 법에 복종해야 합니다.

세상이 아무리 모든 힘을 다 모아 집중한다 해도, 세상이 할 수 없는 한가지가 있습니다. 세상이 죽은 사람을 다시 죽일 수 없는 것보다 더욱, 무고한 자를 벌할 수 없습니다. 알다시피, 세상은 힘을 갖고 있고, 어떤 사람이 살아 있는 동안 그를 곤경에 빠지게 할 수 있습니다. 삶에 신맛이 나도록, 가파른 언덕길과 벼랑 끝으로 내몰 수도 있습니다. 그의 삶을 강도질할 수도 있습니다. 그러나 무고한 자를 벌할 수 없습니다.

놀랍게도, 여기 경계가 있습니다. 선으로도 표시할 수 없는 경계입니다. 이 경계를 눈으로 볼 때는 쉽게 간과될 수도 있습니다. 그러나 이 경계는 통제할 만한 영원의 힘을 갖고 있습니다! 위대한 것에만 관심이 많은 세상에 의해 이 경계는 간과될 수 있습니다. 이 경계는 보잘것없습니다. 당분간은 불필요하고 무시할 만한 요소입니다. 그러나 그런데도 이 경계는 거기 존재합니다.

아마도 이 경계는 세상의 눈에 완전히 숨겨집니다. 이것이 또한 무고한 사람이 겪는 고난의 일부가 될 수도 있습니다. 왜냐하면 세상의 불의가 형벌의 모습을 획득할 수 있으니까요. 세상의 눈에는 그렇습니다. 그러나 그런데도 경계는 거기 존재합니다. 이 경계야말로 가장 강합니다. 모든 세상이 반란으로 들고 일어난다 해도, 모든 것이 소동 가운데 있다 해도, 경계는 거기 존재하고, 한 편에 무고한 자가 있고 다른 한 편에 세상이 있습니다. 다시 말해, 무고한 자를 벌하는 것은 영원히 불가능합니다.

세상이 그를 넘어지게 하고 제거하려 해도, 이 경계를 제거할 수 없습니다. 이 경계는 눈에 보이지 않습니다. 이것이 바로 그 이유입니다. 그가 희생당해 죽는 순간에도, 이 경계는 거기 존재합니다. 그때, 이 경계는 영원이 주는 힘으로 팽팽하게 조여집니다. 그때 영원의 심연을 갖고 있는 틈을 만듭니다. 바로 거기 경계가 존재합니다. 한 편에는 무고한 자, 곧 정의가 있습니다. 다른 편에는 세상이 있습니다. 곧, 무고한 자를 벌할 수 없는 영원한 불가능성입니다.

[34] 선한 사람은 강합니다. 진리 안에서, 영원의 요새 안에 있는 경계의 다른 면에 서 있을 때, 그는 온 세상보다 더 강합니다. 세상에서는 완전히

패배한 것처럼 보일 때, 그러나 그는 가장 강합니다. 그러나 두 마음을 품은 무기력한 사람은 경계선으로 움직였습니다. 왜냐하면, 세상의 형벌이 줄 두려움 때문에 선을 품었기 때문입니다. 세상이 실제로 완전한 땅이 아니라면, 두 마음을 품은 그는 평범함이 가진 힘에 굴복한 것입니다. 또한 자기 자신을 악에 저당 잡힌 것입니다.

3. 게다가, 고집스럽게 선을 품은 자, 그 승리를 원하는 자, 그는 한가지를 품은 것이 아니라 두 마음을 품었다고 말해야 한다.

　승리하기 위해서만 선을 품는다면, 그것은 보상을 얻기 위해 선을 품은 것이고, 결국 두 마음인 것이 명백합니다. 이 강화가 전에 보여준 것처럼 말입니다. 그는 선을 섬기려는 것이 아니라 이용하려고 하는 것입니다. 그는 선을 유익으로 여깁니다. 그러나 선이 승리하기를 바란다면, 이긴 싸움의 결과를 승리라고 부르는 것이 아니라, 오직 선이 승리하기만 바란다면, 그때 어떻게 그가 두 마음을 품었다고 볼 수 있을까요?

　자, 그가 두 마음을 품었다면(청결한 자와 두 마음을 품은 자 사이에 그 경계를 결정하기는 특히 어렵습니다), 두 마음은 더욱 숨겨지고 교활해집니다. 저 분명하고 더 분명한 세속적인 두 마음보다 건방집니다. 이것이 양극단에 있는 것이라도, 진리 안에 선을 품은 청결한마음에 가장 근접한 것처럼 보이는, 아주 강력한 착각입니다. 심연에서 높은 곳이 나온 것처럼, 겸손이 살고 있는 비천한 거주지에서 하늘에 울려 퍼지는 교만이 나온 것처럼, 영원하고 본질적인 구별을 조작함으로써 거만하나 그럴듯한 근사치가 획득되는 것처럼, 이것이 이렇게 양극단에 있습니다.

　그는 보상을 얻고자 선을 품은 것이 아닙니다. 선이 승리하기를 바랐습니다. 그러나 "나를 통해" 선이 승리하기를 원했습니다. 스스로 선의 도구가 되기를 원했습니다. 선택받은 자가 되기를 원했습니다. 세상이 그에게 보상해 주기 바란 것이 아닙니다. 그는 오히려 세상을 경멸합니다. 혹은 그가 얕보는 사람들에 의해 보상받기를 원하지 않았습니다. 그런데

도, 그는 무가치한 종이 되기를 바라지 않았습니다.[35]

그가 얻기를 바라는 보상은 바로 자긍심입니다. 이 요구에 그가 지닌 폭력적인 두 마음이 존재합니다. 안타깝게도 폭력적입니다. 폭력을 사용하여 선을 빼앗고,[36] 폭력을 사용하여 참견하고, 선에 봉사하기를 스스로 강요하는 것 말고, 그가 더 바라는 것이 무엇이겠습니까!

그가 최후로 범한 이 무례함에 죄가 없을지라도, 어쨌든 선이 원하는 것을 스스로 원하지 않는다면, 선이 자기의 승리를 원하는 것처럼, 선이 승리하기를 그가 스스로 원하지 않는다면, 그때 그는 두 마음을 품은 것입니다. 사람들에게 그것을 숨기는 법을 알고 있을지라도, 자기 자신을 스스로 속일 수 있더라도, 자기 마음 상태를 고집이나 아집과 같은 언어로 표현하면서 잠깐은 숨길 수 있는 듯 보여도, 그는 여전히 두 마음을 품었을 뿐입니다. 특별히 최고 짜릿한 경험을 위해 모험할 만큼 자신이 강할 때도, 이것이 두 마음인 것처럼 보입니까? 아니요, 그것은 두 마음인 것처럼 보이지 않습니다. 그러나, 여전히 그는 두 마음을 품은 것입니다.

이 두 마음을 품은 자에게 선과 선이 승리하는 것, 이 두 가지는 별개입니다. 혹은 적어도 자신을 통해 선이 승리하는 것은 별개입니다. 선이 언제나 그리고 영원히 승리하는 것이란, 바로 이런 경우를 말하는 것입니다. 그러나 시간에서의 선은 다릅니다. 시간에서 선은 오랜 시간이 필요합니다. 승리는 천천히 옵니다. 그 불확실성 덕분에 승리가 가지는 시간을 측정하는 것 또한 오랜 시간이 걸리는 일입니다.

충성된 종의 삶은 끊임없이 반복됩니다. 그러나 결국, 선을 위해 그가 노력한 것이 아무 열매도 맺지 못한 것처럼 보입니다. 그런데도, 그는 진리 안에서 선을 품었던 충성된 종이었습니다. 그 역시 선에 사랑을 받았습니다. 숫양의 기름보다 순종을 더욱 가치 있게 만드는 것이 바로 선입니다.[37]

"슬프군요, 시간은 왜 생겨났습니까?! 선이 언제나, 또한 영원히 승리했다면, 도대체 왜 선은 시간이 지속하는 내내, 자신을 천천히, 그리고 억지로 끌고 가야 했나요? 아니면, 선은 왜 더디게 흐르는 시간 가운데 멸망해야만 했나요? 도대체 왜 선은 그렇게 긴 시간 동안, 왜 그렇게도 불확실하고 힘겹게 싸워야 하는 건가요?!

진리 안에서 선을 품은 단독자는 왜 그렇게 나누어지고 분리되어, 서로 큰 소리로 부를 수도 없고, 찾을 수도 없는 건가요? 시간은 왜 그들을 무겁게 누르며 그 위에 놓여 있는 건가요? 영원에서는 이렇게 분리하는 것이 신속히 이뤄지지만, 여기에서는 이렇게 분리하는 것이 왜 그토록 지연되는 건가요? 물고기가 물 밖으로 나와 해변에 던져진 것처럼, 왜 불멸의 영(spirit)은 세계와 시간 선상에 놓여 있는 것입니까?"

이런 질문을 던지는 누구든지(질문할 때 탄식하고 있어도, 이 발언은 같습니다.), 그 사람은 조심하는 편이 더 낫습니다. 왜냐하면 자신조차도 어떤 영을 말하는지 잘 모르기 때문입니다. 슬프군요. 사람은 너무도 자주, 겸손하고 순종적인 열정과 조바심을 혼동합니다. 성급한 사람은 스스로 너무 쉽게 이런 혼돈에 빠집니다.

사람이 밤낮으로 "선을 위해" 산다면, 그 일을 떠들어댄다면, 그 일로 요동친다면, 아픈 환자가 침대 위에 몸을 던지듯 시간 속에 자신을 던진다면, 아픈 환자가 옷을 벗어 던지듯 자신을 위한 모든 배려를 벗어던진 다면, 그가 이 세상의 보상을 조롱한다면, 사람들과 멀리 떨어진다면, 그 때 그가 상상하듯이, 많은 사람은 그를 열정적인 사람이라고 생각합니다. 그런데도 실은 절대 그렇지 않습니다. 왜냐하면 그가 두 마음을 품었기 때문입니다. 한 번의 강력한 토네이도(tornado)가 꾸준히 불고 있는 탁월풍(prevailing wind, 편서풍이나 무역풍 같은 우세풍)을 닮을 수 없는 것보다 더욱, 두 마음은 열정을 닮을 수 없습니다.

진실로, 모든 조바심은 이와 같습니다. 이것은 일종의 심술(ill-nature) 입니다. 이 근원은 이미 아이에게 있습니다. 아이는 시간을 들이지 않으니까요. 이것은 저 두 마음을 품은 자에게도 나타납니다. 같은 사람에게서 시간과 영원은 서로 화해할 수 없는 관계이기 때문입니다. 그는 선의 느림(slowness of the good)을 이해할 수도 없고, 이해하려 하지도 않을 것입니다.

긍휼을 베풀기에 선은 오래 고난당하는다는 것, 자유인(free persons)을 사랑하기에 선은 아무런 힘도 사용하지 않는다는 것, 약한 자들을 지혜롭게 이해하기에 선은 모든 기만을 물리친다는 것, 두 마음을 품은 자는 이것을 이해하려 하지 않습니다.

자기가 없이도 선이 살 수 있다는 것, 이것을 이해할 수도 없고, 겸손하게 이해하려 하지도 않습니다. 두 마음을 품고 있기에, 이 사람은 가진 열정으로 보면 사도가 될 수 있는 것처럼 보이나, 선의 승리를 신속하게 처리하려 했던 배신자 유다가 될 수도 있습니다.

그가 비록 실족했을지라도, 이 사람이 가진 열정으로 보면 마치 선을 깊이 사랑하는 사람인 것처럼 보입니다. 그러나 선이 느린 시간 가운데 있을 때, 그는 선이 갖는 이 비천함으로 인해 실족한 것입니다. 그는 무익한 섬김을 받는 선에 헌신하지 않습니다. 부글부글 끓어오르는 거품일 뿐입니다. 거품일 뿐인 이 사람은, 순간을 사랑합니다. 순간을 사랑하는 사람은 시간을 두려워합니다. 지속되는 시간 가운데 자기가 품은 두 마음이 들통날까 봐 두려워합니다.

그는 영원을 날조(捏造)합니다. 그렇지 않으면 영원으로 인해 두 마음이 더 빨리 들통날 것이기 때문입니다. 날조한 자는 바로 그입니다. 그에게 영원이란, 지평선이 주는 기만적 착각과 같습니다. 그에게 영원이란, 푸르스름한 시간의 경계입니다. 그에게 영원이란, 순간이 부리는 눈부신 마술입니다.

이런 두 마음을 품은 사람을 이 세상에서 알아보기는 몹시 어렵습니다. 왜냐하면 그가 품은 두 마음은 세상 안에서는 명확하게 드러나지 않기 때문입니다. 세상의 보상과 형벌이 그에게 맞서며, 그를 정보제공자로 혹은 친구로 섬기지 않기 때문입니다. 그가 세상을 이겼기 때문입니다. 물론, 이것이 차원 높은 기만일지라도 말입니다.

따라서 무엇보다 그가 두 마음을 품었다는 것은, 시간과 영원이 서로 접촉하는 경계에서만 인식할 수 있습니다. 거기에서는 모든 것이 명확합니다. 모든 것을 알고 계신 전지한 분만 오직 알 수 있기 때문입니다. 모든 조건을 뛰어넘어 위로를 주고 있는 "선은 영원히, 언제나 승리했다"라는 이 복된 확신으로 그는 만족하지 못합니다.

모든 이해관계를 뛰어넘은 재산권인 이 복된 확신! 시간이 가장 오래 지연되는 동안, 무익한 종이 눈곱만한 것을 이룬 것처럼 보일 때, 매 순간 자기 자신 안에 갖고 있던 이 복된 확신! "명예를 제외한 모든 것을 잃었다"[38]라고 말했던 왕보다 더욱 자랑스럽게 말할 수 있도록, 무가치한 종에게 담대한 확신을 주었던 이 복된 확신! 명예를 잃고도 그는 이렇게 말합니다.

"모든 것을 잃었지만, 모든 것을 얻었습니다."

그러나 두 마음을 품은 사람은 이 세상에서 쉽게 알아볼 수 없습니다. 그가 선을 품은 것은 보상을 얻기 위함이 아니기 때문입니다. 이 경우, 그는 자신의 야망이나 절망에 폭로 당합니다. 그는 형벌이 두려워 선을 품은 것이 아닙니다. 이 경우라면, 겁쟁이처럼 형벌을 피하려 하거나, 그럼에도 형벌을 피할 수 없는 절망 중에 그는 폭로 당하고 맙니다.

그러나, 이것은 그런 것이 아닙니다. 그는 모든 것을 희생하기를 원합니다. 무엇도 두려워하지 않습니다. 그러나, 날마다 자기를 부인하는 것에 자신을 희생하려 하지 않습니다. 바로 이것이, 그가 두려워하고 있는 것입니다.

두 마음을 품은 사람은 교차로에 섭니다. 두 개의 전망이 나타납니다. 선, 그리고 선의 승리. 혹은 그로 인한 선의 승리입니다. 후자는 건방집니다. 그러나 처음 두 전망도 정확히 같은 것은 아닙니다. 영원의 관점에서 이 둘은 같습니다. 그러나 시간의 관점에서는 아닙니다. 이 둘은 분리되어야 합니다. 선은 그렇게 되기를 원합니다.

허름한 옷을 입은 것처럼, 선은 느린 시간이 준 옷을 입습니다. 이런 옷의 변화에 조화를 이루며, 두 마음을 품은 자는 무익한 종이 입는, 겸손한 성품의 옷을 입어야 합니다. 그러나, 승리 가운데 있는 선을, 감각적인 눈으로 보는 것은 금지되어야 합니다. 오직 믿음의 눈으로만 선의 승리를 열망할 수 있습니다.

바로 그 믿음 안에 그의 두 마음이 존재합니다. 왜냐하면 선의 본성 가운데 영원히 연합 가능한 것을 나누는 두 마음이 있듯, 시간에서 나누어진 선의 조각들을 연합하는 것이 그가 품은 두 마음이기 때문입니다. 두 마음을 품은 한 사람은 영원을 망각하고 결국 시간을 공허하게 만듭니다. 그러나 두 마음을 품은 다른 사람은 영원을 공허한 것으로 만들어버립니다.

4. 마지막으로, 청결한 면을 보여주기 위해 두 마음에 관한 주제를 벗어나기 전, 다양한 형태의 두 마음이 있다는 것을 이 강화가 상기시켜야 한다. 우리가 매일 일상에서 볼 수 있듯, 나약한 두 마음을 품은 자도, 선을 품고 있지만 어느 정도만 적당히 품고 있는 자도, 모두 두 마음을 품은 자이다.

두 마음을 품었다는 것이 어느 정도만 선을 품고 있는 것이라고 말하는 것, 이것은 근본적으로 선과의 관계에서 발생하는 모든 두 마음을 표현한 것입니다. 그러나 일찍이 발전시켰던 것, 이것은 큰 문제 안에서 일어나는 두 마음 간의 기만적 거래 행위로 불릴 수 있습니다. 이것은 적어도 자기 자신과의 일치 혹은 하나 됨과 유사합니다. 일방적 측면만 추구한다는 점에서 그렇습니다. 반면, 이것이 놀라운 것처럼 보여도, 일방적 측면은 일방적 측면에 있는 사람의 두 마음입니다.

하지만 일상생활에서의 거래는 큰 문제가 아닙니다. 일상생활에서 어떤 일관성과 노력을 한데 기울이되, 잘못된 것을 원하는 한 사람을 발견하는 것은 아주 보기 힘든 일입니다. 일상생활에서 거래는 더 작은 규모로 이뤄집니다. 이에 따라 **두 마음은 단독자에게 훨씬 다양한 방식으로 섞여 들어옵니다.**

한 물건만을 취급하는 상인이 거의 없는 것처럼, 그럴싸하게 일치하는 두 마음도 같은 경우입니다. 그러나 일반적으로 상인이 여러 가지 다른 물건을 한데 모아 취급하듯이, 두 마음도 일반적으로 다양합니다. 따라서, 잘못된 길일지라도 이 특별한 잘못된 길보다 오히려 인지하기 더 어렵습니다. 잘못된 길은 가장 다양한 방식으로 올바른 길과 서로 교차합니다.

단독자는 가장 다양한 방식으로 이 교차로에 섭니다. 그의 삶은 확실히 두 마음으로 정의할 수 있습니다. 그러나 그의 삶을 더 특별하게 정의하는 것은 쉽지 않습니다. 왜냐하면 그의 두 마음 안에서조차, 특별한 것에 관해 한마음을 품지 못하고 온갖 풍조에 밀려 요동치기 때문입니다.[39] 왜냐하면 그가 계속해서 배우지만, 그런데도 진리를 아는 지식에는 혼자서는 절대로 이를 수 없고 가까이 갈 수조차 없기 때문입니다.[40] 오히려 점점 더 진리의 지식에서 멀어져, 이 혼란스러운 교훈, 혼란을 더욱 부채질하는 교훈에서 더 많은 것을 배웁니다.

이 두 마음이 전에 품었던 두 마음보다 장점을 갖고 있다면, 이 두 마음은 자신의 측면에 선이 있지만 그 힘은 약하다는 것입니다. 전에 있던 두 마음과 같은 완고함은 없습니다. 그러나 약하기에, 그렇게 약한 만큼 오히려 치료가 어렵습니다.

분주함

이 두 마음은 우리가 논의하기에 어렵습니다. 왜냐하면 이것은 온갖 다른 것과 닮았고, 삶의 흥망성쇠에 따라 계속해서 달라지기 때문입니다. 이렇게 변화하는 속도가 너무 빠른 나머지, 이 강화가 하나의 징후를 서술하기 위한 준비조차 못하고 있을 때도, 이것은 그 시간 동안에도 여러 번 바뀔 수 있습니다.

이 두 마음은 잡다한 색을 띠며, 또한 모든 가능한 다른 색으로도 변할 수 있을 뿐만 아니라, 새로 생긴 혼란스러운 색과 명암을 혼합하는 것에 있어 이런 색의 변화에 관한 법칙도 없습니다. 그래서 언제나 해 아래 새로운 것이 존재합니다.[41] 그런데도, 그것은 언제나 옛날의 두 마음입니다. 우리가 이것을 논의하기 더 어렵게 만드는 것이 있다면, 매일의 삶 가운데 두 마음이 적절히 섞여 있는 곳에서, 비교를 통한 한계 안에서만 오직 자기 자신을 다루는 것입니다.

따라서 한 사람은 다른 사람보다 두 마음을 '적게' 품은 자가 됨으로써, 자신에 관한 구별을 요구합니다. 그 차이가 본질적으로 같은 범위 안에 있는데도 말입니다. 한마음을 품음으로 마음의 청결을 요구했던 저 진실하고 영원한 요구는 제거된 것처럼, 나아가 정부 정책 중에서는 아예 폐지된 것처럼 보입니다. 마치 해고된 것처럼, 일상생활과는 괴리감을 느낄 만큼 멀리 떨어져 있기에, 이 이야기는 아예 처음부터 생겨날 수도 없을 것처럼 보입니다.

잡다하고 우글거리는 군중과 소음 속에서, 사람이 완전하게 선을 품고 있었는지에 대한 주제는, 날이 가고 해가 지난다 해도 사람들의 관심사조차 될 수 없습니다. 누군가 힘과 권력만 가지면 됩니다. 큰 기업을 운영하고, 자기 자신과 다른 사람이 대단히 여길 정도이기만 하면 됩니다. 누군가 이렇게 생각합니다.

"저렇게 특별하게 양심적일 수 있다니! 얼마나 겁 많고 비참하고 편협한마음인가?!"

자기 말에 어떤 건방진 점이 있다는 것은 생각하지도 않습니다. 그저 지나가는 말에 저 영리한 판단을 남겨두고는 서둘러 가버립니다. 반면 그가 내린 판단은, 잡다하고 우글거리는 군중 사이에서 입에서 입으로 빠르게 전달됩니다.

아침부터 밤까지 바쁘게 지내면서 아무리 많은 일을 처리한다 해도, 사람이 온전히 선을 품을 수 있는 것인지에 관한, 그런 양심적인 문제는 그 가운데 없습니다. 도둑은 말할 것도 없고, 누군가 자기 기업을 크게 운영하는 한, 부를 끌어모으고 저축하는 한, 좋은 평판을 얻고 운 좋게도 치욕(scandal)을 피할 수 있는 한, 그가 실제로 죄를 지었는지 아닌지는 별로 중요하지 않습니다. 왜냐하면 세상도 자신도, 그것을 조사할 시간은 전혀 없기 때문입니다. 치욕이 가진 유일한 위험이란, 그의 사업이 중단되는 것입니다.

"사업으로 바빠 죽을 지경인데, 이렇게 지연시키는 이유가 무엇인가!"

세상은 언제나 정신없이 바쁘게 돌아갑니다. 이것이 세상에서 일을 보는 방식입니다. 세상에서 일어나는 일은 이런 식입니다. 시간이 갖는 기만적인 지평선 안에서 일어나는 일이 이런 식입니다.

그러나 영원에서는 양심적인지 혹은 그렇지 않은지 사이에 엄청난 차이가 있습니다. 그럼에도 영원은 새로운 세상과 같지 않습니다. 그래서 시간과 분주함의 방식을 따라 시간에 살고 있던 자가, 행복하게도 영원에 잘 도착했다면, 이제는 영원의 관습과 풍습을 받아들이기 위해 노력해야 합니다.

슬픈 일이지만, 시간과 분주함은 영원이 사람에게 아주 멀리 떨어져 있다고 생각합니다. 그러나 드라마를 만드는 제작진이 많은 세월이 흐른 모든 시간을 고려하면서 무대와 배우의 연기를 위해 아무리 모든 것을 준비한다 해도, 영원이 준비하는 것만큼 이 모든 것을 준비할 수는 없습니다. 영원은 가장 세심한 부분이든, 어떤 무익한 말이든,[42] 매순간 모든 것을 준비해 둡니다. 영원이 아무리 억제한다 해도 그렇습니다.

원컨대, 진리 안에서 선을 품는 자를 이 강화가 지연시키는 것과는 달리, 혹은 그를 유용한 활동에서 불러내는 것과는 달리, 분주히 움직이는 자를 멈추게 하소서. 왜냐하면, 이 분주함은 마치 마술과 같으니까요.

이 분주함의 힘이 웅성거리며 커져가는 것, 이 마술이 퍼져나가는 것을 보는 것은 얼마나 슬픈 일인가요! 이 분주함은 먹잇감을 얻고자 덫을 놓습니다. 그리하여 아이와 젊은이가 고요함과 은둔을 얻지 못합니다. 그러나 영원은 이곳에서만 거룩한 성장을 이룹니다.

이 분주함이 아무리 서둘러 시인한다 해도, 진리 안에서 선을 품는 삶이 갖는 저 고차원적인 관점을, 가끔 성급하게 선포하는 바쁜 자가 있다는 것이 얼마나 큰 장점인지 알고 있다 해도, 아, 각자 개인적으로 이뤄야 할 의무로부터 거의 모든 사람이 면제되고 있다는 것, 이것은 정말로 진정한 관계인가요?

그러나 분주한 중에 있는 자가, 완전함을 위해 저 고차원적인 요구조건을 선포하는 과업을 위임받을 수 있는 것인가요? 혹은, 불완전하고 약하더라도 어떤 식으로든 저 요구조건에 맞추어 살 수 있다면, 모든 인간의 마음에, 변함없는 근면에, 최고의 능력에 저 요구조건이 명령할 수 있는 건가요?

그래서 분주함에는 두 마음이 존재합니다. 메아리가 숲 속에 살듯, 고요가 사막에 살듯, **두 마음은 분주함 속에 살고 있습니다.** 따라서 어느 **정도만 선을 품은 자는 두 마음을 품고 있다는 것**, 분열된 마음이고 산만한마음이라는 것, 이것은 거의 설명할 필요도 없습니다. 그러나 그 바탕에 무엇이 있는지 설명하는 것은 당연히 필요한 과정이고, 또한 우리는 이 논의를 발전시켜야 합니다.

한가지를 품기 위해 자신을 이해하거나, 혹은 자신 안에 있는 불명확성을 이해하는 데 필요한 **투명성**(transparency)**을 확보할 만한 어떤 시간도, 고요도, 분주함 중에는 없습니다.** 분주함 중에는, 점점 더 멀어져 갈 뿐입니다. 시끄러운 소리 중에는, 진실한 것을 점점 더 많이 잊어 갑니다. 저 잡다한 환경과 자극들과 방해물들로 인해, 더 깊이 자기 지식을 만나는 일이 점점 더 불가능해집니다.

거울은, 거기에 비친 사람이 자기 모습을 볼 수 있는 특징을 가진 것이 사실입니다. 그러나 그때 가만히 있어야 합니다. 성급하게 서두른다면, 아무것도 보지 못하게 될 것입니다. 만약 사람에게 거울이 있다고 해도 그것을 꺼낼 수 없다면, 어떻게 자신을 볼 수 있겠습니까? 마찬가지로, 바쁜 사람이 자신을 이해할 가능성을 지니고 서둘러 앞으로 가고 있는데, 멈추지 않고 계속 달리고 있다면 절대로 자기 이해에 도달하지 못할 것입니다. 거울을 가졌다는 것조차 점점 더 잊고 말 것이니까요. 자신을 이해할 가능성을 스스로 지니고 있다는 것도 잊게 될 것이니까요.

그런데도 바쁜 사람에게 이 말을 꺼내기가 힘듭니다. 왜냐하면 사람에게 아무리 시간이 부족하더라도, 가끔 수많은 변명을 둘러대기 위한 시간은 많이 가졌고, 그 시간을 활용함으로 마지막 상황은 처음보다 더 나빠지기 때문입니다. 변명이 소유한 지혜란, 선원이 움직이고 있는 곳은 바다 위이지 배 위가 아니라고 믿는 것과도 같습니다.

그에게 감히 이 말을 하기 힘듭니다. 아무리 시간이 부족하다 해도, 가끔은 많은 시간을 가지니까요. 같은 생각을 하는 사람들과 있을 때, "그들의 지혜로부터 설익은 조롱의 열매를 따기"[43]에 충분한 시간이 있으니까요. 그는 이 시간을 이용해 지혜로운 바쁜 사람이 얕잡아보는 자처럼, 말하는 자(speaker, 강사)를 삶의 무능력자라고 조롱합니다. 그의 변명이 지닌 숭고한 관점에서 말입니다.

어디에서나 바쁜 사람들이 '강사'에 관해 공통으로 동의하는 면이 있습니다. 와글거리는 잡다한 분주함이 증가하는 곳, 수많은 변명이 우글거리는 곳에는 어디든 말입니다. 들에 퍼지는 유독한 연기처럼, 이집트에 퍼진 메뚜기 떼처럼,[44] 변명과 "변명의 떼"는 영원의 싹을 갉아 먹는 총체적 역병입니다. 사람들 사이에 퍼져 있는 사악한 전염병입니다. 이 병에 걸린 자는 누구나, 다음 사람에게 이용 가능한 변명을 더 하게 됩니다.

일반적으로 병이 더 위험해질수록, 더 전염성이 강해지고 널리 퍼질수록, 누구도 이 병을 피할 수 없는 반면, 변명에서는 정반대 현상이 나타납니다. 더 온화해질수록, 그 상태가 더 유쾌해질수록, 이 병에 걸린 자는 더 많아집니다. 변명이 갖는 이런 비참한 발달 장애 상태를, 최고의 상태라고 우리 모두 동의할 때, 그때 다른 것을 말할 사람은 아무도 없을 것입니다.

그때, 여기에 굴복하도록 스스로 설득할 수 없는 단독자가 있었다면, 이 모든 변명에 그가 강력히 반대한다면, 그러나 이것은 아직 끝이 아닙니다. 거기에는 끝까지 남아 있는 하나의 변명이 있습니다. 이 변명이 문밖에 서서 그에게 구걸합니다.

"한 개인이 저항하려 한들 무슨 소용이 있겠습니까?"

따라서 누구도 변명으로 인해 죽지 않기에, 변명은 다시 전염성이 강한 그 어떤 병보다 더욱 악화됩니다. 왜냐하면 다른 어떤 사람도 변명으로 인해 죽지 않았기 때문입니다.

선을 위한 감정

그래서 그때, 아마도 두 마음을 품은 자는 **선을 위한 감정**, 어떤 살아 있는 감정을 갖습니다. 누군가 선에 관해 말한다면, 특별히 시적인 방법으로 말한다면, 그는 금세 감동을 받고 감정에 쉽게 빠지게 될 것입니다. 세상이 그를 조금 대적한다면, 그때 누군가 하나님은 사랑이라고 말한다면, 그분의 사랑은 모든 이해를 뛰어넘는다고 말한다면,[45] 섭리 가운데 계신 하나님은 참새도 보호하시며, 그분의 뜻이 아니면 참새 한 마리도 땅에 떨어지지 않는다고 말한다면,[46] 누군가 이렇게 시적인 방법으로 말한다면, 그는 이 말에 사로잡힐 것입니다. 소원을 단단히 붙잡듯 믿음을 단단히 붙잡을 것입니다. 믿음으로, 그토록 바라왔던 도움을 붙잡을 것입니다.

이 소원을 믿는 것처럼, 그는 선을 위한 감정을 갖습니다. 그러나 도움은, 어쩌면 늦게 옵니다. 대신에 고난당하고 있는 자가 그에게 다가옵니다. 고난당하는 사람을 도울 수 있습니다. 그러나 이 고난당하는 자가 도리어, 조급하고 험상궂은 사람에게 찾아왔다는 것을 알게 됩니다. 이 고난당하는 자는 이 변명에 만족해야 합니다.

"나는 다른 사람의 고통을 걱정하고 싶지도 않고 또 당장 그럴 기분도 아닙니다. 나도 지금 불행을 겪고 있기 때문입니다."

그러나 우리의 주인공, 두 마음을 품은 자는 스스로 믿음을 가졌다고 생각합니다. 고난당하는 자를 돕는 사랑스러운 섭리가 있다는 믿음, 나 아닌 다른 사람을 그분의 도구로 쓰시는 섭리가 있다는 믿음 말입니다.

이제 그가 그토록 바라던 도움이 옵니다. 다시 한번 그는 감사로 활활 타오르고 있습니다. 사랑스러운 섭리의 선함을 생각하는, 감상적인 개념 안에 머무르고 있습니다. 그래서 그는 다시 생각합니다. 오! 내가 그동안 믿음을 단단히 붙잡고 있었다고. 이제 믿음은 그 안에서 모든 의심과 모든 반대를 이기고 승리했습니다. 그러나 슬프게도, **고난당하는 다른 사람은 완전히 잊었습니다.** 이것이 두 마음이 아니라면, 다른 무엇으로 표현하겠습니까!

만약 믿음에 반대되는 어떤 이야기가 있다면, 믿음에 반대되며 또한 사랑스러운 섭리의 세심한 돌봄에 반대되는 어떤 사건이 발생한다면, 저 다른 고난당하는 자는 도움을 받지 못합니다. 다른 사람에게도 결국 무시당하고 맙니다. 지금은 도울 기분이 아니라는 변명으로 인해 한 번 더 버림을 당합니다. 따라서 저 다른 고난당하는 자에게 진실로 더 강력한 반대가 임합니다.

믿음이 자기 안에서 승리했다고 생각하는 바로 그 순간, 두 마음을 품은 자가 자기 행동을 통해 스스로 이 확신을 부정하고 있다는 사실, 이것조차도 두 마음을 품은 자에게서 완전히 잊힙니다. 자기 행동으로는 확신을 부정하면서 스스로 확신하고 있다고 생각하는 것, 이것이 두 마음을 품은 것 아닌가요? 혹은 삶이 행동으로 스스로 표현하고 있다는 것, 그가 확신을 가졌다는 유일한 증거가 바로 이것 아닌가요? 사람의 확신이 매순간 그에게 일어나고, 즉시 그를 변화시키고, 그러나 변화를 주는 다양한 일들로 인해 그가 변하지 않는다는 것, 이것이야말로 유일한 보증은 아닌가요?

그리하여, 오늘 믿음을 가지나 내일은 상실하고, 다시 모레 믿음을 얻습니다. 특별한 일이 일어날 때까지 말입니다. 그때 그는 무엇보다 믿음을 가졌다고 스스로 생각했으므로, 거의 완전히 믿음을 상실합니다!

두 사람이 있다고 가정해 봅시다. 두 마음을 품은 한 사람은 사랑스러운 섭리의 도움으로 믿음을 얻었다고 생각했습니다. 홀로 도움받는 일을 경험했기 때문입니다. 그가 도울 수 있었던 고난당하는 자를 돕지 않고 버렸는데도 말입니다. 그러나 다른 사람은 섭리의 손에 자신을 맡기고, 자기를 희생하여 **섭리가 베푸는 사랑의 도구**가 됩니다. 그래서 많은 고난당하는 자를 도왔습니다. 반면 스스로 바랐던 도움은 해를 거듭하며 거절당했습니다. 이 두 사람 가운데, 고난당하는 사람들을 돌보는 사랑의 섭리가 함께하는 자는 누구라고 여러분은 확신하나요?

이것은 아름답고도 설득력 있는 결론이 아닌가요? 곧, 귀를 지으신 이가 듣지 아니하겠습니까?[47] 그러나 반대의 결론 또한 그만큼 똑같이 아름답고도 설득력이 있지 않나요? 곧, 자기 삶으로 희생적 사랑을 베풀었던 자는, 하나님이 사랑이라는 것을 믿지 않겠습니까?

그러나 분주함 중에 있을 때, 평등을 가르치는 **조용한 투명성**(quiet transparency)을 위한 어떤 시간도 평온함도 없습니다. 다른 사람과 함께 멍에를 나눠 져야 한다는 어떤 가르침도 없습니다. 다른 모든 사람과 내적으로 조화를 이루는 고상한 단순함도 없습니다. 거기에는 확신을 얻기 위한 어떤 시간도, 평온함도 없습니다.

삶이 분주할 때, 심지어 믿음, 소망, 사랑도, 또한 선을 품는 것도, 무기력한 말과 두 마음을 품는 것을 제외한 아무것도 아닌 이유입니다. 혹은 확신 없이 살거나, 좀 더 정확히 말해, 한때는 확신이 있었고 한때는 없었다는 저 계속해서 변하는 착각 속에 살아가는 것, 이것은 두 마음이 아닌가 말입니다!

이것은 두 마음을 품고 있는 바쁜 사람을 감정이 속이는 방식입니다. 번뜩이는 회개의 뉘우침이 고갈되어 사라지고 난 후, 아마도 확신을 얻었습니다. 그래서 생각했습니다. 죄를 용서하는 긍휼이 있었다고 말입니다. 그러나 그는 자신에게 맞서 죄를 지은 자는 용서하기를 냉혹하게 거부했습니다. 그래서 긍휼이 존재한다는 확신을 얻은 것이라 스스로 믿었습니다. 그러나 긍휼이 존재한다는 것을 자기 행위로 나타내기는 거부했습니다. 긍휼이 존재하지 않는다는 것을 자기 행위로 입증하기 위해 제 역할을 다했습니다.

두 명의 사람이 있다고 생각해 봅시다. 한 사람은 두 마음을 품은 자, 다른 한 사람은 긍휼을 발견하기만 한다면 채무자를 기꺼이 용서할 수 있는 자입니다. 이 둘 중에 그런 긍휼이 있음을 누가 확신합니까? 긍휼이 적어도 존재한다는 증거를, 후자는 갖고 있습니다. 스스로 긍휼을 실천한다면 말입니다. 그러나 자신을 위한 증거는 어떤 것도 갖고 있지 않습니다. 다만 스스로 반대하는 증거를 제공할 뿐입니다.

옳고 그름의 감정

혹은 두 마음을 품은 사람은 옳고 그름에 대한 감정을 가집니다. 이 감정은 그 안에서 강하게 불타오릅니다. 특별히 누군가 이 열정가를 시적으로 서술한다면 그렇습니다. 열정가는 자기를 희생하고 진리에 봉사하면서, 옳음과 정의를 옹호했습니다.

그때 누군가 그에게 그릇된 일을 행한다면, 그를 위한 어떤 표적이, 하늘과 땅에 나타나야 할 것처럼 보입니다. 이 잘못이 바로잡힐 때까지는, 그가 잠을 이루지 못했던 것보다 더욱 세상의 질서 역시 잠들 수 없을 것처럼 보입니다. 열정가를 불타오르게 만든 것은 이기심이 아니라 정의감이었던 것입니다. 그는 그렇게 생각했습니다.

그가 권세를 얻었을 때 주위 사람에게 아무리 잘못된 일을 저지른다 해도, 그는 세상의 완전성을 다시 한번 찬양했습니다. 감정은 정말로 그를 데리고 다녔습니다. 또한 그를 데리고 멀리 나가서 넋을 잃도록 만들었습니다. 가장 중요한 것을 잊어버리도록 했습니다. **곧, 진리에 봉사하면서 자기를 희생함으로 옳음과 정의를 옹호하는 일이었습니다.** 이 세상에 정의가 있다는 것을 둘 중 누가 확신하겠습니까? 옳은 일을 하기 위해 그릇된 일로 고난당하는 자인가요, 아니면 자기의 권세를 위해 그릇된 일을 행하는 자인가요?

확실한 것은 즉각적인 감정이 먼저 오고, 동시에 그것은 치명적인 힘을 가진다는 사실입니다. 그 안에 생명이 있습니다. 마음으로부터 생명이 흘러나온다고 말하듯이 말입니다.[48] 그러나 "네 마음을 지키라. 생명의 근원이 이에서 남이라."라고 말할 때, 같은 방법으로 이해한다면, 그때 역시 이 감정도 "지켜야" 합니다. 감정에서 이기심을 씻어내야 하고, 이기심으로부터 감정을 지켜야 합니다. 자신이 고안한 장치에 감정을 남기지 말아야 합니다. 오히려, 그 감정을 지키는 더 고차원적인 어떤 힘에 맡겨야 합니다. 사랑스러운 엄마가 아이를 지켜달라고, 하나님께 기도하듯 말입니다.

즉각적인 감정에서 한 사람은 다른 사람을 결코 이해하지 못합니다. 그에게 어떤 일이 개인적으로 일어나자마자, 그는 모든 것을 다르게 이해합니다. 홀로 고난당할 때, 다른 사람의 고난을 이해하지 못합니다. 홀로 행복할 때도 그것을 이해할 수 없습니다. 즉각적인 감정은 이기적이게도, 자기 자신과의 관계에서만 모든 것을 이해합니다. 따라서 두 마음은 다른 모든 사람과 불일치를 이룹니다. 왜냐하면 잘 이해할 수 있는 정직 (sincerity)을 따른 평등에 의해서만 오직 일치가 존재할 수 있기 때문입니다.

근시안적인 이기심에서 그가 가진 확신이라는 것은 끊임없이 변합니다. 변화되지 않는 것이 우연입니다. 변화되지 않는 이유는 그의 삶이 어떤 변화에 '우연히' 노출되지 않았기 때문입니다. 그러나 확신이 가진 이런 확고함은, 응석받이나 하는 착각에 불과합니다. 모든 것이 한데 모여 확신을 강하게 만들 때, 말하자면 확신을 확고하게 할 때, 그러나 그때, 확신은 확고한 것이 아니기 때문입니다. 오히려, 모든 것이 변할 때, 확신은 드러납니다. 사람의 삶은 모든 변화를 피할 수 없습니다. 변화 중인 즉각적인 감정이 가지는 확신이란, 다름 아닌 착각입니다. 마치 전체 인생을 한눈에 바라보는 것과 같이 과장된, 순간적 인상입니다.

선에 대한 지식

두 마음을 품은 사람이 어쩌면 **선에 대한 지식**을 갖고 있습니다. 사색의 순간, 이 지식은 그 앞에 뚜렷하고 명백하기에, 선은 이 측면에서 모든 장점이 있습니다. 선은 현재의 삶과 다가올 삶 양쪽에 진실로 유익이 었습니다. 그렇습니다, 그는 마음속 깊이 온 세상을 설득해야 할 것처럼 느낍니다. 하지만 그에게 획득된 확신 덕분에, 굳이 다른 사람들을 설득하러 나가도록 요구받지는 않았습니다. 그러나 그 확신을 시험할 시련은 오지 않습니다.

슬픈 일입니다. 사색과 그 순간이 아무리 명료하다 해도, 착각을 쉽게 숨기게 됩니다. 그 순간은 날조된 영원과 공통점을 갖고 있기 때문입니다. 사색하기 위해서는 왜곡시켜 축소하는 것이 필수적으로 선행되어야 합니다. 사색은 시간을 아주 많이 단축해야 합니다. 사색은 실제로 시간 속에서 마음과 생각을 불러내야 합니다. 날조된 영원의 형태(roundness, Afrundethed)로 스스로 완성하기 위함입니다.

이것은 예술가가 나라의 지도를 그릴 때의 경우입니다. 물론 이 그림 지도가 나라만큼 클 수 없습니다. 그림은 무한히 더 작습니다. 그러나 이 그림은 관찰자가 그 나라의 윤곽을 훨씬 쉽게 조사하도록 돕습니다. 그런데도, 저 관찰자를 그 나라에 실제로 내려놓는다면, 막상 그 나라를 알아보기 어렵고, 그 나라에 관해 어떤 견해도 가질 수 없으며, 여행자로서 길을 찾기도 쉽지 않습니다. 왜냐하면 그 나라는 실제로는 어마어마하게 넓은 영토를 갖기 때문입니다.

두 마음을 품은 자에게도 동일한 상황이 펼쳐집니다. 그의 지식은 확실히 착각에 빠져 있습니다. 말하자면, 사색의 완전함 속에 밀폐된 채 탄탄해진 것은 최대 길이로 뻗어나가야만 합니다. 그러나 그것은, 이제 더 이상 축약된 형태가 아니라 움직임 중의 현실입니다.

삶은 시인과 같습니다. 따라서 사색하는 사람과는 다릅니다. 사색하는 사람은 언제나 끝에 도달합니다. 그러나 시인은 우리를 끌어내 삶의 한복판에 세웁니다. 두 마음을 품은 자는 사색의 그림을 그리며 거기에 서 있습니다. **사색하는 중에는 시간이 생략됩니다.** 시간이 자신의 권리를 주장하기 시작합니다. 영원에서, 선이 모든 장점을 자신의 측면에서 다 갖고 있다는 것을 부정할 만한 어떤 권리도 시간에는 없습니다. 그러나 선은 시간을 연장할 수 있도록 허락을 받았습니다. 그리하여 사색하는 중에는 쉽게 이해할 수 있는 것을 좀 더 어렵게 할 수도 있습니다.

이해가 단순히 구부러지고 왜곡되었기 때문에 곧바로 가지 못하는 것이 아니라, 시간을 지나칠 수 없으므로 곧바로 갈 수 없는 것입니다. 직접적이지만 점진적으로 사색을 통해 시간에 침투하고자 사색을 간직하고 쥐고 있기보다, 두 마음을 품은 자는 사색과 자신을 분리하는 데 시간을 이용합니다.

이것이 두 마음 아닌가요? 어떤 사색도 없이, 어떤 명확한 생각도 없이 시간 안에 존재하는 것. 더 정확히 말해, 계속해서 시간 안에 있으면서 사색함으로, 사색했으므로 계속해서 속는 것! 아무 생각 없이 사색의 순간을 그저 진지함으로 착각합니다. 진지함이 왔을 때, 사색을 던져버리고 사색의 순간을 기만으로 착각합니다. 다시 한번 사색으로 진지해질 때까지 말입니다.

잘못의 인정

혹은 두 마음을 품은 자는 자신이 잘못했다는 것, 악하게 행동했다는 것, 잘못된 길에 들어섰다는 것을 스스로 인정합니다. 그러나 성찰(deliberation)이 있은 후, 형벌이 약이라는 것, 이것은 더욱 명확하고 매력적입니다. 그가 형벌을 매력적으로 받아들이게 할 정도의 성찰이 하는 역할에 비교하면, 어떤 의사도 환자에게 그렇게 약을 받아들이게 할 수 없을 것 같습니다.

그러나 형벌이 왔을 때, 의사도 아는 것처럼, 치료를 위해 형벌이 적절하게 개입하기 위해 순간적으로 조건을 악화시킬 때, 그때 그는 조급합니다. 성찰하는 중에 그는 치료받았다고 생각했습니다. 모든 성찰이 끝났을 때, 이것이 얼마나 유익한지도 생각했습니다. 성찰을 마쳤을 때 말입니다.

예를 들어, 게으른 자는 언제나 지나친 상상력을 갖고 있습니다. 그는 사물들을 얼마나 잘 정리할 수 있는지, 홀로 신속하게 생각합니다. 이런저런 일들이 실행되고 나면 얼마나 편안해질지도 생각해 봅니다. 그러나 스스로 해야 할 이런저런 일이 있다는 것, 이 사실은 별로 생각하지 않습니다.

성찰하는 중에는 이것으로 솔깃해집니다. 그러나 길 위에서 시작해야 할 때, 모든 것이 바뀝니다. (성찰은 길 너머 멀리 있기에[Overveien er ude over Veien]) 이제 성찰과 평가를 안에 간직하는 대신, 성찰한 대로 순종하는 대신, 그는 성찰을 버린 것입니다. 그는 아무 생각 없이 성찰을 헛되게 했습니다. 마치 약으로 치료받은 것인 양 성찰을 헛되이 만들었습니다. 치료가 시작될 때, 그는 아무 생각 없이, 경솔하게도 성찰을 기만이라고 착각했습니다.

이것이 두 마음을 품은 것 아닌가요? 아픈 것, 그래서 의사가 돌보도록 자신을 맡겼으나 의사를 신뢰하기 거부하고 고집스럽게 자기 생각대로 치료를 중단하는 것 말입니다!

그는 여전히 성찰의 자투리를 갖고 있습니다. 실제로 아프다는 생각도 합니다. 같은 방식으로 또다시 치료를 시작해야 한다면, 이것은 두 마음이 아닌가요?!

사색이나 성찰과 같은 지식은 시간과 현실에서 영원의 거리만큼 멀리 있습니다. 아마도 거기에 어떤 진실이 존재합니다. 곧, 아는 자는 진리를 이해할 수 있어도 **자기 자신을 이해할 수 없습니다.** 이 지식이 없다면, 사람의 삶에서 생각은 거의 결핍되어 있다는 것은 확실합니다. 그러나 이 지식은 상상을 위해 날조된 영원 속에 존재하기에, 의지의 청결(purity of the will)을 통해 천천히 그리고 정직하게 획득되지 않는다면, 두 마음을 발전시킨다는 것 또한 확실합니다.

선을 위한 의지

따라서 두 마음을 품은 사람은 아마도 **선을 위한 어떤 의지**를 갖추고 있습니다. 감정이나 저 동떨어진 지식에 속아 두 마음을 품은 자도, 확실히 어떤 의지를 갖추고 있기 때문입니다. 그러나 이것에 어떤 능력도 없습니다. 두 마음의 씨앗은 정신적인 불일치 속에 놓입니다. 결과적으로, 그는 선에 어떤 의지를 갖추고 있습니다. 자신을 위한 어떤 목적, 의도, 결심과 계획이 없는 것이 아닙니다. 다른 사람을 위해 동정을 베풀 계획이 없는 것도 아닙니다.

그러나 그는 무언가를 제거했습니다. 곧, 의지 자체가 모든 것 중에 가장 확고하다거나 혹은 확고해야 한다는 것을 생각하지 않았습니다. 돌을 자를 수 있는 칼만큼 의지가 단단하기도 하지만, 때로는 허리를 감을 수 있을 정도로 너무도 부드러울 수 있다는 것을 생각하지 않았습니다. 사람이 의지해야 할 것이 이 의지라는 것을 생각하지 않았습니다. 모든 것이 산산조각 날 때, 붙들어야 할 것이 의지라는 것을 생각하지 않았습니다.

의지가 무엇을 움직이게 하는 원인(mover)이라기보다, 스스로 움직여야 함을 생각지 않았습니다. 본질적으로 의지는 흔들리고 있으며, 따라서 지원을 받아야 함을 생각지 않았습니다. 의지는 이유, 심사숙고, 다른 사람들의 충고와 경험 그리고 수행 규칙에 따라 움직여지고 또 지원받아야 함을, 그는 생각하지 않았습니다.

사람의 의지를, 사람을 태우고 앞으로 나아가는 배의 추진력에 우리가 비교한다면, 그는 반대로 생각합니다. **모든 것을 추진하는 원동력인 대신에, 오히려 의지는 무엇에 이끌려 가는 것으로 생각합니다.** 옆에서 나란히 빠른 속도로 걷고 있는 것, 말하자면 의지를 끌고 앞으로 당기는 것이 이유, 심사숙고, 다른 사람들의 충고, 경험 그리고 수행 규칙이라고 생각합니다. 그래서 의지는 배로, 혹은 화물선으로 비교됩니다. 그러나 같은 순간 의지는 무기력합니다. "어느 정도"로 축소됩니다. 따라서 거기에 이유와 심사숙고, 그리고 충고가 있는 것처럼 말입니다. 그리하여 이런 것들이 서로 관련 있는 것처럼 말입니다.

그는 모든 것을 거꾸로 뒤집어버렸습니다. 영원이 가진 추진력의 힘을 빌려 더 나은 세상을 향해 항해하는 모든 사람에게, 도리어 삶의 방해가 되는 것, 지연된 결과를 낳게 하는 것, 그것을 그는 움직이는 힘이라고 생각합니다. 게다가 움직이는 힘이어야만 하는 것을, 지연시키는 힘이나 혹은 적어도 본질적으로 스스로 움직일 수 없는 것으로 만들어버립니다. 물론, 그런 사람은 두 마음에 남아 있음에 틀림이 없습니다. 그가 선에 대한 의지를 통해 모든 지연시키는 요소들로부터 추진력을 얻는 대신에, 지연시키는 요소들의 속력으로만 항해하고 있다면, 두 마음의 내면의 호수 속에서 잔심부름하느라 분주할 뿐입니다.

사람은 삶을 시작할 때, 자신을 위해 모든 일이 잘 진행되기를 바라고, 다른 사람 역시 그렇게 되길 소망합니다. 고향인 시골을 떠나 크고 시끄러운 도시, 사람들이 분주하게 서로 만나고 부딪치는 그런 잡다한 곳으로 들어가는 사람처럼, 세상의 잡다함 속으로 들어갑니다. 거기에서는 누구나, 모든 것이 광범위하게 교차하는 가운데 자기 일을 돌보고 있습니다. 지금까지 배워 온 모든 것이 매 순간 확정되는 것처럼 보이지만, 동시에 반박되는 것처럼 보이는 곳이 그곳입니다. 쉬지 못하고 일을 하고 있으면서도 중단하는 법도 없습니다.

그는 잡다함 속으로 들어갑니다. 광대한 경험의 학교에 입문합니다. 가능한 모든 것을 여기서 경험할 수 있으니까요. 모든 것은 가능합니다. 심지어 경험하지 않는 것도 믿을 수 있습니다. 선은 만찬의 맨 앞자리에 앉아 있고 다음으로 범죄가 최고의 자리에 있습니다. 혹은 범죄가 맨 앞자리에 앉아 있고 다음으로 선은 최고의 자리에 있습니다. 각자 마음에 드는 대로 있는 것뿐입니다.

그래서 그는 거기에 서 있습니다. 그 안에 두 마음의 병이 잠복해 있을 가능성이 있습니다. 그의 감정은 전적으로 즉흥적입니다. 그의 지식은 오직 관찰에 의해서만 강화됩니다. 그의 의지는 성숙하지 못합니다. 슬프군요! 신속하게, 아주 신속하게 그는 질병에 걸리고 또 한 명의 희생자가 됩니다. 이것은 새로운 이야기가 아니라 오래된 이야기입니다. 그에게 일어난 일은 그보다 먼저 수천 명에게 일어났습니다. 지나가면서 그는 이것을 자신의 변명으로 말합니다. 왜냐하면 그는 변명의 입회식을 치렀으니까요.

어느 정도

이런 점에서 설교자(speaker)는 저 두 마음을 품은 사람만큼이나 두 마음을 품고 실제로 우리를 속이기를 바랄 뿐입니다. 그는 우리를 유혹하며 선을 품으라고 제시합니다. 세상에서 대단한 인물이 될 수 있다는 전망을 갖고 선을 품으라고 유혹합니다.

두 마음을 품은 사람은 세상에서 아무것도 아닌 존재로 전락할 것이라고 그가 말함으로써 설교를 끝낼 수도 있습니다. 우리를 겁주기 위해서입니다. 그러나 우리는 속고 싶지 않습니다. 하물며 속임으로 겁을 줄 때, 겁주는 일을 하기 바라겠습니까?! 이것은 거짓말을 추천하는 것이나 다름없습니다.

다만, 저 두 마음을 품은 사람이 영원의 관점에서 아무것도 아닌 존재와 다름없음을 말하고 싶을 뿐입니다. 하지만 시간성(temporality)에서, 능력과 지치지 않는 분주함과 비례하여 그는 아마도 성공한 사람, 혹은 형통한 사람, 어느 정도는 형통한 사람이 되었습니다. 존경받는 사람, 어느 정도는 존경받는 사람이 되었습니다. 이 "어느 정도"의 범위 안에서 그는 무엇이든 될 수 있었습니다.

이 "어느 정도"는 그가 정말로 세상에서 가장 큰 부자가 되었다는 것을 부정하는 것이 아닙니다. 왜냐하면 가장 큰 부자가 되는 것도 "어느 정도"의 범주에는 속하는 것이니까요. 반면, 영원의 범주에서만은 "어느 정도"를 넘어섭니다. 시간성의 진리에서 시간성과 그에 속한 모든 것이 "어느 정도" 존재하듯이, 영원성과 그 진리는 "영원히" 존재합니다.

그러므로 우리가 스스로 속이지 맙시다. 지상적인 의미에서, 진리 안에서 선을 품음으로써 시간성에서 더 멀어져 간다고 말하지 맙시다. 세상은 두 마음을 품지만, 이 강화는 두 마음을 품지 않도록 합시다. 아니, 지상적인 의미에서, 두 마음을 품으면 시간성에서 더 멀어져 갑니다. 이 것은 일반적으로 인정된 바입니다. 저 두 마음에도 인위적인 신실성의 허울(gloss)이 있고 자기 자신과 일치하기도 합니다.

보십시오, 정직은 가장 길게 지속됩니다. 부자가 정직함을 통해 가난해진다고 하더라도 정직은 지속됩니다. 한때 부자였고 나중에 가난해진 자가 죽고 없더라도 정직은 지속됩니다. 세상이 망하고 잊혀도, 더 이상 가난도, 부함도, 돈도 없더라도, 한때 부자였고 나중에 가난해진 자가 오랜 세월 가난의 고통을 잊는다 해도, 그의 정직은 여전히 살아남습니다.

그러나 정직이 오직 돈과, 돈의 가치와 관련 있다고 생각하는 사람이 있습니다. 마치 부정직처럼, 그것은 돈의 세계 종말과 함께 끝납니다. 물론, 정직은 부함과 가난함과 돈과 관련이 있습니다. 그러나 정직은 또한 영원한 것과도 관련 있습니다. 두 마음의 관계 맺는 방식처럼, 돈과 영원한 것이 관련될 수 없습니다. 돈의 문제에서 정직은 영원한 것과 관련 있습니다. 따라서 정직은 지속됩니다. 정직은 "어느 정도"만 가장 길게 지속되는 것이 아닙니다. 정직은 영원히 지속됩니다.

그러므로 저 주장은 단순한 속담이 아닙니다. 영원한 진리입니다. 저 주장은 영원의 발명품입니다. 하지만 다음과 같이 말하는 것은 속담입니다.

"세상을 살아가기 위해서는 정직 그 이상의 것이 좀 더 필요하지."

그러나 두 주장에 대답하는 문제는 극적으로 다릅니다. 누군가, 무엇이 지속되는지 묻습니다. 어떻게 살아갈 것인가, 라고 누가 묻습니까? 살아가는 방법에 관해서만 묻는 자는 더 멀리 가기를 원치 않습니다. 그러나 무엇이 지속되는지를 묻는 자는 이미 도착한 자입니다. 그는 시간성에서 영원으로 이미 통과한 자입니다. 그가 이 땅에 여전히 살고 있을지라도 말입니다.

한 사람은 "어느 정도"만을 탐구하고 있을 뿐이고 다른 한 사람은 "영원의 관점에서" 묻고 있습니다. 정직이 시험당하는 유혹의 때에, 그가 올바르게 묻는다면, 바로 즉시, 영원에 관한 대답을 얻습니다.

"그래, 정직은 지속된다! 오, 초상집에 가는 것이 잔칫집에 가는 것보다 낫다.[49]

"백 년이 지나면 모든 것은 잊힐 것이다"[50]라는 것을 배울 수도 있습니다. 그렇습니다, 잔치와 용맹한 형제는 오랜 세월이 지난 후에 잊힐 것입니다. 그러나 영원한 것은 잊히지 않을 것입니다. 수천 년, 혹은 그 이상의 세월이 지나도 말입니다.

B. 사람이 진리 안에서 선을 품는다면, 선을 위해 모든 것을 행하거나 혹은 선을 위해 모든 고난당하기를 원해야 한다.

독자여, 이것이 당신에게 맞는 말로 여겨진다면, 더 멀리 가기 전에 이 지점까지 진행된 강화를 기억해야 합니다. 왜냐하면 이 강화에는 지금까지 발전시켜 온 부분들이 있고, 이 부분이 필수 불가결하게 느린 속도로 완성되기 전까지는, 확신을 두고 빠르게 진행할 수 없습니다. 빠르게 전달하는 것이야말로 강화가 지닌 생명과 같은데도 말입니다. 강화가 무엇을 전제하고 있는지 서로 동의하기 위함입니다.

따라서 마음의 청결은 한가지를 마음에 품는 것입니다. **그러나 한가지를 품는 것이 세상의 쾌락과 세상에 속한 것을 원하는 것을 의미할 수 없습니다.** 그가 선택한 것은 단 한가지라고 부를 수 있는데도 말입니다. 왜냐하면 이 한가지는 오직 기만으로만 한가지이기 때문입니다. **한가지를 품는다는 것은—허영심이 이를 이해하듯이—위대한 것을 품는 것을 의미할 수도 없습니다.** 이것은 아찔할 때만 한가지로 보일 뿐입니다.

진리 안에서 한가지를 품기 위해서는 선을 품어야 합니다. 이것이 첫 번째 전제였습니다. 이것은 한가지를 품을 가능성입니다. 그러나 실제로 진리 안에서 한가지를 품기 위해서는 **진리 안에서 선을 품어야 합니다.**

아무리 선을 품는다 해도, 그것이 진리 안에서 선을 품는 것이 아니라면, 두 마음이라고 불러야 합니다. 그래서 좀 더 강력하게 자기 자신과 어떤 일치가 있으면서 선을 품은 것처럼 행동한다 해도, 여전히 기만적으로 다른 무언가를 원했던 "두 마음"이 있었습니다. 다시 말해, 이것은

보상을 위해, 혹은 형벌에 대한 두려움으로, 다른 한편 아집(self-willfulness)
으로 선을 품는 것입니다. 그러나 다른 두 마음이 있었습니다. **약한 두 마**
음이 그것입니다. 사람들에게 가장 일반적으로 나타나는 것입니다. 어떤
종류이든 신실함으로 선을 품지만 "어느 정도"만 선을 품는다는 점에서
잡다한 두 마음입니다.

　이제 이 강화는 더 멀리 갑니다. 사람이 진리 안에서 선을 품으려면,
이를 위해 모든 것을 하기 원하거나, 이를 위해 모든 고난을 겪기를 원해
야 합니다. 결과적으로 우리는 이것을, 사람들을 나누는 범주로 해석합
니다. 혹은 실제 존재하는 구분, 행동하는 사람과 고난당하는 사람으로
구분하는 것에 관심이 많습니다.

　그리하여 이 강화가 모든 것을 하기 원하는 것일 때, 우리는 또한 그
것과 관계된 고난을 생각하고 있습니다. 하지만 그런 사람을 고난당하는
자라고 부르지는 않습니다. 왜냐하면 그는 본질적으로 행동하는 자이기
때문입니다.

　그러나 고난당하는 자에 관해, 마치 그의 삶에 침묵하는 일이 부과
된 것처럼 우리는 생각하고 있습니다. 말하자면, 쓸모없는 고난입니다.
다시 말하지만, 쓸모가 없습니다. 왜냐하면 이 고난은 다른 사람에게도
아무런 유익이 없고, 아무도 도울 수 없기 때문입니다. 오히려 이 고난은
다른 사람들과, 고난당하는 자 스스로에게도 짐일 뿐입니다.[51]

1. 사람이 진리 안에서 선을 품으려면, 선을 위해 모든 것을 행하기를 원해야 한다.

우리가 먼저 이것을 이야기해야 합니다. 곧, 선을 위해 모든 것을 하기 원하는 것입니다. 모든 것입니다. 모든 것이 언급되려면, 이 강화의 범위에 제한이 없는 것이 아닌가요? 이 모든 다양성을 한 번에 파악하기가 불가능한 것은 아닌가요? 결국 이 강화가 불명확해지는 것은 아닌가요?

왜냐하면 선은 다른 사람들의 가장 다양한 것을 요구할 수 있기 때문입니다. 때로는 사람들에게 명망 있는 자리를 떠나라고, 오히려 비천의 옷을 입으라고 요구할 수도 있습니다. 가진 것을 팔아 가난해지라고,[52] 감히 아버지를 장사하지 말라고[53] 요구할 수도 있습니다.

반대로, 선은 다른 사람들에게 제공된 힘과 지위를 맡으라고 요구할 수 있습니다. 재물이 가진 생산적인 힘을 건네받으라고 요구할 수도 있습니다. 아버지를 장사하고 아마도 삶의 대부분 작은 일에 충성했던 이 충성에 헌신하기를 요구할 수도 있습니다.[54] 자기 삶에는 어떤 요구도 없지만 마치 죽은 자를 기억하는 것에만 충성해야 할 것처럼 말입니다!

따라서 혼란과 소동에 이를 정도로 세부적인 것들을 끄집어내지 맙시다. 거기에서는 속 좁은 사람들끼리 벌이는 지위 경쟁만 생각날 뿐입니다. 그래서 한 사람은 한가지를 행함으로, 다른 무언가를 행하는 다른 사람보다 선을 위해 더 많은 일을 한다고 생각합니다. 이 요구조건을 따라 그들이 모든 것을 하고 있다면, 양편 모두 같이 많은 것을 하고 있음에도 말입니다. 양편 다 모든 것을 행하지 않는다면, 동일하게 적은 것을 하고 있습니다.

선을 위한 결단

따라서 세부적인 것들을 끄집어내기보다, 오히려 이 모든 것을 그 본질에 있어 일치함과 동일함으로 단순화해 봅시다. 다음과 같이 말함으로써 그리해 봅시다. **모든 것을 행하기를 원하는 것이란 선에 충성하고 또한 충성스럽게 남기 원하는 결단입니다.** 왜냐하면 이 결단이 본질적으로 한 가지인 것처럼, 결정적인 전부이기 때문입니다.

그때 속 좁은 사람들 사이의 엉뚱한 지위 경쟁을 위한 어떤 유혹의 때도 없습니다. 그때 이 강화는 더 짧아질 수 있습니다. 다양한 것들의 많은 이름을 언급할 필요조차 없습니다. 그럼에도 이 강화는 진리 안에 있습니다. 왜냐하면 이 본질적인 간결성은 삶 속에 현존하고 있는 간결성, 선에 충성하고 충성스럽게 남기 원하는 결단, 그 결단의 행위 속에 있는 이 장엄한 간결성과 일치하기 때문입니다.

다시 말해, 누구도 이것을 지루하고 장황한 일이라고 생각하지 맙시다. 반대로, 이것은 영원의 의미에서 축소입니다. 내가 이런 식으로 표현하자면, 이것은 인생의 모든 단편을 축소하는 것입니다(영원의 길이는 진정한 단축이니까요!). 이것은 인생의 모든 어려움을 해결하는 것입니다.

그렇게 많은 시간이 확보된 것은 선에 충성하고 충성스럽게 남기 원하는 결단을 통해서입니다. 왜냐하면 시간이 없다고 불평할 때, 그들에게 오랜 시간이 걸리도록 만드는 것은 우유부단함, 산만함, 망설임, 미지 근함(half thought), 결단성 부족, 위대한 순간들(great moments)입니다. 위대한 순간들, 저 고매한 순간의 돈키호테적인 공상적 행동(quixotism)과 이 결단 이 혼동되지 않도록, 우리가 충성하고 충성스럽게 남기를 바라는 이유입 니다.

선에 충성하고 충성스럽게 남기 위해 결단한 사람도 모든 종류의 일 을 위해 시간을 낼 수 있습니다. 달리 말해, 그것을 할 수 있는 것이 아니 라, 그럴 필요가 없습니다. 왜냐하면 그는 한가지만을 마음에 품고 있으 니까요. 바로 그런 이유로 그가 모든 종류의 일을 다루지 않습니다. 바로 그런 이유로 그에게 선을 위한 많은 시간이 있습니다.

선에 충성하고 충성스럽게 남기 원하는 결단은, 모든 것을 하기 원하 는 것에 관한 진리의 간결한 표현입니다. 이 표현에서는 저 삶의 본질적인 다양성이나, 행동하는 것이든 고난당하는 것이든 인간적인 조건의 다양 성과 관련하여 어떤 차이도 인식할 수 없는 동일함이 남습니다. 왜냐하 면 결단할 때, 고난당하는 자 역시 선과 함께 있기 때문입니다.

여기에 불협화음이 없어야만 하는 것, 혹은 그럴 기회가 주어지지 않 는 것, 이것은 이 강화와 생각에 중요합니다. 이 강화가 행동하는 자를 선동하지 않는 것, 그가 외부 세계에서 많은 것을 성취했기 때문에 교만 하게도 자기 자신과 고난당하는 자를 비교할 기회를 주지 않는 것, 이것 은 중요합니다.

혹은 견디기 어려운 쓸모없는 고난을 당하며 시간을 낭비하는 것처 럼 보이는 고난당하는 자가, 그의 쓸모없음, 비참함, 그에게는 넘쳐날 뿐 아니라 다른 사람에게는 **힘겨운 실존**과, 행동하는 사람들의 위대한 업적 사이에서 **절망적으로 비교할 기회를 주지 않는 것, 이것은 이 강화와 생각에 중요합니다.**

슬프게도, 결백하고 통탄할 고난과 더불어, 저 불행한 사람은 이따금 거만하고 분주하고 둔감한 자가 내리는 가혹한 판단을 견뎌야 합니다. 틀림없이 이런 자는 그를 꾸짖을 수 있습니다. 모욕하고 상처를 줄 것이 분명합니다. 그러나 그를 이해할 수는 없습니다.

이제 우리가 모든 것을 하는 것에 관해 이야기해 봅시다. 마치 무대 위에 올라간 사람처럼 이런저런 방식으로 외부 세계에 맡겨진 사람의 이야기를 해봅시다. 가장 고차원적인 것과 관련해, 모든 것을 하기 원하는 것과 관련해, 큰일을 하든 작은 일을 하든 아무 상관이 없습니다. 하나님을 찬양할지라! 영원은 우리 인간에게 얼마나 긍휼한가 말입니다!

잘난 체하고 상처 주고, 탄식하게 하고 질투하게 하는 모든 파멸적인 싸움과 비교를, 영원은 알아보지 못합니다. 영원의 요구는 모든 사람에게 평등합니다. 여태껏 살았던 가장 위대한 사람이나 가장 비참한 사람이나 모두에게 그렇습니다. 영원이 가장 낮은 자와 가장 높은 자를 똑같이 내려다보고 있는 것만큼이나, 농부의 오두막집과 통치자의 궁전을 태양도 이처럼 똑같이 비출 수 없습니다.

똑같습니까? 아니요, 똑같지 않습니다. 가장 높은 자는 모든 것을 하기 원하지 않기에, 영원은 그를 진노함으로 내려다보고 있습니다. 부자가 기발한 아이디어로 마침내 햇빛을 속여, 가난한 오두막집보다 더욱 매력적으로 자기 궁전을 비취게 할지라도, 선과 영원은 결코 이런 식으로 속을 수 없습니다. 이 요구는 누구에게나 똑같습니다. 곧, 모든 것을 하기 원하는 것. 이것이 충족되었을 때, 선은 이 결단에 충성스럽게 남아 있는 모든 사람에게 똑같이 그 복을 비춥니다.

우리가 지금, 이 **결단**을 지상적이고 시간적인 방식으로 추천해야 한다면, 이렇게 말해야 합니다.

"결단으로 슬그머니 기어들어 가느니 뛰어 들어가는 편이 낫다. 결단으로 마지막에 위험을 무릅쓰느니 처음부터 위험을 무릅쓰는 것이 낫다. 왜냐하면 인생이 잠시 동안 당신에게 장미밭일지라도, 괴로움의 힘든 시기는 반드시 올 것이기 때문이다. 그러니 항상 준비하는 것이 최선이다."

아, 우리가 거룩한 것을 팔려고 나서지 맙시다. 오히려, 저 의미에서 영원은 판매를 위해 존재하는 것이 아니라는 것을 절대 잊지 맙시다. 싼 것을 찾는 사람 혹은 투기꾼이 영원을 사고자 해도, 영원은 그 자체로 너무 큰 가치를 지니기에 절대로 팔릴 수 없습니다.

그렇습니다. 성전을 도둑질하는 강도가 범죄자 중에서 가장 경멸당해야 마땅한 자 중 하나라면, 진리 안에서 최고의 것을 품지 않고 교활하게 그것을 원하기만 하는, 겉만 번지르르한(varnished) 이 영리함도 마찬가지입니다. 그러나 성전을 도둑질하는 강도가 거룩한 보물을 훔치는 데 성공한다 해도, 그것들이 외적이기 때문에 실제로 소유할 수 있어도, **저 영리한 자가 결단을 훔치는 데는 절대 성공하지 못합니다.** 혹은 그의 방법을 훔쳐 결단에 이를 수 없습니다.

영원히 정의를 수행하고 있는 이 **실행적 정의**(executive justice)는 결코 방심한 적이 없으므로, 영원한 것에 있어서는 그 어떤 범죄도 위험하지도 않을뿐더러, 불완전한 의미에서도 그런 범죄는 실제로 일어나지도 않습니다. 왜냐하면 그 범죄는, 다름 아닌 자기고발(self-accusation)이기 때문입니다. 영원과의 관계에서, 최악의 범죄는 성전을 도둑질하는 범죄와 같습니다. 그는 신성한 그릇들을 훔치는 대신, 관계자들에게 찾아가 말합니다.

"나는 이 신성한 그릇들을 훔치러 왔습니다."

이와 마찬가지로, 결단을 훔치는 것에 실패합니다. 오히려 죄를 지은 자가, 영원자에게 찾아가 자신을 고발할 뿐입니다.

"나는 결단을 훔치러 왔습니다."

거기에는 영원히 어떤 착각도 없습니다. 마찬가지로 도덕적인 의미에서 거기에는 훔친 선의 어떤 실제적인 소유도 없습니다. 따라서 우리가 어리석게도 사람들을 속여 결단을 추천하지 맙시다. 누군가 인생을 살금살금 기어가려 한다면, 그가 그렇게 하도록 내버려둡시다. 혹은 진리가 그를 사로잡을 기회를 얻어 그가 선을 위해 결단을 품게 합시다. 그러나 우리가 그를 어떤 술책으로 현혹하여 인생을 살금살금 기어가는 중에 이 결단을 가질 수 있다고 생각하지 말게 합시다.

결단은 선을 위해 모든 것을 하기 원하는 것입니다. 이것은 영리하게 선에서 어떤 유익을 얻기를 원하는 것이 아닙니다. 슬프게도, 그러나 모든 사람에게 어떤 힘이, 어떤 위험한 강력한 힘이 있습니다. 이 힘은 **영리함**(Klogskaben)입니다. **영리함은 끊임없이 결단을 혐오합니다.** 영리함은 자기 삶과 명예를 위해 싸웁니다. 결단이 승리한다면, 자신은 죽은 것이나 마찬가지니까요. 경멸당한 종이 되어 추락하는 것이니까요. 이 영리한 말에 많은 관심을 기울일 수는 있어도 그 충고를 따르는 것은 경멸할 테니까 말입니다.

영리한 회피

내면적으로 사람은 결단의 단계로 들어서는 자기 자신을 막기 위해 **치명적인 방법으로 영리함을 이용합니다.** 이것은 셀 수 없을 만큼 많은 횟수로 잘못 이용됩니다. 시시한 것들을 한 번 더 확산시키려는 것이 아니라 중요한 것으로부터 관심을 전환하기 위해, 우리는 다시 이 오용을 정확한 한 구절로 서술해야 합니다. **곧, 회피를 구하는 것입니다.**

전투에서 자리를 버리고 도망치는 것, 이것은 언제나 명예롭지 않습니다. 그러나 이런 도주를 분명히 막을 수 있는 기막힌 도구를, 영리함이 발명했습니다. 이것이 회피입니다. 따라서 회피의 도움으로 위험에 뛰어들 수도 없고, 결과적으로 위험에서 도망치는 그런 명예의 손실도 없습니다. 이와는 반대로, 일거양득의 효과가 있습니다. 위험에 뛰어들지 않는 것, 이것은 첫 번째 이점입니다. 그리고도 영리해짐으로써 큰 명예를 얻는 것, 이것은 두 번째 이점입니다.

오직 영원만이, 선만이, 그리고 성서만이 회피에 관해, 저 대단히 명예로운 영리한 자에 관해 다른 의견을 갖고 있습니다. 성서에서 이 사람들을 다음과 같이 언급하기 때문입니다.

"어떤 사람들은 뒤로 물러가 멸망할 자들입니다."(히브리서 10:39)

놀랍습니다! 사람은 위험에서 위축되어 물러날 수 있습니다. 그가 안전하고, 안심하다고 생각할 때(물론, 이것은 그의 생각입니다. 그가 위험을 회피했으니까요), 파멸로 침몰했던 것입니다. 영리한 자가 말합니다.

"나중에는 너무 늦다고. 내가 너무 멀리 모험한 후 짓밟힌다면, 누가 나를 돕겠어? 그때 남은 삶은 불구가 될 거야. 조롱의 대상, 군중의 웃음거리가 될 거라고.[55] 그때 누가 나를 돕겠어?"

누가 그를 도울까요? 그러나 더 강하고 약한 사람을 돕는 사람이 아니라, 무익한 종이 주인의 뜻을 행하기 위해 모든 것을 할 때처럼 그가 지금까지 자신감을 가지고 모험을 한 힘 외에는 누가 있습니까?[56]

그러나 지금 회피의 도움으로, 영리한 자는 선이 그 자체로 어떤 힘도 없는 것처럼 말합니다. 선의 힘이 게으른 것처럼 말합니다. 결과적으로 모든 것을 행함으로써 **선을 돕고 있는 것은 영리한 자**였습니다(그가 모험하기만 한다면 말입니다). 만약 이것이 이런 경우라면, 그를 도울 사람은 아무도 없다는 것이 사실입니다. 그가 실제로 이런 식으로 모험했다면, 회피가 공포를 마음속에 일으킬 수 있는 위치에 있기에, 회피의 비참한 배경이 잊힐 수 있도록 영리하고 기발한 상상력이 발명한 것이 실제로 나타난다면 말입니다. 근거 없는 회피가 존재하는 방식이 바로 이것입니다. 회피는 아무것도 이루지 못합니다.

대담한 모험가가 완전히 실패로 끝나는 소름 끼치는 일이 일어날지라도, 이 땅의 정부가 그 나라에 충성하며 위험한 길을 걷고 있는 이 충성된 종들을 돌본다면, 충성된 종들이 정직하기만 하다면 하나님과 선 또한 그들을 돌봐야 하지 않겠습니까! 정직하고 신실한 사람이 모든 위험을 무릅쓸 때, 섭리가 "내 친구여, 나는 너를 사용할 수 없구나."라고 말하는 것처럼 보이는 끔찍한 일이 발생한다 해도, 아, 선을 섬길 때의 눈곱만큼이나 작은 은혜의 빵(Naadebrød)이, 선 밖에서 가장 강한 권력자가 되는 것보다 무한히 더 복을 받습니다. 이것은 여전히 진실합니다.

이것은 정말로, 정말로, 진실합니다. 경건치 않은 자에게는 두렵고 떨리도록 진지합니다. 곧, 하나님은 인간 누구에게도 속지 않습니다. 그러나 이 사실은 정직하고 신실한 자에게는 은혜롭고 기쁘게 진실합니다!

정직한 자가 아무리 완전히 실패한다 해도, 아마도 섭리가 사용해야 하는 것은 바로 이것입니다! 아이가 우물에 빠지고 나서야 우물이 채워진 것을 자주 보지 않았던가요? 반면 어떤 합리적인 이야기나 경고도 아무런 소용이 없었습니다. 바로 그때, 정직한 자 스스로 우물에 빠지는 아이가 되기를 기꺼이 바란다면, 그의 모험은 소용이 없는 것인가요?

그때 다른 사람이 말합니다.

"나는 이런 식으로 모든 위험을 무릅쓸 힘이 없어."

다시 한번 회피가 나타납니다. "모든"이라는 단어를 이용한 회피입니다. 선 역시 그가 가지고 있는 힘에 비례하여 요구조건을 계산하고 풉니다. 정직한 그가 모험한다면, 그가 그렇게 결단할 때, 확실히 힘을 얻게 될 것입니다. 그러나 영리한 자는 회피의 도움받아, 미리 이 힘 얻기를 바랍니다. 이 힘이 소용없기를 바랍니다. 전사가 전쟁의 공을 세운 자로 선발되기 위해 미리 명예를 요구하는 자처럼 말입니다. 그럼에도 이 웃음은 거짓입니다. 전쟁이 이 웃음에 얼마나 힘을 줄 수 있을지 의심스럽기 때문입니다.

그러나 모험하는 자가 갖고 있는 신뢰가 초인간적인 힘을 주는 것은 확실합니다. 그러나 신뢰가 없는 자는 이것을 이해할 수조차 없다는 것도 확실합니다. 이 얼마나 놀라운 정확성인가요![57]보십시오, 전함은 저 깊은 바다로 나가기 전까지는 목적지를 알 수 없는 반면, 범선은 모든 것을 미리 압니다. 영적으로 이해할 때, 모든 것을 하기 바라는 자만 저 깊은 바다로 갑니다. 가장 걸출한 자가 되거나, 가장 비천한 자가 되거나 아무래도 상관없습니다. 범선은 영리한 자입니다. 가장 걸출한 자가 되거나, 가장 비천한 자가 되거나 아무런 상관이 없습니다. 그때 누군가 말합니다.

"내가 할 수 있는 저 작은 일은 아무것도 아니군."

영리한 자는 예의 바릅니다. 별로 중요하지 않은 문제라며 이렇게 말합니다.

"죄송합니다."[58]

선이 귀족이고, 선을 품는 것은 귀족적인 일인 것처럼 행동합니다. 그러나 이것은 오해입니다. 아니, 오히려 여기서 이것은 회피입니다. 선은 귀족적이지 않습니다. 선은 모든 것 그 이상도 이하도 요구하지 않습니다. 이것이 작은 일이든 아니든 아무 상관이 없습니다.

하나님 앞에서 과부의 조그만 것, 그러나 그녀가 소유한 전부였습니다. 세상의 모든 금을 합해놓은 것만큼이나 많은 양입니다. 세상의 모든 금을 소유한 자가 있다면, 그가 그 모든 것을 준다 해도, 그 이상을 줄 수 없습니다.[59] 공적 기금을 모금하는 운동이 있었다면, 그 운동가는 아마 호의적이고도 거만하게 과부에게 말했을 것입니다.

"아닙니다, 어머님. 그 정도는 그냥 갖고 계십시오."

그러나 선, 우리가 이것을 어떻게 표현해야 할까요? 선이 가진 선함은 너무 큰 나머지, 어떤 차이도 알지 못합니다.

다른 누군가 말합니다.

"내게는 아내와 아이들이 있으므로 그 일을 옹호할 없습니다."

아, 일반적으로는 정부조차도 돌보고 있는데. . . . 그러나 이것은 사실이 아닙니다. 남편이자 아버지인 그가 아내와 자녀들에게 섭리에 대한 믿음을 심어주는 것보다 더 좋은 일을 할 수 있는지, 나는 이것이 궁금합니다. 여기에서 이것은 시민의 삶과 같지 않습니다. 그곳에서 위험을 무릅쓰는 사람은, 국가가 아내와 아이들을 돌봐주기 기대합니다.

아니, 영적인 의미에서는 그가 모험함으로 아내와 자녀들을 가장 잘

돌봤습니다. 왜냐하면 적어도 섭리에 대한 믿음이 있었다는 것을, 그가 그들에게 입증했기 때문입니다. 여기에서 이것은 시민의 삶과 같지 않습니다. 그곳에서 모험을 피하는 자는, 아내와 아이들을 배려하기에 그렇게 할 수 있습니다. 그러나 영적인 의미에서 두려워 떠는 자는, 아내와 아이들을 위한 진정한 복지의 관점에서 아무런 배려도 없다는 것을 보여주고 있을 뿐입니다. 그때 누군가 말합니다.

"네가 할 수 있는 최고의 것이란, 네 힘을 분산시키는 것이라고 경험은 가르치지. 그래야 네가 다른 것을 잃어버리더라도 한가지는 얻을 수 있어. 나는 나 자신과 미래에 힘을 분산시켰지. 그래야만 내 달걀을 한 바구니에 모두 담는, 그런 모험을 하지 않게 돼."

그렇습니다. 하나님은 사람이 자기 미래에만 관심 두지 않을 것을 인정하십니다. 왜냐하면 그것만으로는 너무 작으니까요. 하나님은 사람의 시야를 한가지에만 고정해 놓고 이것만 기억나게 하실 것입니다. **미래는 영원이라는 사실을 말입니다.**

그러나 이 모든 회피에 관해 말하는 것을 어떻게 끝마칠 수 있겠습니까? 누가 이런 무익한 노동, 이런 허공을 치는 싸움(새도복싱)에 빠져 있었습니까![60] 설사 누군가 그렇게 한다고 하더라도, 이 모든 것을 다 나열한다 해도, 그것들을 잠시 하나로 결합하여 실제 탈영병이 하듯 몰래 도망치지 못하도록 한다 해도, 다른 특징을 띠고 있으나 본질적으로는 동일하다 하더라도, 언제나 하나의 회피는 남아 있습니다.

아무것도 거기에 존재하지 않든, 반복된 검사 과정에서 단 하나의 근거도 간과한 적이 없었다는 것을 기특한 영리함이 발견했든, 결과적으로 한가지 이상 회피하는 것이 가능했든, 하나의 회피는 존재합니다.

그때 두 마음을 품은 사람은 영리함에 농락당하고 회피에 굴복하고 맙니다.

"그러나 이것이 그에게 아무것도 가져다주지 못해."

오, 우리가 젊은 사람들을 속이지 맙시다. 성소의 바깥뜰에 앉아 흥정하고 거래하지 맙시다.[61] 우리가 이런 신성모독적인 것을 성소에 소개하지 맙시다. 세상에서 대단한 자가 되기 위해 진리 안에서 선을 품은 자처럼 말입니다. 영리한 자는 확실히 대단한 자가 되었고, 세상에서 위대한 업적을 쌓았습니다.

그러나 기억을 불러오는 어떤 힘이 존재합니다. 이 기억은 모든 연인에게 소중한 만큼 모든 선한 사람에게도 소중하다고 전해집니다. 이 기억이 연인에게 소중하기에, 그들은 서로를 바라보는 것보다 이 기억의 속삭임을 더 좋아합니다. 그들은 말합니다.

"당신, 그때 기억나? 그 당시에 있었던 일 기억하느냐고?!"

보십시오, 기억(recollection) 또한 두 마음을 품은 자를 방문합니다. 그때 기억이 말을 겁니다.

당신, 그때를 기억하는가? 당신은 마음속 깊이 알고 있었어. 나도 그렇지. 당신에게 요구되었던 것, 당신은 그것을 회피하여 결국 파멸에 이르고 말았지. 당신, 이것을 기억하는가? 이것이 지금의 행운을 크게 거머

쥔 방법이라는 것을 말이야. 사실 이것은 당신을 파멸로 이끈 것인데 말이지.

당신, 이것을 기억하는가?! 그때를 말이야. 당신은 마음속 깊이 알고 있었지. 나도 그렇고 말이야. 당신이 모험해야 하는 것, 그리고 그것이 위험과 연관되어 있다는 것도 잘 알고 있었어. 당신이 회피했다는 것 기억하는가? 당신의 파멸을 불러온 것인데.

당신, 이것을 기억하는가? 대중이 보내는 박수갈채와 인기를 기억하는 것, 그것은 당신의 사업이었어. 왜냐하면 그런 일들이 영원에서는 알려지지 않기 때문이지. 그러나 영원에서는 당신이 회피했다는 것, 이것을 잊을 수 없다네.

오, 사람이 온 세상을 다 얻어도 자기 자신을 잃는다면 무슨 유익이 있겠는가?![62] 시간을 얻고, 시간에 속한 것을 다 얻는다 해도, 영원과 단절된다면 무슨 유익이 있겠는가! 영원에서 좌초할 때, 박수갈채와 찬양의 바람을 타고 전속력으로 항해하며 세상을 휩쓸고 지나간대도, 이것이 다 무슨 유익이 있겠는가? 병든 사람에게 의사가 말하기를 그는 병에 걸렸다고 할 때, 모든 사람이 믿는 것처럼 자신이 건강하다고 상상하는 것이 무슨 소용이 있겠는가!

기만의 본질

외재적으로, 영리함은 결단과 관련하여 파멸적인 방법으로 악용됩니다. 영리함은 **외재적으로** 잘못 사용됩니다. 행동하는 자들에 관해, 선을 위해 모든 것을 하기 바라는 자들에 관해, 우리가 말하고 있습니다. 여기에서 영리함은 많은 다양한 방식으로 악용될 수 있습니다. 그러나 우리가 너무 산만하게 하지 말고, 전형적인 것으로 단순화시켜, 이 모든 종류의 악용에 "기만"이라는 이름을 붙여봅시다.

그리하여, 세상의 안목이 전해주는 인기를 얻기 위해, 선이 약간 바뀌어야 하는 방식을 영리한 자는 알고 있습니다. 얼마를 더하고 얼마를 빼야 하는지 압니다. 사람들의 귀에 알랑거리는 말을 어떻게 속삭여야 하는지, 그들 손에 어떻게 맡겨야 하는지, 그 손에 어떻게 압력을 가해야 하는지도 압니다. 진리의 결단을 어디에서 느슨하게 풀어야 하는지, 그 전환은 어떻해야 하는지, 어떻게 능숙하게 비틀고 돌려야 하는지 잘 압니다. "그래서 그는 선을 더욱 효과적으로 이룰 수 있습니다."

이런저런 방식으로 모든 기만이 나타나는 곳을 추적하다 보면, 기만의 비밀이란 이것임을 알 수 있습니다: **결국 선을 필요로 하는 것이 사람이 아니라, 선이 사람을 필요로 한다는 것.** 따라서 설득되어야 하는 것은 사람입니다. 왜냐하면 선을 필요로 하는 것은 사람이라기보다, 궁핍한 가운데 있는 가난한 거지가 선이기 때문입니다.

필요한 단 한가지가 선일 정도로 사람이 선을 필요로 하기보다,[63] 어떤 값을 주고라도 선을 사야 할 정도로, 혹은 무조건 모든 것을 팔아서 선을 사야 할 정도로 사람이 선을 필요로 하기보다,[64] 뿐만 아니라 선을 소유한 자는 모든 것을 소유할 정도로 사람에게 선이 필요하기보다, 사람을 필사적으로 필요로 하는 것은, 바로 궁핍한 선입니다.

그러나 모든 사람은 너무나 쉽게 또 자주 속습니다. 선을 속이기 위한 시도가 있을 것입니다. 그러나 그것은 결코 영원히 성공하지 못합니다. 왜냐하면 겉보기에 2주 정도, 혹은 평생 성공한 것처럼 보이는 것은, 기껏해야 농담에 불과하기 때문입니다.

하지만 영리한 자는 세상에서 큰 존경을 받으며 속습니다. 상상력의 알랑거리는 달콤함으로 대중은 기분을 풉니다. 그리고 역시 속습니다! 이것이 바로 기만이 가진 비밀입니다. 선이 사람들을 필요로 할 뿐입니다. 영리한 자가 가진 비밀이란, 선이 주는 빈약한 보상에 그가 완전히 만족할 수 없다는 것입니다. 한 편에서는 선을 약간 버리고, 한 편에서는 이익을 약간 얻기 위해, 그는 돌아다녀야 합니다.

두 마음을 품은 자는 영리함에 농락당해 굴복하고 맙니다.

"그러나 그때, 세상에서 그는 아무것도 이루지 못했어."

우리가 속지 맙시다. 그는 많은 것을 이루었습니다. 선 편에 서 있는 저 많은 무리의 친구들, 저 좋은 친구들이 감탄하며 그의 주변에 모여 있지 않은가요! 그렇게 함으로써 친구들은 결국 선의 주변에 모여 있는 것이라고 확실히 생각했습니다. 맞습니다. 그러나 아니나 다를까, 이것은 기만이었습니다. 왜냐하면 **영리한 자가 선 밖으로 제 발로 나간 것**이기 때문입니다.

거기에는 함께 참여한 많은 사람이 있었습니다. 선은 특이한 것이고 명예가 그들에게 따라올 것으로 생각했기 때문입니다. 명예야말로 그들이 가진 진정한 생각이었습니다. 하지만 선이 특별히 중요하기에, 그것을 사려고 많은 사람이 참여했다고도 생각했습니다. 그러나 이 생각은 명예만큼 가치는 없습니다. 이것이 기만적으로 겸손이라 불리는데도 말입니다.

선에게는 이것이 모욕입니다. 그럼에도 무한히 선함으로 인해, 가장 보잘것없는 자를 경멸하는 것이 아니라 그가 오히려 값을 매기고 살 수 있도록 허용합니다. 그가 모든 것을 하기 원하고 진리 안에서 선을 존경할 때 말입니다. 그러나 선은 모든 어리석은 명예와 존경을 경멸합니다. 한 조각의 재물과 선의 위대함이 비교될 때 그렇습니다. 그 재물을 살 만한 돈도 없는 사람이 이렇게 비교할 때, 그리하여 기금 모금 운동이 필요할 때 말입니다. 군중의 도움을 얻어, 영리한 사람은 거대한 건물을 세웠습니다. 지붕들보(tie-beam, Bindingsvæk)가 있는 건물이었습니다. (물론, 이렇게 지은 많은 건물이 있었습니다.) 그것이 서 있는 동안은 좋게 보였습니다.

그러나 기억(recollection), 가장 고차원적이고 가장 진지한 의미에서 더 조잡한 표현도 정화하는 기억은 평범한 일상 언어로는 "암울(dunner)"라고 부르는 것입니다. 기억은 때로 존경받는 자를 방문합니다. 부드럽게 말합니다.

"그대가 그 일에 기만적인 변화를 만든 것 기억하는가? 그대가 무지몽매한 군중을 얻는 방식이지. 또한 그대가 저 높은 탑을 세울 수 있는 방법이기도 하고."[65]

그러나 대중의 인기를 받는 자가 말합니다.

"쉿! 조용히 하시오. 사람들이 알면 안 되오."

"알겠습니다."

기억은 대답합니다.

"내가 미납금을 달라고 실랑이하는 경솔한 사람이 아니라는 것을 그대도 알고 있잖나. 그대가 사는 동안 어떤 사람도 알지 못할 수 있어. 아마 그대가 죽어 잊히고 누구도 알지 못할 수 있어. 하지만 영원히, 영원히, 그것은 기억될 것이야."

오, 무익한 종의 주인이 여행 중이라면, 주인이 멀리 떠나 종이 평생에 다시 주인을 볼 수 없다면, 이것이 다 무슨 소용인가요![66] 여행을 떠난 주인을 영원에서 만나야 하는 그런 기억이라면, 이것이 그에게 무슨 소용이 있나요! 형벌의 날이 그의 한 평생 미뤄진다면, 저주받는 자에게 무슨 도움이 되는지요! 그가 통과해야 할 심판이 영원의 심판이라면, 그 심판이 영원에서 행해진다면, 이것은 그에게 무슨 유익이 있습니까!

따라서 영리한 자도 많은 것을 이루었습니다. 자, 우리가 이제 이 생각을 시험해 봅시다. 세상에서 무언가 이루기. 이에 관해 조급하고 오도된 많은 이야기가 있습니다. 누가 되었든 무언가를 이루는 것은 좋은 일입니다. 이것을 원하는 것이 진지함입니다. 그러나 극도로 많은 것을 이루거나 아무것도 이루지 못한 것처럼 보이는 것, 이런 것들의 의미와 관련하여 자기 자신과 그 삶을 이해하는 것, 이것이 진지함이 되어야 하는 것은 아닐까요.

영원의 굴절, 관점의 차이

시간(temporality)이란 그것을 상상한 대로 이해하는 것이 아니라 현실에서 알아볼 수 있는 사실로 이해하는 것이라면, 시간이 영원한 것의 **한결같은 투명성**(uniform transparency)이었다면, 사람 안에 있는 모든 영원한 의지(willing)와 영원한 것을 향한 모든 의지는 그 가정에 의해 직접적으로 알아볼 수 있었을 것입니다. 원하는 그 사람이 시간의 한결같은 의미에서 시간에서 대단한 사람이 되었을 것이고, 많은 사람에게 훌륭한 사람이 되었을 것입니다. 그때 사람 속에 있는 **영원한 의지**가 공간 속에 있는 소리의 음량에 의해 비명의 크기를 알아볼 수 있듯이, 물속에 던져진 돌의 크기를 물에 형성된 파문의 크기로 알 수 있듯이, 직접적으로 알아볼 수 있었을 것입니다.

만약 시간적인 것과 영원한 것의 본질이, 메아리와 소리의 관계처럼 서로 일치하는 것이었다면, 이루어낸 것은 사람 속에 영원한 의지가 있었다는 신뢰할 만한 표현(rendition)이었을 것입니다. 사람이 이룬 것을 보고 그 속에 영원을 향한 의지가 얼마나 있었는지 즉각적으로 알아볼 수 있었을 것입니다.

그렇다면, 이것은 시간에서 결코 일어날 수 없습니다(최고의 예와 가장 끔찍한 예를 언급하는 것, 핵심은 그 예를 모두 설명하는 것입니다). 곧, 하나님의 아들이 사람의 모습으로 나타났을 때, 시간에서 거절되어 십자가에 달리셨다는 것 말입니다.

영원한 의미에서 그분은 확실히 영원한 것을 원했습니다. 그러나 거절당함으로 시간에서 알아볼 수 있었고 **약간의 것**만 이루었을 뿐입니다. 사도들의 경험 역시 그분의 것과 같았습니다. 그들이 예상했던 대로. 수많은 선과 진리의 목격자들에게 같은 일이 일어났으나, 영원한 것은 그들 속에 강렬하게 불타오르고 있었습니다.

알아볼 수 있을 만큼, **시간이 영원한 것의 투명성일 수 없습니다.** 주어진 현실에서, 시간은 영원한 것을 굴절(refraction)시킵니다. 이것은 "이룬다"라는 이 범주를 덜 직접적으로 만들고 맙니다. 영원이 증인 속에 더 활동적일수록, 굴절은 더욱 심해집니다. 분투하는 자가 영원을 원하는 대신 시간과 더욱 두텁게 연합할수록, 시간적인 의미에서 더 많은 것을 이룹니다. 다양한 길에서, 혹은 모든 길에서든 시간에서 일어나는 일들이 이와 같습니다.

뛰어난 사상가가 있습니다. 그 뛰어남으로 영원과 더욱 관계하고 시간적인 순간과 덜 관계 맺는다면, 그래서 그가 사람들에게 자기 이야기를 전한다면, 거의 이해받을 수 없거나 아예 사람들이 듣지도 않습니다. 하지만 말 많은 지지자들이 나타나서 뛰어난 사상가가 되도록 그를 돕는다면, 이 일은 절대 실패하지 않습니다. 그의 이야기를 이해하는 수많은 사람이 생깁니다. 이 사상가는 삶에서 일종의 사치품(superfluity)이 될 것이고, 지지자들은 시간에서 그렇게 많은 것을 이룬 활동적인 사람이 될 것입니다.

영원이 이룬 것과 시간이 이룬 것이 대략 우연히 일치하는 일, 이런 일은 대략적으로 아주 보기 드물게 일어날 수 있습니다. 그에게 그 일이 우연히 일어났다고 가정함으로써 우리가 하나님과 사람 되신 하나님

(God-man)을 모욕하지는 않았으니까요. 그의 삶이 우연한 것, 아마도 다른 나라, 다른 시대에 그가 살았다면 일어나지 않을 일을 가정함으로, 그분을 모욕하지는 않았으니까요.

이룬 것에 관한 이야기에서 어떤 의미가 있어야 한다면, 문제에 관계된 **순간의 관점**과, 그 문제에 관한 **영원의 관점** 사이에, 차이가 만들어져야 합니다. **이 둘은 서로 반대 관점입니다.** 모든 사람이 자신의 노력과 모든 같은 시대의 노력과 관련하여 이 두 관점 사이에서 선택해야 합니다. 왜냐하면 어떤 결과에 의한 판단이 그가 행동하는 순간에는 이루어질 수 없을 뿐 아니라 다른 누군가 행동하는 순간에도 이루어질 수 없기 때문입니다. (그 결과에 따라, 조금 더 늦은 때 시간의 판단과 영원의 판단을 결합하는 일을 시도합니다)

따라서 착각의 도움으로 살아있는 세대는 종종 지난 세대를 감히 판결한다고 느낍니다. 왜냐하면 선을 이해하는 데 실패했기 때문이고, 동시대 사람들과 관련하여 같은 일에 죄를 범하고 있기 때문입니다. 그러나 사람이 순간의 관점을 가졌는지, 영원의 관점을 가졌는지 입증해야 하는 것은 동시대 사람들과의 관계에 있습니다.

나중에 고상한 사람들의 무덤을 장식하면서 "이 사람들이 지금 살았더라면!"이라고 말하기는 쉽습니다.[67] 지금, 우리가 동시대 사람들과 같은 일을 하는 과정 가운데 있을 때 말입니다. 판단하는 사람에게 있을 수밖에 없는 곤경과 시험은 명확히 **동시대성**(contemporareity)입니다. 순간의 관점은 지상적이고 분주한 이해를 따라 사람이 대단한 것을 이루었는지 결정하는 평가입니다.

이런 의미에서, 그리스도께서 십자가에 달리실 때, 기독교가 완전히 상실된 것만큼 어떤 것도 그 정도로 상실된 것은 없습니다. 순간의 의미에서, 누구도 예수 그리스도처럼 희생하며 헌신했던 삶을 살고, 또한 그토록 적게 이룬 자도 없었습니다. 하지만 영원의 의미에서, 저 같은 순간에 그분은 모든 것을 이루었습니다. 왜냐하면 아직 거기에 존재하지 않은 저 결과를 가지고 예단하지 않았기 때문입니다. 혹은 더 정확하게 결과가 거기 있었기 때문입니다. (여기는 "이룬다"라는 것이 무엇인지 그 분쟁과 싸움의 현장이니까요.)

한 번이라도 그분의 동시대인들을 만날 수만 있다면, 그들에게 물어보십시오. 그들이 십자가에 달린 자에게 무엇이라 말하겠습니까?

"바보, 그는 다른 사람은 구원하기를 원해도 정작 자기 자신은 구원할 수 없다.[68] 모든 사람이 알다시피, 그가 바보였다는 것을 이 결과가 보여준다!"

그분의 동시대인들이 말하지 않던가요? 특별히 영리한 자들이 거기에서 장황하게 말을 늘어놓지 않았던가 말입니다.

"바보, 기회를 잡기만 하면 왕이 될 수 있는 권세가 있거늘![69] 그가 나의 지혜(영리함, Klogskab)의 반만 갖고 있었다면, 왕이 되었을 텐데. 나는 실제로 이것이 그의 재주라고 믿어. 말하자면, 사람들에게 항복하지도 않으면서 이런 표현을 하게 내버려두지.[70] 이게 그의 특별한 재주야. 사람들을 더욱 흥분시키게 하는 그의 술책이라고 나는 생각해. 그러나 결과는 뻔해. 앞으로 도달할 것이라고 내가 이미 예측했던 바로 그 결론이야. 그는 편협하고 맹목적인 망상가야![71]"

많은 합리적인 남자와 여자가 말하지 않았던가요?

"그가 환상을 좇고 있었다는 것을, 그 결과가 보여주지. 그는 결혼했어야 했지. 그랬다면 지금까지 이스라엘에서 존경받는 선생이 되었을 텐데."

하지만 **같은 순간** 영원의 의미에서, 십자가에 달린 분은 모든 것을 이루셨습니다! 같은 문제에 관하여 순간의 관점과 영원의 관점이 이렇게 극단적으로 반대입니다. 이것은 반복될 수도 없습니다. 이것은 오직 그분에게만 일어날 수 있는 일입니다. 하지만 **같은 순간**, 영원이 이해할 때, 그분은 모든 것을 이루었고 따라서 영원의 확실성으로 말했습니다.

"다 이루었다."[72]

그분은 1800년이 지난 다음 다시 나타나신 것이 아닙니다. 그래서 그 결과를 언급하며 "다 이루었다"라고 말한 것이 아닙니다. 반대로, 그분은 한 번도 그런 식으로 말하지 않았습니다. 시간적인 의미에서 그분이 그런 식으로 말하려면 수많은 세기가 흘러야 합니다. 따라서 그분이 승리한 1800년의 긴 세월이 흘러도 말할 수 없는 것, 바로 이것을 그것도 1800년 전, 자신의 시대에 말한 것입니다. 모든 것을 다 잃은 바로 그 순간에, 영원의 의미에서 말한 것입니다.

"다 이루었다."

다 이루었습니다. 그분은 폭도들, 대제사장, 로마 군인들,[73] 헤롯[74]과 빌라도, 길거리의 부랑자, 문 앞에 있는 군중과 기자들, 그들이 거기에 있을 때, 요약해서, 아무리 정신세계가 다양하다 해도, 순간의 모든 힘이 이 한 문제의 관점에서 일치하고 있을 때, 모든 것을 다 잃었다는 것입니다. 끔찍하게 모든 것을.

다 이루었습니다. 십자가에 못 박히셨을 때, 이렇게 말씀하셨습니다. 모친이 가까이 서 있을 때 못 박히신 것처럼,[75] 제자들이 보기에 공포에 질려 못 박히신 것처럼,[76] 다시 말해, 어머니의 모성과 제자의 충성이 모든 것을 잃었다는 순간의 관점에 굴복했을 때, 다 이루었다고 말했던 것입니다.

오, 한 번 일어난 적이 있었던 가장 끔찍한 이 사건으로부터, 열악한 환경 속의 지혜를 배웁시다. (이 사건이 한 번 일어났다는 것은 세상의 인정에 달린 문제가 아니라, 십자가에 달리신 분이 영원히, 본질적으로, 모든 사람과 다르다는 것입니다)

우리가 무엇인가를 이루는 것에 관한 어리석은 이야기로 젊은이들을 속이지 맙시다. 영원한 것을 간절히 품는 대신, 그들을 순간의 봉사로 바쁘게 하지 맙시다. 그들 스스로 영원한 것을 품는 데 만족하기보다 이해하지 못한 것을 판단하기에 신속하지 않게 합시다!

이전 세대가 잘못했다는 것을, 다음 세대가 이해했기에 그들이 더 낫다고 생각하지 말게 합시다! 그 순간, 그 세대가 그 문제에 관해 순간의 관점과 영원의 관점을 구별하는 법을 이해하지 못했다면 말입니다.

영리함의 올바른 활용

그러나 진리 안에서 선을 품는 사람은 영리함을 **내면적으로** 이용합니다. **곧, 모든 회피를 예방하기 위해, 그리하여 자기 자신을 돕기 위해, 결단 속에 자기 자신을 간직하기 위해 사용합니다.**

영리함은 확실히 큰 힘입니다. 그러나 그는 그것을 하급 종으로, 교활한 경멸의 대상으로 대합니다. 영리함이 말하는 것을 그는 확실히 듣지만, 그대로 따라 행하지 않습니다. 온갖 회피를 신속하게 보고하는 첩자, 그를 대적하는 정보원으로, 그는 이 영리함을 이용합니다. 회피로 의심되는 것조차 보고합니다.

같은 방식으로, 도둑은 비밀통로를 알고 있고 그 길을 이용합니다. 역시 수사기관도 그 길을 알고 이용합니다. 그 도둑을 잡기 위해 말입니다. 그러나 지식을 활용하는 데 있어, 양자가 가진 지식은 같은 지식입니다.

이것이 그가 영리함을 이용하는 방법입니다. 모든 사람의 생일에 두 명의 천사가 태어나는 것이 사실인지 아닌지 나는 잘 모릅니다. 선한 천사와 악한 천사. 그러나 바로 이것을 나는 믿습니다. (그리고 어떤 반대도 기꺼이 듣겠지만 믿지 않을 것입니다)각 사람의 출생에서 그 사람을 위한 영원한 목적이 생길 것이라고 믿습니다. 특별히 그 사람을 위한, 영원한 목적 말입니다.

이것과 관련해 사람이 할 수 있는 최고의 것은 자기 자신에 충성하는 것입니다. 저 가장 심오한 시인이 말했던 것처럼 말입니다.

"자기 사랑보다 더 나쁜 것은 자기 경멸이다."[77]

그러나 이 경우, 하나의 죄, 하나의 실족(분노)이 있습니다. 곧, 자기 자신에게 충성하지 않거나 더 좋은 자기의 본성과 절연하는 것입니다. 이런 식으로 죄를 짓는 자는 도둑이나 강도와 같지 않습니다. 수사기관은 그를 추적하지 않습니다. 그의 죄는 아주 은밀하게 행해지기 때문에 누구도 의심하지 않습니다.

따라서 그것은 아무 일도 아닌가요? 많은 사람이 진리를 찾을 때, 동시에 이해할 수 있다고 생각합니다. 아름다움을 가꿀 때, 동시에 생산할 것이라고 생각합니다. 삶을 살아갈 때, 동시에 선을 이룰 것이라고 생각합니다. 그가 은밀하게 자기 자신에게 조금 충성스럽지 않더라도 말입니다. 아주 조금 비양심적으로 되어 이 땅의 유익을 얻기 위해, 내면의 경계선으로 조금만 움직입니다.

그리하여 불공정한 방법으로 그것들을 얻었을 때, 그는 "진실로 진, 선, 미를 위해 일할 수 있습니다." 진, 선, 미에 대한 낮은 의견을 갖고 있으므로 그것들은 달콤하게 들리는 선율을 끌어내기 위한 악기로 모든 사람을 이용할 수 있는 것으로 표현됩니다. 모든 사람, 심지어 자기 자신을 망친 사람도 말입니다.

자기 자신과 다른 사람들을 속일 수 있습니다. 그러나 영원이 들을 때, 연주되는 현악기의 소리가 맑고 조화를 이루며 일치하는지 발견하기 위해 영원이 들을 때, 아, 불협화음과 불안정함을 즉시 발견합니다. **현악기가 손상을 입었을 때, 조율사가 그 악기를 거부하는 것처럼, 영원은 그런 사람을 거부합니다.**

슬프지만, 영리하게도 최고의 것에서 자신을 속여서 뺏는 것은 얄팍

한 영리함입니다. (이 영리함이 아무리 이 땅의 유익을 자랑한다 해도, 증거로서 그것은 얄팍함을 얻었다는 증거입니다. 이 영리함이 아무리 차별의 배지를 가리킨다 해도, 결국 그것은 내면에 숨겨진 상실을 지적하는 것에 불과합니다.) 진리 안에서 선을 품기 위해 온갖 희생을 다 하는 사람을 돕는 영리함만이, 오직 진실할 뿐입니다.

그러므로 진리 안에서 선을 품은 사람은 회피에 맞서 영리함을 활용합니다. 그러나 그때 그는 세상에서 대단한 사람이 되는 데 실패한 것은 아닌가요? 그러나 아마도 그렇지 않습니다. 그가 되려는 한가지는 이것입니다. 분명히, 그는 기억의 연인이자 친구가 됩니다.[78] 조용한 시간에 기억이 그에게 방문할 때, 이렇게 말합니다. (그리고 이미 여기에 있습니다. 기억이 위협하며 두 마음을 품은 자의 문을 두드릴 때, 이것은 저 방문과 무슨 차이가 있겠습니까!)

"당신은 그때를 기억하는가? 좋은 결단이 당신 안에서 승리를 얻을 때 말일세."

그는 대답합니다.
"그래, 나의 사랑하는 친구야."

그때 기억은 계속 말합니다. (기억은 연인에게 너무나 사랑스러워, 연인들은 서로를 바라보는 것보다 "그때를 기억하는가?"라고 말하는 기억의 속삭임을 더 좋아한다고 말합니다.)

"당신은 그때를 기억하는가? 당신의 결단을 위해 겪어야 했던 모든 고난과 역경을 기억하는가?"

그는 대답합니다.

"아니, 내 사랑하는 친구야. 나는 그런 것은 잊었지. 기억에서 사라질 지라! 그러나 때로는 인생의 싸움과 고난 중에 있을 때, 고통스러운 생각 으로 인해 모든 것이 혼란스러울 때, 정직하게 마음속에 품고 있었던 것 을 잊어버린 것처럼 보였지. 오, 영원에서 온 사자인 당신, 기억이여, 당신 은 기억하는 행위에서 이름을 얻었다. 그 일이 일어난다면, 나를 방문해 다오. 그토록 바랐던 것, 다시 한번 당신과 함께 강한 연합을 하게 해 주 시오!"

기억은 작별하며 대답합니다.
"내가 약속하겠네. 영원히 그것을 맹세한다고!"

그 후 다시 그들은 분리됩니다. 시간에서는 그렇게 있어야 함이 틀림 없습니다. 깊이 감동한 채, 다시 한번 영원이 사라지는 것을 바라봅니다. 마치 변화된 자를 바라보는 것처럼 말입니다. 지금 영원은 사라지고 말 았습니다. 또한 **조용한 시간**도 사라졌습니다. 그것은 조용한 시간에 불 과합니다. 어떤 위대한 순간도 아닙니다.

따라서 기억이 이 약속을 지키기를, 그는 소망합니다. 내면의 존재에 저 고요를 간직합니다. 저 고요는 영원이 체면을 구기고 그를 방문할 때, 그가 기억을 만난 곳입니다. 이것이 그의 보상입니다. 그에게 이 보상은 헤아릴 수 없습니다.

품에 잠들어 있는 아기를 안고 험난한 길을 가고 있는 엄마가, 자기에 게 일어날 위험한 일을 걱정하는 것이 아니라, 아기가 방해받고 불안해지는 것을 염려하듯, 자신을 위해 그가 어지러운 세상을 걱정하는 것이 아니라, 그의 내적 존재에서 편히 자는 저 방문의 가능성을, 세상이 방해하고 불안하게 할 것을 염려하는 것뿐입니다.

진리 안에서 선을 품은 사람은 또한 영리함을 "**밖으로**(outwardly)" 활용합니다. 영리하다는 것이 어떤 수치가 아닙니다. 그것은 좋은 것입니다. 수사기관이 영리하다는 것, 그래서 그들이 영리하게 범죄자를 체포해서 그를 무력하게 하기 위한 은밀한 길을 추적하는 방법을 알고 있는 것이 수치가 아닙니다.

영리할 때, 선한 사람은 세상이 선을 허위로 매력적으로 만들기 바라는 방법에 관한 정보를 얻습니다. 군중이 어떻게 설득당하기를 원하는지 압니다. 두려운 군중들은 "선생이 청중 앞에서 두려워 떨기 바라고 그들을 추켜세우기를 바랍니다."

[79]그는 이 모든 것을 압니다. 이 모든 것을 알고 있더라도, 모든 것에 따라 행동하기 위해 알고 있는 것이 아니라, 오히려 반대로 가능하다면 착각을 막기 위해, 선에서 불법적으로 돈, 탁월함, 존경과 같은 이익을 챙기지 않기 위한 것입니다. 또는 기만적인 겉모습으로 누구도 속이지 않기 위해서입니다. 오히려 그는 될 수 있으면 선이 군중과 접촉하는 것을 멀리 피하기를 바랍니다. 단독자나 각 개인을 사로잡기 위해 군중이 흩어지기를 바랍니다. 저 고대의 단순한 현자가 한 말이 그에게 생각날 것입니다.

"저 큰 군중 속에, 회의에, 극장에, 야영지이든 어디든지 사람들이 모이는 곳이면, 거기에 군중의 무리가 있다. 군중의 떠들썩한 소리가 있는 그곳에, 말하고 행한 어떤 일들에 대한 비판과 다른 일들에 대한 찬양이 있다. 그러나 어느 경우이든, 거기에는 과도한 울부짖음과 떠들썩함, 박수갈채 소리가 있다. 그들이 모여 있는 저 장소와 바위에서는 비난과 찬양의 떠들썩한 소리가 두 배로 메아리치며 반복된다. 속담이 말하듯, 거기에서 젊은이의 가슴이 어떻게 고동치기를 시작할 수 있겠는가?"[80]

그러나 이것이 진리 안에서 선을 품기 위해 필요한 것입니다. 젊은이에게 생생한 생명력이 될 수 있도록, 마음이 사람 안에서 고동치는 것입니다. 따라서 선한 사람이 또한 영리하다면, 선을 위해 무언가를 행할 수 있다면, 그는 각 개인으로서 **사람들을 분리**해야 한다는 것을 깨닫게 될 것입니다.

각 개인으로서 진리 안에서 선을 품을 수 있는 같은 사람이 서로 연합하고 다수(군중)가 되자마자 그들은 즉시 타락합니다. 따라서 선한 사람은 군중(crowd)을 해산시키는 데 도움을 받고자 혹은 군중을 얻고자 노력할 필요도 없고, 앞에서 군중을 해산시키는 동안 뒤에 군중을 두기 위해 노력할 필요도 없습니다.

그러나 선한 사람이 영리함을 밖으로 활용하는 방식을 일반적으로 명문화할 수는 없습니다. 왜냐하면 각각의 시기와 그 시기의 조건과 관련해 필요가 다르기 때문입니다. 광야에서 메뚜기를 먹고 살았던 엄격한 판사는[81] 사람에게 필요한 것이 진리가 아니라, 진리가 필요로 하는 것이 사람들이라는 것을, 동시대인에게 전달하는 방법을 알았습니다.

따라서 사람들은 그에게 와야 합니다. 광야에서 나온 그에게 와야 합니다. 거기에서 그들은 진리를 장식할 어떤 기회도 얻지 못했습니다. 도끼가 숲속에 있는 것이 아니라 이미 외로운 나무의 뿌리에 놓여 있는 곳에서, 진리를 위해 영광스럽게 할 수 있는 일도 없었습니다. 좋은 열매를 맺지 못하는 나무마다 찍혀 불에 던져질 것입니다.[82] 그렇습니다. 그 이후로 전체 숲속에서 잘못을 범하고 베인 나무는 자기 스스로 임명한 판사가 되었습니다. 그리고 군중은 대부분 이 나무로 인해 뿌듯함을 느낍니다.

정직한 내면성

농담을 이용해 선을 위해 일했던, 저 단순한 현자가 다른 시기에 살았습니다. 영리하게 경솔한 자들이 선의 진지함을 직접적으로 헛되이 하는 없도록, 그리하여 이 현자가 많은 돈으로 돌려받는 일이 없도록, 그들에게 속아 보수를 받는 일이 없게 하려고 필요한 것이 무엇인지 알았습니다.[83]

농담의 성격으로 인해, 그들은 직접적으로 선의 진지함을 헛되이 할수 없었습니다. 반면에 농담이 지닌 반전 때문에, 경솔한 자들이 얼마나 경솔한지 더욱 분명해집니다. 심판이었습니다. 이런 영리함이 없다면, 아마도 경솔한 대중은 겨우 그의 흉내만 낼 것입니다. 그것도 진지하게 말입니다.

자, 하지만 그는 사람들에게 선택하라고 합니다. 보십시오, 사람들은 농담을 선택합니다. **농담 속에 어떤 진지함이 있다는 것을 알아차리는 데 완전히 실패했기 때문입니다.** 바로 그들 속에 진지함이 없었던 탓입니다. 이것이 심판이었습니다. 판사의 행위, 그의 기술은 이교도가 가진 최고의 독창성이었습니다. **다시 기독교는 다른 관점을 갖고 있습니다.**

하지만 이 또한 보편적으로 더욱 자세하게 발전시킬 수 없습니다. 이것은 처음에 그 비밀을 간직했던 자에게만 관련될 뿐입니다. 따라서 그런 개인을 관찰함으로써 전체 세대를 파악하는 법을 배울 수 있습니다. 그 개인에게서 추론하여 그 세대에까지 이릅니다. 시대 상황은 어떠했으며, 그 시대에 그가 입을 수밖에 없었던 옷의 형식으로 미루어, 전체 세대를 추론하는 것입니다.

그러나 곧, 진리 안에서 선을 품은 어떤 사람도 선의 겉모습을 상기시키기 위해 이 세상에 존재하는 것이 아니라는 것, 이것은 모든 사람에 의해 인정받고 있으며 확실합니다. 이에 따라, 그가 세상의 눈에 인기를 얻고 모든 사람에게 사랑받는 자가 되는 것이 아닙니다. 그가 선을 순간적인 것으로 바꿀 의무도 없고, 시끄러운 의회에서 투표해야 할 무엇으로 바꿀 것도 없습니다. 어느 정도는 유행을 따라 선을 품을 지지자들을 확보할 것으로 바꿔야 할 의무도 없습니다.

그러나 그에게 항상 주어진 임무가 있습니다. 말이나 계획이 아닌, **자기 삶 속에 정직의 내면성**(inwardness)에 의한 것입니다. 이것은 말로 판단하는 것이 아니라, 무조건 행위로만 선에 봉사하는 삶에 의한 것입니다. **이 임무는 선을 섬기기 위한 헌신입니다.** 심판하는 일은 그의 직업이 아닙니다. 그의 과업도 아닙니다. 그러나 심판하는 일은 동시에 공존하

는 일입니다. 왜냐하면 둘러싼 세계가 그와 관련이 있기 때문입니다.[84]

심판하는 일은 그의 행위가 아닙니다. 왜냐하면 그의 행위는 진리 안에서 선을 품는 것이기 때문입니다. **심판하는 일은 고난입니다.** 둘러싼 세계가 그에게 고통을 가하는 방식에 의해 폭로된다는 점에서 그렇습니다. 반면 바로 이런 고난을 통해 세상은 그를 돕습니다. 그가 품고 있었던 것이 선인지, 스스로 속아 덫에 걸린 것인지 알아볼 수 있도록 자기 자신을 시험할 수 있도록 돕습니다.

진리 안에서 선을 품은 사람은 무엇보다 "바쁘지 말아야" 합니다. **조용히 인내하는 중에 모든 것을 선에 맡겨야 합니다.** 어떤 보상을 받든, 무엇을 이룰 수 있든지 상관없이 말입니다. 단 하나의 타협적인 말도 허용해서는 안 됩니다. 어떤 기미를 보여서도 안 됩니다. 세상에 눈곱만큼의 위안조차도 요구하면 안 됩니다.

오직 선에만, 그에게 도움을 받을 수 있는 어떤 사람과 그 원인에만 자기 자신을 맡겨야 합니다. 그는 판사가 아닙니다. 정반대입니다. **심판을 받는 자입니다.** 둘러싼 세계가 그를 심판하는 방식으로 폭로된다는 것, 이것이 그가 만든 유일한 결과입니다.

그러나 이 경우 그는 아무것도 이루지 못합니다. 왜냐하면 사람들의 반대에 짓눌릴 뿐이니까요. 그때 그가 싸움에서 패배했나요? 지금 이생에서 패할 수 없고 영원히 절대 그럴 수 없습니다. 진실로 이생에서 패할 수 없습니다. 하나님을 향한 신뢰로 열정적인 자는, 미풍에도 꺼져버릴 것 같은 양초의 작은 불씨와 같지 않기 때문입니다. 오히려 그는 큰불과 같습니다. 폭풍도 그것을 끌 수 없습니다. 큰 불 속에서의 화염은 저 그리스의 불(Greek fire)[85]과 같습니다. 물도 그것을 끌 수 없습니다!

그가 마침내 세상에 굴복한다 해도, 그가 패했다는 것도, 선이 패했다는 것도, 둘 중 아무것도 의미하는 것이 아닙니다. 그러나 "물에 의한 시련(ordeal by water)"[86]이라 불리는 저 시련처럼 세상에서 정상에 오른다는 것은 일반적으로 죄의 흔적입니다. 확실히 세상은 선보다는 유행과 더 잘 연합하므로, 바로 이런 이유로 순간적인 의미에서 **그는 훨씬 적게 이루게 될 것입니다.** 굴복하지 않아서가 아닙니다. 협상하지 않아서도 아닙니다. 안락함과 편안함을 즐기지 않고, 자신을 위해 이익을 챙기지 않아서 그런 것이 아닙니다. 바로 기억, 기억 때문입니다!

이것이 가장 잊힐 수 없는 것이라 할지라도, 기억을 잊지 맙시다! 결단을 회피하기 위해 음흉한 길을 따라 몰래 들어갔던 때를, 기억이 그에게 생각나게 할 수 없습니다. 사람들을 기쁘게 하려고, 그 문제에 대한 상황을 반전시키려 했던 때를, 기억이 생각나게 할 수 없습니다. 폭풍이 그냥 지나치도록 자기 자리를 버린 때를 생각나게 할 수 없습니다. 곤란한 처지에 놓였을 때, 타협하기 위해 굴복했던 때를 생각나게 할 수 없습니다. 다른 사람의 도움과 협력을 구했던 때를 기억나게 할 수 없습니다. 이른바, 선의 승리를 위해 더욱 협력하기 위한 것입니다. 다시 말해, "최전방의 초소에서 한밤중에 한방 실탄을 장전한 총을 든 채로"[87] 걱정하며 홀로 서 있는 것과 비교할 때 그의 상황을 조금 쉽게 하기 위한 것입니다.

순간의 의미에서 그가 이룬 것과 이루지 못한 것, 그것은 그의 관심사가 아닙니다. 그는 언제나 이것을 이룹니다. 곧, 기억의 연인이나 혹은 친구가 되는 것입니다. 세상에서 그가 기억되든 못되든, 이것을 이룹니다. 이 세상의 기억은 순간과 같으니까요. 결국 일련의 순간들일 뿐입니다. **그가 확신하는 것은 영원의 기억입니다.** 그가 세상을 떠날 때, 아무것도 남겨놓지 않습니다. 모든 것을 갖고 갑니다. 그는 아무것도 잃지 않고 모든 것을 얻습니다. 왜냐하면 "그에게 하나님은 모든 것이기 때문입니다."

2. 진리 안에서 선을 품으려면, 그는 선을 위해 모든 고난 당하기를 원해야 한다.

이것은 행동하는 사람들과 관련 있습니다. 그러나 고난당하는 자가 진리 안에서 선을 품으려면, **선을 위해 모든 고난 당하기를 원하는 것이 필요합니다.** 혹은 표현된 것은 일찍이 표현된 것과 같기에(그리고 바로 그 안에, 지상의 삶의 다양성과 함께, 영원이 같이 참여하고 있습니다), 결단하는 중에 선과 함께 있기를 스스로 원해야 하고, 또한 선과 함께 남아 있어야 합니다.

사람이 고난에 동참하겠다는 좋은 결단에 이르지도 못한 채 고난당할 수 있고, 고난이 끊임없이 밀려올 수 있습니다. 선을 위해 모든 고난 당하기를 그가 원했다고 진실하게 말할 가능성은 전혀 없을지라도, 평생 고난당할 수도 있습니다. [88] 그러나 고난당하는 자의 고난은 행동하는 자의 고난과 다릅니다. **행동하는 자의 고난은, 세상에서 선의 승리를 위한 의미를 지닙니다. 반면 고난당하는 자가 그에게 할당된 고난을 스스로 짊어질 때, 선을 위해 모든 고난 당하기를 원합니다.** 곧, 선이 **그의** 안에서 승리하기 위해서 말입니다.

따라서 고난당하는 자는 모든 고난 당하기를 원해야 합니다. "모든" 고난입니다. 그러나 이 강화는 이 지점에서 어떻게 구성되어야 할까요? 아, 고난에 관한 지식과 그것을 보는 것만으로도 평정심을 무너뜨릴 수 있기 때문입니다. 이 강화는 어떻게 짧게 구성될 수 있을까요? 고난의 종류가 다르기 때문입니다. 그렇지 않다면 강화는 길어질 수밖에 없습니다.

여기에서 다시 혼란을 부추기지 말고 대표적인 것으로 단순화시켜 봅시다. 고난에 대한 모든 이야기를 "소원(wish)"으로 집약시켜 봅시다.

소원은 고난당하는 자와 더 행복한 시간(temporality)과의 관계입니다. (믿음과 소망은 의지에 의한 영원과의 관계입니다.) 말하자면, 소원은 고난이 아프게 하는 곳, 고난이 항상 닿는 아픈 급소와 같습니다. 더 이상 소원이 없는 곳에, 그곳에 고난의 문제가 있어도, 그 고난은 동물도 겪는 것과 같은 고통입니다. 사람에게만 있는 독특한 고난은 아닙니다.

소원을 죽이기를 원하는 것, 일종의 영적 자살입니다. [89]왜냐하면 우리는 그냥 소원들에 대해 말하는 것이 아니라, 탁월이라는 본질적 강조점이 있는 소원을 말하기 때문입니다. 우리가 단지 일시적인 고난을 말하는 것이 아니라, 본질적으로 고난당하고 있는 자를 말하고 있는 것처럼 말입니다.

소원은 치유가 아닙니다. 치유는 영원한 것을 통해서만 존재합니다. 그러나 소원은 고난 중에 생명입니다. 고난 가운데 건강입니다. 고난의 보존(maintenance)입니다. 소원은 사상가가 말한 것처럼 존재하기 때문입니다.

"시간이 주는 위로는 의심스러운 문제이다. 치료하지도 않고 상처를 그저 봉합만 하기 때문이다. 그러나 먼저 상처를 열었을 때만 회복이 가능하다는 것을, 의사는 안다."[90]

소원을 품는 가운데 영원이 상처를 치유할 수 있도록 상처는 열린 상태여야 합니다. 상처가 커지고 소원이 사라진다면, 영원도 상처를 치유할 수 없습니다. 시간이 병을 키운 것입니다.

믿음, 소망, 사랑

따라서 우리가 소원을, 그에 따른 고난을 말해봅시다. 이 주제를 적절하게 고찰해 봅시다. **어떤 성공을 생각하기보다는 오히려 고난을 생각함으로써, 최고의 것이 무엇인지 더 심오하고도 확실하게 배울 수 있음을 믿습니다. 왜냐하면 성공이 있는 곳에는 혼란스러운 요소들이 너무 많기 때문입니다.**

물론 태어남과 동시에 죽는 소원들이 있습니다. 어제처럼 상실된 소원도 있습니다. 너무 나이 들다 보니, 이것에 맞지 않는 소원도 있습니다. 나중에는 거의 기억하지도 못합니다. 포기하는 법을 배우는 소원도 있습니다. 그것을 포기하는 것이 무슨 유익이 있을까요? 소원 탓에 죽게 되는 그런 소원도 있습니다. 숨겨진 소원도 있습니다. 세상을 떠난 자가 아름다운 기억 속에 숨겨지듯 말입니다.

이들은 많든 적든 위험한 질병이 될 수 있는 소원들입니다. 행동하는 사람은 이런 소원들에 노출됩니다. 반면, 여기에서 치유란 저 특별한 소원이 사라지는 것일 수 있습니다. 그러나 또한 천천히 죽어가는 소원도 있습니다. **이 소원은 상실 중에 본질적으로 고난당하는 자와 함께 합니다.** 그가 죽을 때만 이 소원은 죽습니다. 왜냐하면 소원들은 특별하거나 다양한 것과 관련되지만, 이 소원은 본질적으로 삶 전체와 관계를 맺기 때문입니다.

그러나 소원(wish)의 문제가 그토록 슬프다면, 소망(hope)의 문제는 얼마나 기쁜가요? 태어나고 죽는 소망이 있습니다. 내일이면 잊는 짧은 소망도 있습니다. 어른은 알지 못하는 유치한 소망도 있습니다. 소망 탓에 죽는 소망도 있습니다. 그러나 그때, 죽음에서, 죽음의 결단에서, 태어남과 동시에 죽지 않는 소망이 태어납니다. 왜냐하면 이 소망은 죽음에서 태어나기 때문입니다. **이 소망을 통해, 소원의 고통 아래, 이 결단 중에 고난당하는 자는 선과 함께 있습니다!**

고난당하는 자가 먼 거리에서, 말하자면 영원을 향해 손을 뻗고 있는 소망도 이와 마찬가지입니다. 믿음의 문제는 훨씬 더 기쁩니다. 왜냐하면 실망하고 사라지는 믿음이 있기 때문입니다. 잃게 되고 후회하게 되는 믿음이 있기 때문입니다. 믿음이 약해질 때, 죽음과 같은 믿음이 있습니다. 그러나 그때, 죽음에서, 죽음의 결단에서, 실망하지 않는 믿음을 얻게 됩니다. 후회를 부르지도 않고, 죽지도 않는 믿음을 얻습니다. **이 믿음은 영원을 움켜쥐고 굳게 간직합니다.** 이 믿음을 통해, 소원의 고통 아래, 이 결단 중에 고난당하는 자는 선과 함께 있습니다.

고난당하는 자가 영원을 자신에게 더 가깝게 끌어당기는 믿음도 이와 마찬가지입니다. 사랑과 함께 할 때, 이 믿음은 모든 것 중에 가장 기뻐합니다. 불타오르지만 잊히는 사랑도 있기 때문입니다. 하나가 되지만 결국 분리되는 사랑도 있습니다. 죽음에까지 이르는 사랑도 있습니다. 그러나 그때, 죽음에서, 죽음의 결단에서, 불타오르지 않는, 모호하지 않은 (tvetyde), 죽음에 이르지 않는 사랑이 태어납니다. 죽음을 넘어선, 죽음을 견디는 사랑입니다. **이 사랑에서, 소원의 고통 아래, 결단 중에 고난당하는 자는 선과 함께 견딥니다.**

오, 당신 고난당하는 자여, 당신이 누구이든, 두 마음을 품어(tvesindet)

당신의 고통을 잊게 할 수 있는 일시적인 처방을 받기를 원하나요? 당신
은 그렇게 생각합니다. 그러나 아닙니다, 당신은 그로 인해 영원을 상실
하게 될 것입니다!

당신은 두 마음을 품어 절망하기(fortvivle)를 바라나요? 모든 것을 상
실했으니까 말입니다. 당신은 그렇게 생각합니다. 그러나 진실로 거기에
영원과 함께 획득할 만한 모든 것이 있습니다! 당신은 두 마음을 품어 절
망하기를 바랐습니까? 절망이 무엇을 의미하는 것인지 생각해 본 적이
있습니까? 절망이란, 하나님이 사랑이라는 것을 부인하는 것을 뜻합니
다!

이것을 충분히 생각해 보십시오. 절망하는 자는 자기 자신을 포기한
것입니다. 이것은 그의 생각입니다. 그러나 아닙니다. 왜냐하면 자신이 아
니라, **하나님을 포기한 것이기 때문입니다!** 아, 방책, 일시적인 처방으로
당신의 영혼을 지치게 하지 마십시오. 일시적인 위로로 성령을 근심하게
하지 마십시오.[91] 자살하고픈 충동을 품어 소원을 죽이지 마십시오. 믿
음, 소망, 사랑으로 당신은 모든 사람 중에 가장 강한 자가 할 수 있는 최
고의 것을 얻습니다. **곧, 결단 중에 선과 함께 합니다!**

쓸모없는 고난

우리가 소원을, 그에 따른 고난을 더 말해봅시다. 고난을 말하는 것
은 언제나 유익할 수 있습니다. 슬픔의 완고한 면을 언급할 뿐만 아니라,

가능하다면 덕을 세우기 위해(upbuilding) 슬퍼하는 자를 언급한다면 그렇습니다. 고난당하는 사람이 적절하게 고난을 고찰하는 것은 타당하면서도 공감적인 행위입니다. 그로 인해 고난당하는 자는 그의 고난을 인정하지 못하게 하는 우리들의 피상적인 논의 때문에 조급하지 않게 됩니다. 그런 이유로 조급하게 되어 위로를 듣지 못하게 되는 일은 없습니다. 두 마음이 강화되는 일도 없습니다.

소원했던 것이 행위와 과업일 때, 그 소원을 갖고 삶으로 나아가는 것과, 반대로 소원으로부터 멀어져 삶으로 나아가는 것은 별개입니다. 아브라함은 조상들의 본토를 떠나 이방인의 나라로 이주해야 했습니다.[92] 그곳에서 어떤 것도 그가 사랑했던 것이 무엇인지 떠오르도록 돕지 않았습니다. 잊고자 하는 것을 다시 떠오르게 하지 않는 것은 틀림없는 위로입니다. 그러나 소원으로 가득 찬 사람에게는 그것은 쓰디쓴 위로입니다.

따라서 사람은 자신을 위해 모든 것을 포함한 소원을 가질 수 있습니다. 그리하여 헤어져야 할 때, 순례가 시작될 때, 그는 외국으로 이주해야 하는 자와 같습니다. 그곳에서 그가 얼마나 많은 것을 잃었는지 대조해 주는 것 말고, 그에게 기억나게 하는 것은 아무것도 없습니다. 이에 따라 그는 심지어 집에 있어도, 아마도 같은 지점에 있어도, 외국으로 이주한 것과 같은 느낌을 받습니다. **소원을 잃어버렸기 때문입니다.** 마치 그가 낯선 사람들 사이에 있는 것과 같습니다. 소원을 잃는 것은, 그에게 정신이 상실되는 것(미쳐버리는 것)보다 더 고통스럽고 결정적인 것처럼 보입니다.

이 소원과 별개로, 그 자리에서 떠나지 않아도, 그의 삶은 저 소원과 멀어져 **쓸모없는 고난**으로 들어가는 이 힘든 길을 따라 움직입니다. 왜냐하면 우리는 본질적으로 고난당하는 자를 말하고 있기 때문입니다. 선한 목적의 유익을 위해, 다른 사람의 유익을 위해, 고난 당하는 자에게 고난이 존재한다는 위로가 있는 사람들을 우리가 말하는 것이 아닙니다.

이것은 틀림없이 이와 같습니다: 외국으로의 여행은 길지 않습니다. 그는 한순간 거기에 있었습니다. 고난당하는 자들이 서로 만나는 곳인 저 이상한 나라에 잠시 있었던 것입니다. 슬퍼하기를 멈춘 사람들도 아니요, 영원(eternity)이 씻을 수 없는 눈물을 흘리는 자들도 아닙니다.[93] 옛날에 경건한 책이 "당신이 울지 않았더라면 다음 세상에서 하나님이 당신의 눈물을 마르게 할까?"[94]라고 단순하고도 감동적으로 말하듯이, 다른 누군가 서로 다른 방법으로 오지만, 결국 모두 같은 장소에 이릅니다.

고요하게 **안내하는 필연**(guiding necessity)이 그를 앞으로 이끕니다. 엄격하고 진지하지만 잔인하지 않습니다. 잔인하지 않으므로, 의무가 뒤를 따라오고 행진하는 동안 필연은 여행자의 뒤를 돌봐줍니다. 그러나 그 길은 소원의 길이 아닙니다. 지금 그가 잠깐 멈추었습니다. 두 명의 엄격한 동반자가 그의 고난에 감동합니다. 보십시오, 저기 샛길이 두 갈래로 나뉩니다.

"안녕, 내 젊은 날의 소원이여, 친근했던 곳이여! 내가 그곳에서 소원을 갖고 살며 성장하기를 얼마나 소망했던가!"

그들이 움직입니다. **고요하게 앞에서 안내하는 필연, 뒤에 따라오는 의무, 엄격하고 진지하지만 잔인하지 않습니다.** 이 의무가 잔인하지 않으니까요. 아, 저 옆으로 뻗은 샛길을 보십시오. 그 길은 소원으로 인도합니다.

"안녕, 내가 활동하기를 바랐던 곳이여! 내가 그곳에서 일에 대한 기쁨으로 가득한 채, 젊은 날에 금지된 소원을 망각하기를 얼마나 소망했던가!"

그때, 행진은 계속됩니다.

그러나 물론 이런 일이 일어난 길에 아무런 차이가 없습니다. 바뀐 것은 자리일 뿐, 고난당하는 자가 그 자리에 남아 있든, 자리를 바꾸고 거기를 떠나든, 아무런 차이가 없습니다. 그 자리가 여전하더라도, 고난당하는 자들이 한자리에 모인다면, "쓸모없는 고난의 무기력함"이라고 인간의 언어가 부를 만큼 유혹받는 곳이라면, 그때 아무런 차이가 없습니다.

고난은 다양한 이름을 가질 수 있습니다. 그러나 그 이름들을 더 이상 확장하지 말고 본질을 생각해 봅시다. 곧, 진정으로 고난당하는 자는 자신의 고난으로 다른 사람에게 유익을 주는 것이 아니라, **오히려 그들에게 짐이 됩니다.** 후자의 경우가 아니더라도, 고난이 쓸데없는 것으로 생각된다면, 고난당하는 자가 가장 엄밀한 의미에서 고난당하는 자로 불린다면, 고난당하는 자는 짐이 될 수밖에 없습니다.

진실로 가장 엄밀한 의미에서, 우리가 스스로에게만 엄격해집시다. 그래서 우리를 힘들게 하는 어떤 일이 생기더라도, 너무도 빨리 스스로 고난당하는 자라고 부르는 일이 없도록 합시다. 그러나 가장 엄밀한 의미에서 고난당하는 자에게 우리가 좀 더 관대한 자가 됩시다.

오, 이런 식으로 고난당하는 자여, 당신이 누구이든, 모국에서는 모든 탈출구가 닫혀 있는 지경에까지 이른다면, 아마도 당신은 외국으로 이민을 고려할 것이고 그곳에서 당신은 행운을 찾게 될 것입니다. 그러나 이렇게 말할 수 있습니다.

"이 이야기를 내게 하는 이유가 무엇인가? 내가 왜 이민을 가야 하는가? 장소를 바꾸는 것이 다 무슨 소용이 있는가? 결국, 내 자리는 버려졌고 이 세상 가운데 어디로 가든 똑같을 텐데."

맞습니다. 그러나 우리가 서로 이해해 봅시다. 우리가 말하는 여행은 길지 않습니다. 당신의 자리가 버려진 것도 아닙니다. 당신이 탈출구를 찾지 못했을지라도 그렇습니다. 이것은 한 걸음, 하나의 결정적인 걸음에 불과합니다. 당신은 이민한 것입니다. 왜냐하면 이민자들에게 어떤 나라가 가장 가까운 것보다 영원은 당신에게 더욱 가까우니까요.

일단 당신이 거기 있을 때, 변화는 무한히 더 큽니다. 그러니, 그때 하나님과 함께 하나님께 나아 가십시오. 계속해서 한 걸음 더 내딛으십시오. 팔다리를 움직일 수 없더라도 한 걸음을 내딛으십시오. 옥에 갇힌 (ikke paa fri Fod) 죄수일지라도, 사슬에 매여 발이 자유롭지 못한(Fod ikke er fri) 죄수라도, 한 발짝을 내딛으십시오. 저 결단에서, 당신은 선과 함께 있으니까요.

누구도, 지금까지 살았던 어떤 사람도, 당신보다 더 많은 것을 할 수 없습니다.[95] 그러나 기억합시다. 당신의 고난이 쓸데없다고 불린다는 사실을 말입니다. 우리 인간들은 쓸데없는 고난과 그 무기력함을 말하는 유혹에 빠질 수 있습니다. 그러나 이것은 인간의 말에 불과합니다. 영원의 언어에서, 당신을 최고의 상태에 이르도록 돕는 고난은 절대 쓸데없지 않습니다.

슬프군요, 당신이 고난의 도움을 받아 최고의 것에 이르도록 스스로를 허용하지 않을 때, 오직 그때만 고난이 쓸데없으며, 한 번도 사용된 적이 없습니다. 당신은 아마도 소원을 죽였고, 따라서 영적으로는 죽은 육체와 같았고, 더불어 고통도 느끼지 못했던 것입니다. 왜냐하면 일반적으로 고난당하는 자가 신음하는 이유는, 그가 바로 소원 가운데 있기 때문입니다. 반면 이때 영원은 당신을 위로합니다.

은밀한 소원

우리가 소원을, 그에 따른 고난을 더 말해 봅시다. 고난을 너무 일찍 외면하지 않는 것이 우리에게 유익합니다. 우리가 이것을 바르게 고찰해 봅시다. **고난당하는 자들의 운명을 올바르게 생각하는 것만큼, 분주함이 불러오는 치명적인 병에 더 유익한 본질적인 치료법은 없다고 확신하니까요.** 그때, 고난에 공통된 관심을 보이며, 고난당하는 사람에게 인간적으로 공감하는 것만큼 더 유익한 치료법은 없으니까 말입니다.

슬프게도, 인간의 동정심은 종종 고난과 관계합니다. 마침내 고난은 더욱 강화되지만, 동정심은 지치고 맙니다. 동정심은 줄어드는 반면, 고난은 증가합니다. 고난의 첫 번째 순간에는 인간의 동정심이 불타오릅니다. 그러나 고난이 질질 끌려가는 듯 계속된다면, 그것을 바라보는 인간의 동정심은 뒷걸음질 칩니다. 바쁜 자에게서 바쁜 동정심이 소멸할 때, 가끔 이것은 고난당하는 자를 향한 일종의 쓰라림으로 바뀝니다.

소원들은 시간에서 치유될 수 있고, 과거가 될 수도 있습니다. 그러나 이 소원은 그렇지 않습니다. 여기에는 여전히 어떤 차이가 있습니다. 왜냐하면 동정이 이해할 수 있는 소원의 고난도 있지만, 모든 눈빛을 피해 가거나 혹은 자기 자신을 숨기는 소원, **평생 고난당하는 자를 은밀하게 따라다니는 소원의 고난도 있기 때문입니다.** 이 소원은 동행합니다. 그러나 결핍되어 있습니다. 이 소원은 고난당하는 자에게 평생 안내원으로 동행합니다. 그러나 어떤 동정도 이 소원을 돌볼 수 없습니다.

그렇다면, 존재하고 있지만 은밀하게 틀어박힌 것을 우리는 어떻게 말해야 할까요? 고난당하는 자가 알아차릴 수 있는 방식으로 말해야 할까요? 아니면, 그가 실족하지 않도록, 생각할 능력과 시간이 없는 고난을 바쁘게 설명하는 것을 회피하지 않도록, 말해야 할까요? 그러나 가능하다면 고난당하는 자가 무엇을 말하든, **자기 입술로 말하게 합시다.** 하늘에 소망을 두고 있는 덕을 세울 만한 무엇이 있든, 자신의 마음속에 말하게 합시다.

말을 못 하는 동물이지만 그래도 생각을 갖는다고 가정해 봅시다. 인간에게 전하는 것이 아니라, 동물끼리 서로에게 전할 수 있다고 가정해 봅시다. 마치 우화처럼, 가능성이 충분히 있어 보입니다. 농부가 키우고 부리는 말 한 마리가 한여름 초원에 서 있을 때, 거기에서 머리를 흔들거나 젖힐 때, 그것이 무엇을 의미하는지 인간은 명확하게 알 수 없기 때문입니다.

[96]평생 한 멍에를 함께 메며 나란히 마차를 끌었던 두 마리 말이, 일과를 마친 자유로운 저녁 시간에는 친밀하게 서로 접근할 때, 서로 비비며 핥을 때, 머리를 움직여 서로 애정을 표현할 때, 혹은 야생마가 숲이 메아리치도록 서로 부를 때, 약속하고 모이는 것인 듯 평원에서 무리가 모일 때, 동물들이 인간처럼 서로 이해하고 있다고 가정해 봅시다.

그러나 홀로 지내던 한 마리 말이 있습니다. 이 부름을 들었을 때, 저녁에 무리가 모이는 것을 봤을 때, 이 말 역시 거기로 뛰어갔을 것입니다. 말의 삶을, 그 삶의 조건을 무엇이든 배우기 위해서일 것입니다. 그 말은 나이 많은 말들의 대화를 집중해서 들었습니다. 말이 죽기 전에 스스로 얼마나 불행하다고 생각하는지를, [97]지음받은 생명들 중에서 말만큼 삶의 기복이 심하여 그토록 슬퍼하는 피조물은 얼마나 없는지를, 집중해서 들었습니다.

그때 가장 늙은 말이 일생 가운데 겪었던 이런저런 수많은 고난을 낭독했습니다. 추위와 굶주림으로 고난당한 것, 거의 죽을 만큼 일한 것, 잔인한 마부의 발로 차인 것, 만족할 줄 모르는 주인에게 학대당한 것, 말을 비난하고 말에게 벌을 가하는 주인에게 온갖 학대당한 것, 마침내 늙고 병든 몸으로, 그것도 엄동설한에 숲속으로 쫓겨난 것.

모임은 끝나고 말들은 흩어졌습니다. 간절한 소원 가운데 전속력으로 질주했던 말, 그는 슬퍼하며 떠나버렸습니다. "마음의 근심은 영혼을 상하게 한다."(잠언 15:13) 그는 그 설명도 잘 깨달았습니다. 그러나 어떤 것도 말이 당한 고난에 관해 암시한 바는 없었습니다. 하지만 다른 말들은 매번 서둘러 모임에 참석한다는 것을 알아차릴 때마다, 그는 전속력으로 달려오곤 했습니다. 말의 삶에 관해 무언가 들을 수 있다는 소망으로 달린 것입니다.

그는 다른 말들의 말을 들을 때마다, 슬퍼하며 떠나갔습니다. **다른 말들의 말을 더 잘 이해할수록, 자기 자신을 이해하는 것에서는 점점 더 바보가 되어갔습니다.** 그가 모임에는 참석했을지라도, 다른 말들은 그를 배제했기 때문은 아니었을까 생각하게 되었습니다.

오, 고난당하는 당신이여, 당신이 누구이든, 당신 스스로 고난을 숨기기 원했기 때문에 당신의 고난이 숨겨지지 않는다면, 이 경우 당신은 행동할 수 있고 다른 논의를 해야 합니다. 그러나 이것이 어떤 오해 때문이라면, 오해로 인해 고난이 드러나지 않는 것이라면, 이런 식으로 당신이 사람들 사이에서 방황한다면, 집중해서 그들의 설명을 듣는다면, 그들의 안내를 구하고 그들의 모임에 참석한다면, 그 책을 덮을 때마다 혹은 그 이야기가 끝날 때마다, "아멘"을 들을 때마다, 마음의 근심으로 "나의 저것과 같을 뿐이라면"이라고 탄식할 때 당신은 영혼을 상하게 한 것이고 숨소리는 거칠어질 것입니다. 아, 그런데도 이 친밀함이 당신의 실수가 아니라면, 당신은 어떤 친밀한 관계없이 지내는 것이 아닙니다. 오히려 친밀함은 당신에게 제공되고, 모든 것 중에서 최고의 것으로 제공됩니다. 이 친밀함은 최고의 친밀함 중에서도 최고가 될 것입니다.

당신이 인간적인 동정 없이 있는 것도 아닙니다. "건덕"으로 부를 수 있는 일반적인 인간적 관심이 있습니다. 군중이 소리 지르고 소음을 일으키는 곳의 계획처럼 일반적인 것이 아닙니다. 각 참여자는 본질적으로 자기 자신과 홀로 있기 때문입니다. 그러나 그런데도 가장 고차원적이고 포괄적인 의미에서, 그것은 일반적인 인간적 관심입니다. **건덕적 관점이 당신을 이해시킬 때까지, 이 관점이 안식을 얻는 것은 불가능합니다.**

회개가 필요 없는 아흔아홉 명의 의인보다 회개하는 한 죄인이 하늘에서 더 중요하다면,[98] 그때 당신이 진정으로 고난당하는 자라면, 건덕이 필요 없는 아흔아홉 명의 분주한 사람보다, **건덕적 관점**은 당신에게 더 중요합니다. 당신이 존재하지 않더라도, 건덕적 관점이 이 고난을 이해할 때까지 안식을 얻는 것은 불가능합니다.

삶이 가지는 모든 종류의 불편함을 잡담처럼 늘어놓으면서도, 저 끔찍한 고난으로 모험하러 들어가지 않는 건덕적 강화(discourse)에는 화가 있을지라! 그런 강화는 담대함이 부족합니다. 이 강화가 스스로 "건덕"이라 일컫는다면, 이것은 나쁜 양심을 소유하고 있을 뿐입니다.

일도 하지 않고 스스로 짐을 지지도 않으면서 오직 바쁘기만 한 저 분주한 자,[99] 그들 스스로 삶의 고난을 회피했다면, 아마도 그는 고난에서 자신이 탈출했다고 생각했을 것입니다. 따라서 그들은 끔찍한 것을 듣거나 생각하면서 인생에서 방해받기를 원치 않습니다. 그들은 진실로 탈출했습니다. 그들은 삶에 관점을 갖는 것으로부터 탈출한 것이고, 무의미(meaninglessness) 안으로 도망친 것입니다.

오, 고난당하는 자여, 당신이 속한 종족에서 버림받은 것처럼 보이는 자여, 이 세상에 홀로 있는 듯 보이는 자여, 그러나 아직은, **당신을 창조하신 하나님께는 버림받은 적이 없습니다.** 그분의 친밀함(Fortrolighed)은 어디에서든 당신을 둘러싸고 있습니다. 이 **친밀함**이 당신에게 매순간마다 제공됩니다. **이 친밀함에서, 이 결단에서 당신은 선과 함께 합니다.** 건덕적 관점은 당신이 언제나 이 친밀함을 떠올리도록 준비하고 있습니다. **이 친밀함의 존재, 이것은 삶 가운데 안전의 원천입니다.**

아무리 거칠고 먼 바다라도 그리 멀지 않은 곳에 조종사가 존재한다는 것이 선원들에게 위로가 되듯이, 같은 방식으로 건덕적 관점이 파도와 암초 사이에 살고 있습니다. 허구한 날 끔찍한 광경을 보는 일에 익숙할 때, 이것이 겸손하고 작지만, 급할 때 빨리 도울 수 있습니다. 그러나 조종사가 배를 돕는 방식으로는 도울 수 없습니다. 곧, 고난당하는 자가 자신을 도와야 합니다.

그러나 선원이 조종사에게 신세를 지는 것처럼, 고난당하는 자는 조종사나 다른 사람들에게 신세를 질 필요가 없습니다. 그러나 고난당하는 자가 진리 안에서 선을 품는다면, 모든 고난 당하기를 원해야 합니다. 그때 그는 결단 가운데 있습니다. 결단으로 그가 고난으로부터 자유로워지는 것이 아니라, 결단 중에 오직 한가지만을, 다시 말해, 모든 고난 당하기만을 소원합니다. 그는 소원의 고통 중에 선과 함께 하고, 또한 선과 함께 남아 있기를 결단합니다.

사랑하는 독자여, 아마도 당신은 고난을 말하는 이런 모든 이야기에 지쳤을 수 있습니다. 하지만 건덕적 강화는 결코 지칠 줄 모릅니다. 건덕적 강화가 고난을 말하는 것에 지치는 것보다, 병든 아이를 돌보는 엄마가 더 빨리 지치게 될 것입니다. 이런 이야기가 당신을 지키게 할 만큼, 당신은 "행복한 사람"입니다. 그러나 고난에 여전히 냉담하고 무지하게 남아 있기를 바랄 만큼 행복하지는 않습니다. 반대로 당신은 자신을 위해 이 지식을 갈망합니다. 이런 진지한 인식과 통찰을 통해 교육받기 위해서 말입니다! 혹은 당신이 겪은 특별한 고난이 언급되지는 않았을지라도, 아마도 당신은 이렇게 많이 논의된 고난 이야기에 벌써 지쳐버린, 고난당하는 자입니다.

아, 다른 사람의 고난을 듣고, 생생한 생각에 잠기는 것만으로도 위로를 받을 수 있습니다. 자기가 당한 고난을 아주 특별하게 생각하는 것, 이것은 쉽게 두 마음에 이르게 합니다. 다른 모든 사람에게는 위로가 있지만, 오직 자신에게만 위로가 없는 두 마음입니다. 그러나 그런데도 이것은 그렇지 않습니다. 모든 사람이 크든 작든, 자신만의 고난을 갖고 있다는 것이 맞는다면, 모든 사람에게 위로가 있고, 모든 사람에게 그 위로는 본질적으로 같다는 것도 맞는 말입니다.

그러나 우리가 소원에 관해, 그에 따른 고난에 관해 한 번 더 말해 봅시다. 시간의 갈수록 고난이 더 강화되기 때문입니다. 그러나 시간의 지속 또한 고난이 언제 시작했는지에 달려 있습니다. 한 지혜로운 이방인은 지연된 고난에 익숙해질 수 있다고 말한 적이 있습니다.[100] 그러나 이 위로가 올바른 것인지는 의문으로 남아 있습니다. 가장 가까운 위로를 찾는 것이 아니라, 선과 동행하며 선에 남아 있고자 결단하기 위해서, 진리 안에서 선을 품고, 모든 고난 당하기를 원하는 것, 이것이 핵심입니다.

최고의 것

고난이 있는 전체 삶을 나눠 봅시다. 처음부터 출발이 잘못된 사람들의 경우를 말해 봅시다. 인간들이 말하고 싶어 하듯이, 처음부터, 게다가 쓸데없는 고난이 할당된 사람들을 논의해 봅시다. 다른 사람에게도 짐을 지울 뿐만 아니라 자신에게도 짐이 되는 사람, 설상가상으로 섭리의 선함에 본질적으로 반대인 자입니다.

슬프게도, 분주한 많은 사람의 생애가 새로운 분주함에 의해 서술되고 새로운 분주함을 일으킵니다. 이러한 불행한 자들의 관찰이 분주함에 탁월한 해독제가 됩니다. **그런 사람들을 관찰할 때만, 최고의 것이 무엇인지 심오하게 배울 수 있기 때문입니다.**[101] 그러나 우리는 부주의하게, 마치 우연인 듯 말하지 말아야 합니다. 고난의 광경을 보면서, 나는 이 고난을 모면했다면서 너무 서둘러 기뻐하지도 말아야 합니다. 그러나 너무 의기소침해서 말하지도 말아야 합니다.

아이의 존재는 영광스럽습니다. 엄마의 가슴에서 잠이 드는 것, 엄마를 보기 위해 깨는 것, 아이이기에 엄마와 장난감만 아는 것! 우리는 어린 시절의 행복을 찬양합니다. 광경을 보는 것만으로도 웃게 됩니다. 세월이 흘러 형통하게 된 자도 자기 어린 시절을 잊지 않습니다. 그러나 이것이 최고의 것이 아니라는 사실에 하나님께 감사하십시오! 최고의 것을 잃지 않고도 어린 시절은 생략될 수 있습니다. 최고의 것을 잃지 않고도 어린 시절은 없어질 수 있습니다.

젊음은 확실히 아름다운 일입니다. 즐거운 생각들로 잠 들 수 없는 것, 곤히 잠들고 새의 노래와 함께 일찍 일어나 언제나 흥겨워하는 것! 우리는 젊은이의 행복을 찬양합니다. 우리는 즐거워하는 자들과 함께 즐거워합니다.[102] 행복한 젊은이가 그가 가진 행복에 감사하기를 소원합니다. 젊은이가 먼 훗날, 이제는 사라진 과거에 감사하기를 소원합니다. 그러나 이것이 최고의 것이 아니라는 사실에 하나님께 감사합시다! 최고의 것을 잃지 않고도 젊은 시절은 생략될 수 있습니다. 최고의 것을 잃지 않고도 젊은 시절은 없어질 수 있습니다.

사랑에 빠진다는 것, 이 또한 확실히 행복한 일입니다. 다른 모든 것을 얻거나, 반대로 거절당한다 해도 단 하나의 소원을 갖는 것, 이 단 하나의 소원, 사랑하는 자! 단 하나의 갈망, 사랑하는 자! 단 하나의 소유, 사랑하는 자! 우리는 이성적 사랑(erotic love)이 주는 행복을 찬양합니다. 행복한 자가 매일 가정생활을 감사하기에 충실할 수 있다는 것, 행복한 자가 과거를 기억하며 감사에 언제나 충실할 수 있다는 것. 그러나 이것이 최고의 것이 아니라는 사실에 하나님께 감사합시다. 최고의 것을 잃지 않고도 이 사랑은 생략될 수 있습니다. 최고의 것을 잃지 않고도 이 사랑은 없어질 수 있습니다!

그러나 고난당하는 자여! 슬프게도, 그에게는 행복한 어린 시절도 없었습니다. 엄마의 사랑은 신실하고 다정합니다. 특별히 가엾은 아기에게 더 그렇습니다. 그러나 엄마 또한 사람입니다. 아기는 엄마의 가슴에 누워 있습니다. 그러나 엄마는 기뻐하며 아기를 볼 수 없었습니다. 엄마의 눈에서 아기는 슬픔을 보았습니다. 자고 깨었을 때, 아기는 가끔 엄마가 우는 모습을 보았습니다.

심지어 어른 중에서도 모든 사람은 슬퍼할 때를 갖습니다. 운 좋게도 명랑하고 쾌활한 사람이 그때 문을 열고 들어오면서 말합니다.

"저 왔어요!"

유쾌함은 시작되고 슬픔의 먹구름은 물러갑니다. 그런 성격을 지닌 자는 찾기 어렵습니다. 그러나 극히 보기 드물게 부여된 성품, "저 왔어요!"라고 말하며 행동했던 대로, 탄생의 저 끔찍한 고통의 순간에 문을 열 때, 이 아기와 비교한다면, 그는 과연 무엇을 할 수 있겠습니까! 오, 어린 시절의 행복이여, 그렇게 환영받기를!

아기가 자라서 젊은이가 되었습니다. 그러나 그는 젊은이의 놀이에 어울리지 않습니다. "왜 너는 또래와 어울리지 않니?"라고 누군가 묻는다면, 그는 확실히 대답할 것입니다.

"어떻게 감히 그런 질문을 할 수 있죠?"

그래서 그는 자리를 떠났으나 죽지 않았습니다. 아직 젊었으니까요. 이성을 사랑할 수 있는 시기가 왔습니다. 그러나 누구도 젊은이를 사랑하지 않았습니다. 그에게 호감을 보였던 몇몇 사람이 있었다는 것은 확실합니다. 그러나 그조차도 동정심과 연민뿐이었습니다. 그때 그는 사람이 되었으나, 삶과는 동떨어진 곳에 서 있었습니다. 그때 그 사람은 죽었으나 잊히지 않았습니다. 그의 죽음을 애도하러 모인 작은 무리가 말했습니다.

"하나님이 그를 데려가신 건 축복이었어."

목사도 똑같이 말했습니다. 그는 죽었고 그렇게 잊혔습니다. 모든 것은 쓸데없는 고난이었습니다. 그가 태어났을 때, 어떤 기쁨이나 환희도 없었습니다. 단지 두려운 실망만 있었습니다. 그가 죽었을 때, 어떤 슬픔도 고통도 없었습니다. 단지 조용하고 슬픈 기쁨만 있었습니다.

인간 삶의 여정은 그랬거나 오히려 그렇게 흘러가고 있습니다. 지난날 오직 한 개인에게만 일어났던 어떤 사건을 말하는 그저 "옛날이야기"가 아닙니다. 똑같은 일은 자주, 반복해서 일어납니다. 우리 삶에 이 이야기는 충분히 가까이 있습니다. 경솔한마음과 음탕한 생각이, 세상의 지혜와 경건치 못한마음이, 아무리 이것을 무시하기를 원할지라도 말입니다. 그런 불행, 이런 침울한 생각을 제거하려 해도, 예술의 태평함 뿐만 아니라 기독교에서, 덕을 세우는 묵상에서, 아무리 제거하려 해도 그렇습니다. 이런 묵상 중에 성서는 다리 저는 사람과 장애인과 시각장애인과 나병환자에게 관심이 더 많다는 것을, 우리가 알아야 합니다.[103]

그렇습니다. 제자들이 분주해지기 시작할 때, 그리스도께서 그들 가운데 어린아이를 세우신 것처럼, 세기에 빛날 혼란스러운 이름으로 떠들썩한 군중 틈에 있는 진지한 자는, 저 불행한 자를 군중 가운데 세우고 싶은 유혹에 빠집니다. 그를 보았다고 해서 영원한 것을 원하는 자가 방해받지 못할 것입니다. 그러나 군중의 분주함은 영원한 것과는 아무런 관련도 없습니다.

고난당하는 자, 그는 삶에 참여했습니다. 삶을 살아냄으로 말입니다. 그러나 익숙하지 않은 한가지가 그의 삶에 있었습니다. 삶의 모든 상황에 있는 행복입니다. 사랑의 기쁨과 같은 것입니다. 곧, 그는 "같은 방법으로(like for like, det Lige for Lige)" 그것을 얻을 수도 또한 줄 수도 없었습니다. 그는 고난당하는 자로, 다른 사람들에게 오직 동정과 연민의 대상이었기 때문입니다.

아니, 그는 같은 방법으로 얻지 못했습니다. 그는 엄마를 기쁘게 할 수 있는 아기와 같지 않았습니다. 다른 사람들은 엄마를 슬프게 할지라도, 엄마를 기쁘게 할 수 있도록 웃음만 일으키는 아기와 같지 않았습니다. 아니, 그는 같은 방법으로 얻지 못했습니다. 놀이 친구가 그를 사랑하는 것과는 다른 방법으로, 그는 놀이 친구를 사랑했으니까요. 그러나 아닙니다. 그는 같은 방법으로 얻지 못했기에, 그에게는 친구도 없었습니다.

수많은 세월 동안, 그는 삶에서 서로 보답할 만한 아무것도 할 수 없었습니다. 죽을 때조차 같은 방법으로 아무것도 얻을 수 없었습니다. 그가 사랑하는 자를 애도했던 대로 그는 애도함을 받지 못했습니다. 그는 죽었습니다. 그러나 애도하는 자들과 목사가 그에 관해 무슨 말을 했다 해도, 그가 최고의 것에서 배제되었다는 것은 사실이 아닙니다. 하나님께서 찬양받으실지라!

오, 고난당하는 자여, 당신이 누구이든, 불쌍한 것이 무엇인지 많은 사람에게 당신이 상기시키는 일이 없도록, 타인이 볼 수 없는 어디에든 당신이 숨는다 해도, 오, 이것만은 잊지 마십시오. 당신 또한 무언가를 할 수 있습니다. 그러니, 허구한 날 쓸모없는 고난의 긴 날과 세월을 세고 앉아만 있지 마십시오. 당신이 무언가를 할 수 있다는 것을 잊지 마십시오. 작은 역경 때문에 즉시 길가에 앉아 쉬고 싶어 하는—아마 고난당한 자일 수 있는—자에게 가끔 말하는 것처럼, 당신이 다른 사람을 위해 무언가를 할 수 있다는 말이 아닙니다. 건덕적 관점은, 가장 엄밀한 의미에서, 그렇게 할 수 있는 자는 고난당하는 자라고 말하지 않습니다. 반대로, 이 관점은 그를 엄격하게 다룹니다.

오 당신, 고난당하는 자여, 이런 식으로 당신이 다른 사람을 위해 무언가를 할 수 없다 해도, 당신은 여전히 할 수 있습니다. **최고의 것**을 말입니다. **당신은 모든 고난당하기를 원할 수 있습니다. 그리하여 결단 중에 선과 함께 있을 수 있습니다.**

얼마나 복된 평등인가요! 고난당하는 자는 가장 엄밀한 의미에서, 최고의 것을 무조건, 완전히 행할 수 있을 뿐만 아니라, 가장 큰 행운의 의미에서 가장 큰 재능을 받은 자입니다. 영광과 찬송을 영원자(the eternal)에게 돌릴지라: 거기에는 어떤 차이의 그림자도 없으며,[104] 어떤 악행도, 어떤 차별 대우도 없습니다. **다만 평등만 있을 뿐입니다.**

모든 고난당하기 원함으로써, 그 결단 가운데 당신은 선으로 다시 옷 입습니다. 마치 죽은 자가 일어나 수의를 벗어 던지는 것처럼, 당신은 불쌍한 형편을 벗어던졌습니다. 당신 스스로 닮기를 원한 자들 사이에서 다른 누구와도 구별될 수 없습니다. 결단 중에 선과 함께 있던 다른 자들과 구별될 수 없습니다. 그들 모두 똑같은 옷을 입습니다. 곧, 진리로 허리띠를 띠고, 의의 갑옷을 입고, 구원의 투구를 씁니다![105]

이것이 진실이라면, 어떤 차이도 없는 곳에, 못 듣는 자가 듣고 눈먼 자가 보고 비참한 몰골을 한 자가 다른 모든 사람처럼 아름답게 보이는 곳에, 부활이 있다는 것이 결국 모든 선한 사람의 소망이라면, 오, 무덤의 이 측면에 부활(Opstandelse)과 유사한 것이 있습니다. 모든 것을 하기 원함으로, 혹은 모든 고난당하기를 원함으로, 사람이 결단함으로 서 있을(staa op) 때마다, 결단 중에 선과 함께 남아 있을 때마다 그렇습니다. 유일한 차이는 고난당하는 자가 가진 소원의 고통입니다. 그러나 이것도 결단으로 나오는 데 도움을 줄 수 있습니다.

영리함의 개입

따라서 고난당하는 자는 모든 고난당하기를 원해야 합니다. 이것은 모든 고난당하기 원하는 것처럼, 결단하는 것을 의미하며 결단 중에 선과 함께 하며 선에 남아 있는 것을 의미합니다. 다시 말해, 소원의 고통은 어떤 면에서 고난의 지속을 드러내지만, 치유 역시 지속됨을(vedblive) 드러냅니다. 고난당하는 자가 결단 중에 남아 있다(forblive)면 말입니다.

그러나 순간에 강한 힘이 있습니다. **바로 영리함입니다.** 영리함과 그 순간으로부터, 혹은 영리함을 통해 그 순간에서 인간의 타락이 나옵니다. 인간의 구원이 영원 속에, 영원을 통해 있는 한 그렇습니다. **이런 점에서 영리함은 내적으로 오용됩니다.** 본질적으로 고난당하는 자에게 외적으로 그것을 오용하는 것은 쉽지 않기 때문입니다. 여기에 다시 한번 영리함은 회피하는 데에 큰 도움이 됩니다.

영리함으로 시간은 중지되고 결단은 연기됩니다. 영리함은 다만 결단에 대한 지상적이고 시간적인 이해만을 갖기를 원할 뿐입니다. 곧, 영리함은 결단에 대한 순간의 이해만 갖고 있을 뿐입니다. 영리함에 의해 고난 자체는 중지됩니다. 그러나 영원은 이런 식으로 치료하지 않습니다.

몸이 마비된 자는 건강하게 되지 않았습니다. 왜냐하면 그는 영원에 의해 치료받았기 때문입니다. 문둥병자도 깨끗하게 되지 않았고, 몸이 불구인 자도 완전하게 되지 않았습니다. 영리함은 이렇게 말합니다.

"그러나 그때 영원자의 도움은 나쁜 것이지요. 설상가상으로 고난당하는 자가 고난에 몸을 바친다면, 그 결단은 그의 상황을 절망적으로 만들고 말 것입니다."—왜냐하면 이 결단이 시간(temporality)의 기만적인 소망과 단절하기 때문입니다.

영원자가 이런 고난당하는 자를 치유하지 않을 때, 영리함의 도움으로 종종 다음과 같은 일이 진행됩니다. 먼저 고난당하는 자는 몇 년 동안 지상의 소망으로 살아갑니다. 그러나 이 소망이 소진되고 고난은 지속될 때, 그는 미신에 사로잡힙니다. 그의 마음은 나른함과 불타는 듯한 긴장 사이에서 요동칩니다. 고난이 더욱 지속될 때, 그는 마침내 무기력한 절망에 빠지고 맙니다. 노름꾼이 뜻밖의 행운을 만나면 한 번 더 일확천금에의 소망을 품듯, 그는 부자연스럽고 끔찍하게 나약해지는 긴장된 상태로 인해 무너지는 일이 없습니다.

슬프게도, 결국 우리는 영리함과 지상의 소망이 어떤 것인지 보게 되는군요! 영원한 것을 얻기 위해 "이 동화 같은 치료가 가능하다는 지상의 소망을 포기 하지 않는 것"이 지혜로워 보이고, "결정적으로 세상과 작별을 고하지 않을 것"이 지혜로워 보입니다. 결국 무슨 일이 일어날 것인지 모릅니다. . . . 그때 후회할 것입니다." 곧, 영원자에 의해 치유될 수 있도록 한 것을 후회할 것입니다.

지상의 소망과 **하늘의 소망**은 마치 쌍둥이처럼 함께 자라나고 어린 시절 함께 놉니다. 그러나 **차이는 결단에서 분명히 드러납니다.** 그러나 영리함은 이것을 또 방해합니다. 영리함은 지속적으로 이 결단을 방해합니다. 영리함은 집요하게도 시간을 지연시킵니다. 그토록 많은 생각과 개념들을 갖고 있습니다. 영리함의 지혜는 이렇습니다: 생명을 빼앗기지 말아야 하며 고난을 너무 많이 마음속에 간직한 나머지 상처받지 말라는 것입니다. 그것은 가능성일 뿐이라는 것입니다. 과연 이것을 누가 알겠는가 하는 것이지요. 다시 말해, 고난당하는 자가 고난을 마음에 두고 환영하면, 영원자의 도움을 받아 결단하게 되기 때문입니다.

고난을 마음에 두고 환영하는 것, 그것은 시간에 대해, 영리함에 대해, 회피에 대해 죽는 것입니다. 영리한 남자들과 여자들에 대해, 이런저런 이야기(anecdotes)에 대해 죽는 것입니다. 이것은 영원의 복된 신뢰 속에서 쉼을 찾기 위함입니다. 고난당하는 자는 이리저리 뒤척이다 드디어 편안한 자리를 찾은 병자로 비유될 수 있습니다. 그 소원이 아무리 고통스러울지라도 말입니다. 그 소원이 아무리 보잘것없을지라도, 영원자를 얻기 위해 그것을 마음에 두고 환영하는 것만큼이나 마음에 둘 수 없습니다.

그러나 영원자에게 치유받기 원치않는 자는 두 마음을 품은 자입니다. 그 속에 있는 두 마음은 가장 고상한 능력을 갉아먹고 또 갉아먹고 소멸시키는 질병입니다. 장애를 얻고 마비가 되는 것보다 더 심각하게 위험한 내적 손상입니다. 두 마음을 품은 자는 치유되기를 원하면서 또한 치유되기를 원치 않습니다. 결국 그는 영원히 치유되기를 원치 않을 것입니다. 그러나 시간의 치유는 불확실합니다. 커져가는 불확실성이 갖는 분명한 특징은 두 마음속에 있는 커지는 불안(restlessness)입니다.

두 마음을 품은 자의 최후의 순간, 영리함은 여전히 그의 임종 가운데 앉아 있습니다. 게다가 갑자기 예기치 않게 무슨 일이 일어날지 알 수 없다고 설명하기까지 합니다. 그러나 목사를 부르지 말아야 합니다. 영리함은 결단을 두려워하기 때문입니다. 영리함은 목사가 오는 것을 일종의 결단으로 여기기 때문입니다. 갑자기 예기치 않게 무슨 일이 일어날지 알 수 없으니 말입니다. 그때, 두 마음을 품은 자는 죽습니다. 이제 생존자는 이 죽은 자가 갑자기 예기치 않던 방법으로 수많은 세월 자신의 고난에서 치유받지 못했다는 것을 압니다.

아아, 순간의 영리한 의미에서 세상을 사랑한 자에게, 영원은 수수께끼입니다. 그는 계속 이렇게 생각합니다.

"그러나 시간적인 도움(temporal help)이 갑자기 나타난다면 어땠을까? 나는 속았을 텐데. 영원의 결단 중에 시간(temporality)에 대해 이미 나는 죽었는데 말이야."

이것은 시간을 최고의 것으로, 영원을 일종의 "절망적 예비품(standby)"으로 생각했다는 것을 의미합니다. 따라서 가능한 오래 결단을 지연시킵니다. 모든 기대 가운데 시간의 도움이 가장 비합리적인 것일지라도, 미신적인 것에 현혹되어 영원을 붙잡기보다 시간의 도움을 소망합니다. 이것을 후회하는 것, 이것은 계속된 두려움입니다. 하지만 진리 안에서 영원을 붙잡는다면, 이것은 무조건 유일하게 말할 수 있는 것입니다. 곧, 절대 후회하지 않는다는 것이죠.

그러나 사람이 어느 날 영원의 결단을 후회하게 될 것을 두려워했다면, 이것은 그가 어느 날 시간이 그냥 흘러가게 둔 것을 비통하게 후회하도록 봉사한 것입니다. 아, 이것은 어리석은 영리함입니다. 이 영리함이 아무리 떠들썩하더라도, 아무리 뽐을 내더라도 그저 어리석을 뿐입니다. 자신을 속여 최고의 위로를 빼앗는 것입니다. 평범한 위로로 자신을 도와 더 평범한 위로에 빠지게 합니다. 결국 피할 수 없는 후회에 빠지게 됩니다.

고난당하는 자가 이런 식으로 그의 영리함을 활용한다면, 그의 두 마음을 세상이 바라볼 때는 이전에 서술된 것보다 좀 더 좋게 보인다는 것, 그것은 아무런 차이가 없습니다. 영원의 결단을 방해하기 위해 그것을 활용한다면, 그는 본질적으로 두 마음을 품은 자입니다. 아무리 시간이 돕는대도, 그는 두 마음을 품은 것이며 본질적으로 두 마음속에 머물게 됩니다. 그는 영리함을 자랑합니다. 곧, 영원의 결단을 피했다는 것을 자랑합니다. 이것은 불행이었습니다. 사람은 영리하게 영원의 결단을 회피한 결과는 오직 재앙이라고 믿어야 합니다.

영원의 결단은 유일하게 진정한 구원입니다. 따라서 고난당하는 자가 영원자에 치유받도록 하는 대신, 그 고통을 숨기기 위해 자신의 힘을 사용한다면, 그것은 두 마음입니다. 그 사람은 고난으로부터 자유롭게 되는 것을 원하는 것이 아니라, 동정으로부터 자유롭게 되기를 원하는 것뿐입니다.[106] 동정이 또한 고난이 될 수 있으니까요. 두 마음속의 모순은 바로 여기에 있습니다. 영원의 결단에 의해서만 오직 **동정의 고통**에서 벗어날 수 있습니다. 그는 본질적으로 결단으로 고난을 극복했기 때문입니다. **따라서 소원은 고통당하는 반면, 영원자는 치유합니다.**

선의 승리

고난과 관련해 모든 두 마음은 시간(temporality)[107]을 내려놓기 꺼려하는 두 마음을 품은 자의 반항 속에 그 근거와 흔적을 갖고 있습니다. 마찬가지로 가끔 고난당하는 자들을 언급하는 저 두 마음을 품은 이야기는, 시간의 도움을 받아 위안을 준다는 점에서 인식할 수 있습니다. 고난당하는 자가 가장 고차원적인 위로를 받아들이는 데 너무 자주 위축될 뿐입니다. 말하는 자는 최고의 위로를 제공하는 것을 피하는 것처럼 보입니다.

반면, 위로하는 이야기는 "틀림없이 잘될 거야."라는 말로 위로합니다. 아마도 그 이야기는 인내를 조금 강조합니다. 고난당하는 자에게 약간 혼란을 주며 말합니다.

"주일이 되면, 모든 게 잘될 거야."

그러나 고난당하는 자를 잠시나마 궁핍한 자와 비교한다면, 도대체 왜, 궁핍한 자에게 은이나 심지어 모조품 따위를 줄까? 금이 풍부한데도 말입니다. 영원의 위로가 다름아닌 순금이기 때문입니다.

행동하는 자의 고난이 고난당하는 자의 것과 본질적으로 다를지라도, 행동하는 자의 고난을 우리가 명심합시다. 사도들이 채찍으로 맞았을 때, 기뻐하며 하나님께 감사하고 떠났다는 구절을 우리가 읽습니다.[108] 이 구절에는 약간이라도 인내를 언급한 곳이 없습니다. 주일이 오면, 틀림없이 일이 잘될 것이라는 언급도 없습니다.

그러나 여기서, 승리를 거둔 영원의 위로와 채찍으로 맞은 사도들은 승리 그 이상을 얻었습니다. 본질적으로 고난당하는 자도 이와 마찬가지입니다. 영원이 치료할 때, 소원은 확실히 계속 고통당합니다. 당연히 그래야 합니다. 왜냐하면 고난당하는 자를, 마침내 시간(time)에서 건져내는 것이 영원한 것은 아니기 때문입니다. 그러나 거기에는 어떤 구슬픈 소리도, 일시적 혼란도, 어떤 기만적인 지연도 없습니다. 본질적으로 고난당하는 자가 시간을 따라 자기 길을 울면서 갈 때, 그때 모든 기만으로 인해 거의 시간 가는 줄 모르게 되거나 혹은 시간을 죽여야 할 때, 영원은 그에게 열린 상태로 남아 있다는 것, 물론 거기에 이런 의견이 있습니다.

슬프게도, 본질적으로 고난당하는 자 역시 그가 시간을 어떻게 이용했는지, 이 땅의 비참함을 어떻게 활용했는지에 관한 책임이 있습니다. 그가 영원히 치유받을 수 있게 하려고 그것을 활용했는지 말입니다. 그러나 영리함은 말합니다.

"절대 소망을 포기하지 말아야 합니다."

영원자는 대답합니다.

"너, 위선자여, 왜 그렇게 애매모호하게 말하는가? 죽여야만 하는 욕망, 갈망, 열정이 있는 것처럼 죽어야만 하는 소망이 있다. 이 땅의 소망은 죽임을 당해야만 한다. 그런 다음에야 진정한 소망으로 구원받을 수 있기 때문이다. 고난당하는 자가 이 세상에 있을 때(temporality's terms) '구차하게 풀려나기를 거부한 이유'이다."(히브리서 11장 35절)

그러나 진리 안에서 선을 품은 고난당하는 자는 특별히 회피에 맞서기 위해 영리함을 활용합니다. 그런 방식으로 결단 중에 자신을 돕기 위해, 시간적인(세속적인) **것들에 실망하는 것을 피하고자 영리함을 활용합니다.**

그는 결단의 압력을 두려워하지 않습니다. 결단은 그에게 고난을 모아주는 것처럼 보입니다. 이 압력으로 영원이 돌파(breakthrough)해 나가는 것을 알기 때문입니다. 결단 가운데 시간의 힘줄(the nerve of temporality)은 끊어진다는 것을 알기 때문입니다. 고통이 이 소원 중에 남아 있을지라도 말입니다.

고난당하는 자를 조급하게 만드는 것은, 틀림없이 그가 전 생애의 고난을 미리 짊어지고 시간 가운데 할당된 곳에 앉아 주눅 들어 위축되기 때문일 것입니다. 한 날의 괴로움이 그날에 그를 족하게 했더라면 견디기가 더 쉬웠을 텐데 말입니다.[109] 이런 의미에서 고난은 결단 중에 집중되지 않을 것입니다. 잘못은 이것입니다. 그가 모든 고난을 미리 받아들였지만, 영원한 것을 얻은 것이 아니라 다만 두려워 잠시 떨었던 것입니다.

그러나 또한 확실합니다. 시간의 불확실성으로 많은 세월을 고난당한 자가, 결단의 충격에서 자신을 빼낼 수 있습니다. 의기소침하게 되는 방법입니다. 따라서 진리 안에서 선을 품은 고난당하는 자는, 영리함을 신뢰할 수 없다는 것을 압니다. 그뿐만 아니라 결단만 신뢰할 만하다는 것을 압니다.

행동하는 자는 선을 위해 모든 것을 하기 원합니다. 고난당하는 자는 선을 위해 모든 고난당하기를 원합니다. 두 사람이 내린 결단 모두, 선과 함께 있고 선에 남을 수 있다는 것이 비슷한 점입니다. 다만 각자 일하는 방식이 다릅니다. 그러나 한 사람이 다른 사람을 배제하는 것으로는 이해하지 말아야 합니다. 행동하는 자는 선이 승리하게 하려고 밖으로 일합니다. 그의 고난도 이런 점에서 의미를 갖습니다. 고난당하는 자는 선이 승리하게 하려고 선을 위해 안에서 모든 것을 합니다. 모든 고난당하기를 원함으로써 말입니다.

그러나 선은 틀림없이 승리했고 행동하는 자의 속사람(inner self)에서 언제나 승리해야 합니다. 그가 진실로 선을 위해 밖으로 일하고 있다면. 본질적으로 고난당하는 자는 모범의 능력을 힘입어, 언제나 선을 위해 밖을 향해 일할 수 있습니다. 왜냐하면 일평생 많은 것이 그에게서 부정되었더라도, 많은 것이 허락되었던 수많은 사람에게 큰 도전을 줄 수 있기 때문입니다.

결단 중에 그가 선과 함께 할 뿐만 아니라 선에 남는다면, 받은 많은 것을 무책임하게 활용한 많은 사람을 엄격하게 심판하게 됩니다. 고난당하는 자가 모범이 되는 것을 거절당하더라도, 다른 모든 다른 사람과 분리되었더라도, 위대한 인류의 공동 계획(common enterprise)에 참여하고 있습니다.

그가 아무리 고독한 자리에 있다 해도, 자신을 함정에 빠뜨리려는 온갖 종류의 고난의 어려움에서 스스로 영혼을 구원함으로써 이 어려운 통과를 방어한다 해도, 혹은 어떤 사람도 그를 보지 못한다 해도, 인류는 그를 느끼고, 그와 함께 고난당하고, 결국 그와 함께 승리합니다! 그러나 선이 진실로 승리하는 곳마다, 승리는 본질적으로 선처럼 위대합니다. 선이 한 사람을 통해 많은 사람을 이기든, 그 한 사람을 통해 저 고독한 자와 버림받은 자를 이겼든 아무 상관이 없습니다. 승리가 본질적으로 위대한 것은 선과 같습니다. 영원자의 복된 평등을 찬양할지라!

필연 속에서의 자유

하지만 이 강화가 고난을 떠나기 전에, 한가지만 더 말해봅시다. 사람이 고난을 "원한다"라고 말할 수 있습니까? 어쩔 수 없이 당하는 고난은 자신의 의지에 맞서는 것이 아닌가요? 사람이 고난을 면제받을 수 있다면, 그것을 원할 수 있습니까? 사람이 고난에 매여 있는 것이라면, 그것을 원했다고 말할 수 있는 것인가요?

우리가 이 질문에 답하려면, 무엇보다 욕망(desire)의 의미에서 사람이 원하는 것, 자유가 갖는 고상한 의미에서 사람이 원하는 것, 이 둘의 차이가 무엇인지 먼저 구별해봅시다. 많은 사람에게, 같은 생각 속에 자유와 고난을 결합하는 것은 불가능한 것처럼 보입니다. 따라서 자신의 소유를 갖고 안락한 삶을 살고 있는 누군가를 볼 때, 그 사람이 어떤 의무를 다하고 있는 일꾼처럼 열심히 노력하고 있는 것을 그들이 볼 때, 사람이 많은 고난을 겪는 것을 그들이 볼 때, 그런데도 그가 더 고차원적인 소명을 받아 더욱 힘든 길을 선택하는 것을 볼 때, 그때 다른 사람은 그를 어리석거나 미쳤다고 생각합니다.

이런 유리한 많은 조건을 활용하는 법을 모르는 사람에게, 섭리가 이모든 것들을 주었다면서 사람들은 한탄합니다. 이 조건을 큰 소리로 말하지 않아도, 자신의 내적인 존재를 얼마나 슬프게 폭로하고 있는지 생각하지 않더라도, 사람들은 은밀하게 다음과 같이 생각합니다.

"우리가 그의 자리에 있었어야 해. 우리는 실제로 저 삶을 즐기는 법을 알고 있기 때문이지."

따라서 누군가 고난에서 면제될 수 있는데도, 그것을 원하는 것은 어리석거나 미친 것입니다.

그때, 용기란 무엇인가요? 쾌락이 손짓하는 곳으로 가는 것이 용기인가요? 즐거운 것이 어디 있는지 찾는 것이 용기인가요? 혹은 용기(courage, Mod)를 보여준다는 것은 오히려 거기에 저항(resistance, Modstand)이 있다는 것을 요구하는 것은 아닌가요?(언어 자체가 암시하고 있듯이) 용기 있는 자가 눈앞에서 위험을 보고 있을지라도, 눈은 위험을 보기를 기뻐하는 것이 아니니까 말입니다.

혹은 예를 들어 설명하자면, 용감한 기사가 공포의 대상을 향해 달리며 말에 박차를 가하는 것과 같지 않습니까? 용감한 자의 육신의 눈이 눈앞에 닥친 위험으로 인해 겁내고 위축되는 것을 다른 사람은 볼 수 없습니다. 왜냐하면 용기는 눈이 표현하는 것도 뚫고 지나가기 때문입니다. 그러나 기사와 말은 용기가 어떻게 혼합되어 있는지 설명해 줍니다.

기사는 용감하나, 말은 겁이 많습니다. 말과 말의 주저함(shying)은 사람과 사람의 주저함 속에 있는 야비함과 일치합니다. 용기가 이것을 억제합니다. 따라서 용기는 자유롭게 기꺼이 고난을 원합니다. 용기 있는 자는 반역적인 내면의 저항이 있습니다. 이 저항은 외적인 저항과 동맹을 맺습니다. 왜냐하면 이 모든 것에도 불구하고 그는 자유롭게 고난을 원하기 때문입니다.

반면(우리가 본질적으로 고난당하는 자를 말하고 있으므로, 이것은 우리가 주로 고려해야 하는 것입니다), 고난당하는 자는 어떤 의미에서 어쩔 수 없이 당하는 고난을 자유롭게 스스로 짊어질 수 있습니다. 자신을 자유롭게 하려고 고난을 자기 마음대로 할 수 없는 한, 그렇습니다.

"나는 두렵지 않다. 나를 결박하라!"라는 말은, 오직 자유로운 사람만 할 수 있습니까? 결박된 자가 "나의 자유로운 의지로, 나 자신을 감금한다!"라고 말할 수는 없는 건가요? 다시 말해, 이미 감금된 상태임에도 말입니다. 진실로, 여기에 같은 상황이 있습니다. 그런 일은 불가능하다는 것이 다수의 의견입니다. 따라서 고난당하는 자의 상태는 비탄에 빠진 겁쟁이의 상태와 같다는 것입니다.

그때, 인내(patience, Taalmod)란 무엇인가요? 인내란 피할 수 없는 고난을 자유롭게 스스로 짊어지는 용기(courage, Mod)가 아닌가요?[110] 피할 수 없는 것은 용기를 무너뜨리는 것입니다. 고난당하는 자 안에는 반역적인 저항이 있습니다. 이 저항은 도피 불가능한 두려움과 동맹합니다. 그 동맹이 그를 무너뜨릴 것입니다. **그런데도 인내는 고난에 굴복합니다.** 바로 **이런 점에서 인내는 피할 수 없는 고난 가운데 자신의 자유를 깨닫습니다.**

인내는 더 큰 기적을 불러옵니다. 말하자면, 용기보다 더 큰 기적을 일으킨다는 말입니다. 용기는 피할 수 있는 고난으로 자유롭게 들어가지만, 인내는 피할 수 없는 고난 가운데 스스로 자유롭게 하기 때문입니다. **자유로운 자는 그의 용기로 자유롭게 스스로 가둡니다. 그러나 감금된 자는 그의 인내로 스스로 자유롭게 합니다.** 하지만 간수가 놀라고 두려워하게 될 것이라는 의미에서 그런 것은 아닙니다.

외부로부터 오는 불가능이 고난으로부터 스스로 자유롭게 할 수 있는 것을 방해하기에, 스스로 고난에서 자유롭게 하는 내적 가능성이 실제로 제거되는 것이 아닙니다. 고난을 스스로 자유롭게 짊어질 가능성이 제거되는 것 또한 아닙니다. 인내하는 자는 고난에 굴복하기를 원함으로써 이에 동의하고 있으니까요.

어쩔 수 없이 좁은 감방에 들어갈 수 있습니다. 피할 수 없이 평생 고난당할 수 있습니다. 필연(necessity)이 압제자입니다. 그러나 어쩔 수 없이 인내할 수는 없습니다. 필연의 압제가 자유의 탄력성을 갖고 있지 않을 뿐더러, 그런 탄력성을 갖기를 원하지 않는 영혼을 강제로 짓누른다면 (press, trykke), 그때 영혼은 억압됩니다(oppress, fortrykt). 영혼이 인내할 수 있는 것이 아닙니다. 인내는 탄력성(resiliency, Gjentryk)과 반대되는 압력입니다. 그에 따라 억압된 자는 속박 가운데 스스로 자유롭게 합니다.

부자만 절약할 수 있습니까? 부자에게 낭비할 수 있는 능력이 있기 때문입니까? 가난한 자도 절약할 수 있지 않을까요? 낭비할 수 있는 능력은 없을지라도, 어쩔 수 없이 절약해야 할지라도 말입니다. 그가 어쩔 수 없이 가난하다 해도, 그러나 그것은 실제로 어쩔 수 없는 것이 아닙니다.

슬프게도, 많은 지혜가 선을 제거하기 위해 의도된 것처럼 보입니다. 독립적인 수단을 갖고 있는 사람이 힘든 삶을 자유로이 선택할 때, 사람들은 그를 괴짜라고 부릅니다.

"쉬운 삶을 살 수도 있었는데. 게으르고 편안하게 살 수도 있었는데 말이야. 자신의 온갖 소원을 다 채울 수도 있었을 텐데."

압제당한 자가 고난 중에 인내하고 있을 때, 사람들이 말합니다.

"창피한 줄 알아야지! 결국 그는 다른 것은 아무것도 할 수 없어. 당연한 일을 하고 공을 세우는 것뿐이지."

그가 당연한 일(a virtue of necessity)을 하고 있다는 것에 질문할 여지가 없습니다. 그것은 비밀입니다. 그 일을 가장 전형적으로 표현하는 것일 뿐입니다. 당연한 일을 하고 있습니다. **필연(necessity)으로 정의된 일로부터 자유**(미덕, virtue)**의 범주를 끌어내는 중에 있습니다.**

정확히 바로 여기에서, 영원의 결단을 통한 치유가 있습니다. 고난당하는 자는 어쩔 수 없이, 당한 고난을 스스로, 자유로이 짊어집니다. 자기 자신을 은밀하게 친구에게 털어놓는 것이 고난당하는 자에게 구원이

듯이, 필연의 압제가 그의 마음을 짓누르는 동안 영원자에게 자기 자신을 털어놓는 것, 그것은 영원의 결단을 통해 그가 받는 구원입니다. 말하자면, **그는 모든 고난당하기 원함으로써 영원히 순종합니다.**

열린 문 앞에 서 있는 저 사람이 감금되었습니까? 영원의 이중문 (double door) 말입니다! 영원히 자유로운 저 사람이 압제당한 자인가요? "나는 로마의 시민이다"라고 바울이 말했을 때, 통치자도 그를 감히 감옥에 넣지 못하고 개방된 유치장에 가두었습니다.[111] "나는 영원의 자유로운 시민입니다"라고 한 사람이 감히 말할 수 있다면, 그때 필연은 그를 개방된 유치장 말고 다른 곳에는 감금할 수 없습니다.

결론

독자여, 당신이 원한다면, 이 강화가 어떤 방향으로 발전해 왔는지 기억을 떠올려 봅시다. 사람이 한가지를 마음에 품는다면, 선을 품어야 합니다. 그때 그가 한가지를 원하는 것이 가능할 수 있습니다. 그러나 이것이 현실이 되기 위해 그는 진리 안에서 선을 품어야 합니다. **그가 행하는 자인지, 혹은 고난당하는 자인지에 따라, 그는 선을 위해 모든 것을 행하기를 원해야만 하거나, 선을 위해 모든 고난당하기를 원해야 합니다.**

그는 선을 위해 모든 것을 하기 원해야 합니다. 혹은 선과 함께하고 선에 남아 있기를 결단하는 중에 모든 것을 하기 원해야 합니다. 그러나 영리함은 회피를 찾기 위해 내적으로 잘못 사용되었습니다. 영리함은 외적으로 또한 기만적으로 잘못 사용되었습니다. 하지만 선한 사람은 모든 회피를 막기 위해 영리함을 활용했고, 그리하여 스스로 도왔으며 결단 중에 자신을 지켰습니다. 외적으로 모든 기만을 막기 위해 영리함을 활용했습니다. 그는 선을 위해 모든 고난당하기를 원해야 합니다. 혹은 선과 함께하고, 또한 선에 남아 있기를 결단하는 중에 모든 고난당하기를 원해야 합니다.

이 강화는 본질적으로 고난당하는 자의 상태를 서술하기를 중단했습니다. 왜냐하면 우리가 고난을 생각하던 중에, 최고의 것이 무엇인지 가장 믿음직하게 배웠기 때문입니다. 고난과 관련해, 영리함은 다시 한번 내적으로 회피를 찾기 위해 잘못 사용됩니다. 그러나 선한 사람은 특별히 회피에 맞서 영리함을 활용합니다. 그리하여 결단 중에 선과 함께하고 선에 남아 있습니다. 모든 고난당하기를 원함으로써, 고난에 부과된 필연을 원함으로써 말입니다.

그러나 마음의 청결은 한가지만을 품는 것입니다. 이 강화의 주제가 바로 이 문장이었습니다. 이것을 사도의 말씀과 연결 지었습니다.

"하나님을 가까이하라. 그리하면 너희를 가까이하시리라. 죄인들아, 손을 깨끗이 하라. 두 마음을 품은 자들아, 마음을 성결하게 하라."(약4:8)

선에 결단하는 것이야말로 결정적입니다. 마음이 멀리 있는데 오직 혀로만 기만적으로 하나님을 가까이할 수 없습니다. 하나님은 성령과 진리이시므로,[112] 그분이 거룩하신 것처럼 마음의 청결함으로 자신도 거룩하게 되기를 원함으로만 진리 가운데 그분을 가까이할 수 있습니다. 마음의 청결, 이것은 마음과 바다를 비유하는 은유적 표현입니다. 왜 특별하게도 여기에 비유할까요? [113]바다의 깊이가 바로 청결을 보여주기 때문입니다. 바다의 청결은 곧 투명성입니다. 왜냐하면 바다가 청결할 때만 깊기 때문입니다. 투명할 때만 오직 바다가 청결하기 때문입니다.

청결하지 않은 순간, 바다는 깊지 않고 얕습니다. 바다가 얕은 순간, 투명하지도 않습니다. 하지만 바다가 깊고 투명하게 청결할 때, 사람이 아무리 오래 바다를 바라볼지라도, 바다는 한가지일 뿐입니다. 바다의 청결은 한가지에서의 이런 한결같음(constancy)을 의미합니다. 우리가 마음을 바다에 비유하는 이유입니다. 바다의 청결이 그 깊음과 투명성에서 이런 한결같음과 같기 때문입니다.

어떤 폭풍도 바다를 뒤흔들 수 없습니다. 어떤 갑작스러운 돌풍도 바다의 표면을 움직일 수 없습니다. 졸고 있는 듯한 어떤 안개도 저 바다를 다 뒤덮을 수 없습니다. 바닷속에는 어떤 의심스러운 움직임도 있을 수 없습니다. 멀리 떠도는 어떤 구름도 바다를 어둡게 할 수 없습니다. 바다는 홀로 깊고 투명한 채 고요하게 남아 있을 뿐입니다.

당신이 오늘 이런 식으로 바다를 본다면, 바다의 청결을 응시함으로 행복해질 것입니다. 당신이 이런 식으로 매일 바다를 본다면, 바다는 한결같이 청결하다고 말할 것입니다. 오직 한가지만을 품은 자의 마음처럼 말입니다.

바다가 깊고 투명하며 고요하게 있을 때, 저 하늘을 열망하듯, 마음이 깊고 투명하며 고요하게 있을 때, 오직 선만을 열망합니다. 혹은 바다가 하늘만을 열망할 때 청결해지듯이, 마음은 선만을 열망할 때 청결해집니다. 바다가 그 청결함의 깊음 속에서 하늘의 높음을 반사하듯이, 마음이 고요하고 깊이 투명할 때, 저 청결한 깊음 속에서 선을 향한 하늘의 숭고함을 반사합니다.

만약 아주 적은 어떤 것이라도 그 사이를 비집고 들어온다면, 하늘과 바다 사이에 낀다면, 마음과 선 사이에 들어온다면, 그것이 저런 반사를 바라는 조바심이었을지라도, 그때 바다는 청결할 수 없습니다. 그때 바다는 청결하게 하늘을 반사하지 못합니다.

참고자료

1   로마서 7:18~19, "내 속 곧 내 육신에 선한 것이 거하지 아니하는 줄을 아노니 원함은 내게 있으나 선을 행하는 것은 없노라. 내가 원하는 바 선은 행하지 아니하고 도리어 원하지 아니하는 바 악을 행하는도다."

2   마태복음 7:1~2, "비판을 받지 아니하려거든 비판하지 말라. 너희가 비판하는 그 비판으로 너희가 비판을 받을 것이요, 너희가 헤아리는 그 헤아림으로 너희가 헤아림을 받을 것이니라."

   로마서 14:12~13, "이러므로 우리 각 사람이 자기 일을 하나님께 직고하리라. 그런즉 우리가 다시는 서로 비판하지 말고 도리어 부딪칠 것이나 거칠 것을 형제 앞에 두지 아니하도록 주의하라."

3   이 부분은 소피스트를 의미한다. 소피스트들은 전 세계를 여행했다. 그러나 그들은 특별히 민주주의를 주창했던 아테네와 관련이 있다. 그들은 주로 정치 지도자들과 귀족 계급들을 도왔다. 이 부분과 관련해 트라시마코스가 있다. 다음을 참고하라. Plato, 《국가》 박종현 역 (서울: 서광사, 1997), 82. (트라시마코스가 말한다): "들으십시오! 저로서는 올바른 것(to dikaion)이란 '더 강한 자의 편익(이득: to sympheron)' 이외에 다른 것이 아니라고 주장합니다. 한데, 선생께서는 왜 칭찬을 해 주시지 않죠? 그러고 싶지 않으신 게로군요."

4   소크라테스를 말한다. 트라시마코스의 대화 상대이다.

5   1846년 3월 13일 일기를 참조하면 다음과 같다: "소크라테스가 《국가》에서 '좋음(being good)'의 표면을 떼어내야 한다고 발전시켰던 것." 아마도 키르케고르는 소크라테스와 글라우콘을 혼동한 것처럼 보인다. 이것은 원래 글라우콘이 한 말이다. 다음을 참고하라. Plato, 《국가》 , 131. (글라우콘이 말한다): "이 사람을 이와 같은 사람으로 상정한 다음, 논의를 통해 이 사람 옆에 올바른 사람, 즉 단순하고 고귀한 사람으로서, 아이스킬로스의 표현대로 훌륭한 사람으로 '보이기'(생각되기: dokein)를 바라는 것이 아니라 실제로 훌륭한 사람'이기'(einai)를 바라는 사람을 서게 하십시오.

그러니 '보인다'라는 말은 그에게서 떼어내야만 됩니다."

6 로마서 8:38~39, "내가 확신하노니 사망이나 생명이나 천사들이나 권세자들이나 현재 일이나 장래 일이나 능력이나 높음이나 깊음이나 다른 어떤 피조물이라도 우리를 우리 주 그리스도 예수 안에 있는 하나님의 사랑에서 끊을 수 없으리라."

7 요한일서 5:19, "또 아는 것은 우리는 하나님께 속하고 온 세상은 악한 자 안에 처한 것이며"

8 이 부분은 그리스의 고대 아폴로 신전에 새겨져 있는 글씨를 언급하고 있다. "γνωθι σεαυτον!(너 자신을 알라!)" 물론, 이 문장은 소크라테스와도 관련이 있다.

9 이 부분은 테미스토클레스를 말한다. 기원전 5세기 그리스 키오스의 시인 시모니데스는 대연회장 붕괴 참사에서 유일하게 살아남게 되었다. 그가 눈을 감고 무너진 건물 더미를 머릿속 이미지만으로 원상태로 복원해 내자, 놀랍게도 연회에 초대한 사람들 모두, 그리고 그들이 각자 어디에 앉았었는지 그림으로 전부 떠 올릴 수 있었다. 이런 방식으로 테미스토클레스도 2만 명이나 되는 아테네 시민의 이름을 다 외웠다고 한다. 어느 날 모든 것을 기억하는 법을 알려주겠다고 테미스토클레스를 방문한 사람이 있었다. 그러나 테미스토클레스는 그가 원했던 것을 잊는 방법을 배울 수만 있다면 오히려 이것이 나을 것이라고 대답했다. 다음 자료를 참고하라. Cicero, De oratore, II, 74; M. Tulli Cieceronis opera omnia, I-IV and index, ed. Johann August Ernesti (Halle: 1756-57; ASKB 1224-29), I, p. 489; Cicero De oratore, I-II, tr. E. W. Sutto and H. Rackham (Loeb, Cambridge: Harvard University Press, 1976), I, pp. 426-27.

10 야고보서 1:8, "두 마음을 품어 모든 일에 정함이 없는 자로다."

11 야고보서 1:7, "이런 사람은 무엇이든지 주께 얻기를 생각하지 말라."

12 왜냐하면 이미 보상을 얻었기 때문이다. 이 용어는 마태복음 6장 2절을 인용한 것이다. "그러므로 구제할 때에 외식하는 자가 사람에게서 영광을 받으려고 회당과 거리에서 하는 것 같이 너희 앞에 나팔을 불지 말라. 진실로 너희에게 이르노니 그들은 자기 상을 이미 받았으니라."

13 로마서 2:5, "다만 네 고집과 회개하지 아니한마음을 따라 진노의 날 곧 하나님의 의로우신 심판이 나타나는 그 날에 임할 진노를 네게 쌓는도다."

14 빌립보서 3:13~14, "형제들아 나는 아직 내가 잡은 줄로 여기지 아니하고 오직 한 일 즉 뒤에 있는 것은 잊어버리고 앞에 있는 것을 잡으려고 푯대를 향하여 그리스도 예수 안에서 하나님이 위에서 부르신 부름의 상을 위하여 달려가노라."

15 정치적 변화(자유주의), 교회의 변화(예를 들어, 근본주의)에 관해 사용했던 용어이다. 이 용어는 헤겔의 시대정신과도 관련이 있는 용어다. 예를 들어, 하이버그(Heiberg)가 있다. 그는 헤겔을 전공한 철학자였고 안데르센과 키르케고르도 지도한 적이 있다.

16 이 부분은 루터를 참고하라. 루터의 95조항 중에서 40번째에 다음과 같은 말이 나온다: "진실한 참회는 벌을 요구하며, 또한 이를 사랑한다."

17 이 부분은 플라톤의 대화편에 나오는 《고르기아스》에서 소크라테스의 말을 자유롭게 인용한 것이다. 다음을 참고하라. 《플라톤전집 III》 천병희 역 (파주: 숲, 2019), 87(479a): "여보게, 이런 사람들이 하는 짓은, 몸이 저지른 과오에 관해 의사에게 응분의 대가를 치르지 않는 데 성공한, 다시 말해 어린애처럼 뜸이나 수술의 고통이 두려워 치료를 기피하는 중증 환자가 하는 짓과 거의 흡사하다네. 그렇게 생각하지 않나?"

18 경건의 거룩함과 두려움이다. 이 부분은 히브리서 12:28절을 참고하라. "그러므로 우리가 흔들리지 않는 나라를 받았은즉 은혜를 받자. 이로 말미암아 경건함과 두려움으로 하나님을 기쁘시게 섬길지니"

19 누가복음 18:13, "세리는 멀리 서서 감히 눈을 들어 하늘을 쳐다보지도 못하고 다만 가슴을 치며 이르되 하나님이여 불쌍히 여기소서. 나는 죄인이로소이다 하였느니라."

20 이하의 구절은 다음을 참고하라. 원고에서 보면 다음과 같다.

진실로, 노예의 영혼은 한가지를 품을 수 있는가? 두려움이 있을 때, 선보다 다른 무언가에 대한 두려움이 있을 때, 거기에는 언제나 두 마음이 존재한다. 두려워하는 것은 겸손한 것과 같다. 하나님 앞에서 겸손하지 않은 자는 누구나, 아무리 그가 자부심을 가져도 사람들의 노예가 되고 만다. 왜냐하면 하나님 앞에서의 겸손이 진정한 자부심이기 때문이다.—Pap. VII1 B 153:2 n.d., 1846

21 옛날 사람들은 열병을 피가 "끓는 것"이라고 생각했다. 따라서 맥박이 빠르게 뛴다든지, 피부가 뜨겁고 붉게 보인다든지, 얼굴이 붉어지는 것을 그 증상으로 생각했다.

22 원고를 참고하면 다음과 같다.

십자가의 거룩한 표시로 귀신을 중단시켰다는 이야기가 전해진다. 그러나 두 마음과 관련하여 이 "만약"은 같지 않다. 그런 사람은 두 마음을 품은 것이 아닌가? 그가 진리 안에서 선을 품도록 두려움이 돕고 있는가? 절대 아니다. 두려움은 모든 사태를 더 악화시키고 있다. 마치 병에 걸린 것처럼 말이다. 그렇다면 위선은 모든 병 중에서 가장 위험한 것 아닌가? 하나님의 눈에 그것이 그를 도울 수 있는 것인지 나는 그게 궁금하다. 성경은 호색가와 강도들과 살인자들과 수치를 모르는 자들만 하나님 나라에 들어가지 못한다고 가르쳤는가? 성경은 또한 겁쟁이들도 못 들어간다고 말하지 않았는가?(계21:8, 22:15) 이것이 자유라면 노예의 영혼도 그만큼 확실하게 영원한 행복으로부터 차단되어 있는 것은 아닌가? -Pap. VII1 B 153:4 n.d., 1846

23 악한 자가 영원히 멸망당하는 것에 관한 교리를 언급하는 것처럼 보인다. 그는 지옥에서 영원한 고통을 당한다. 이 교리에 관한 예로, 마태복음 25:41과 데살로니가후서 1:9~10을 보라.

24 야고보서 2:19, "네가 하나님은 한 분이신 줄을 믿느냐 잘하는도다 귀신들도 믿고 떠느니라"

25 예를 들어, 마태복음 25:14~30, 계시록 21:8을 보라.

26 다음 자료를 참고하라. Plato, 《국가·정체》 박종현 역 (서울: 서광사, 2009), 566. "한데, 우리가 필요 이상으로 이런 말을 하게 되었구먼. 우리가 확실히 해 두고자 하는 것은 이걸세. 무섭고 사나우며 무법한 종류의 욕구가 누구에게나 있는데, 우리 중에서 아주 절도 있는 걸로 생각되는 소수의 사람에게도 이게 있다는 걸세. 그러니까 이게 꿈속에서 명백해진다네. 내가 일리 있는 말을 하고 있는지, 그리고 자네는 이에 동의하는지 생각해 보게."

27 이 부분은 다음을 참고하라. JP III 3629(Pap. VII1 B 153:5) n.d., 1846

하나님의 세상 경영을 정당화하기 위해, 방대하면서 박식한 책들이 쓰여졌다. 정부가 인쇄물로 정당화되는 순간, 수많은 말을 다룰 수 있으나, 그 관계는 하나님과 사람 사이에서 같게 여길 수 없다. 왜냐하면 하나님은 피조물에게 믿음과 순종을 요구할 권리를 확실히 갖고 계시기 때문이다. 뿐만 아니라, 모든 피조물도 그분을 기쁘시게 하는 것만을 생각해야 하기 때문이다. 한편, 하나님은 다음 회의에서는 제쳐둘 수 있는, 그런 선출된 왕과 같은 분이 아니다. 스스로 정당화하지 못하는 왕 말이다. 이 문제는 간단하다. 이 형벌은 죄로 인해 하나님이 정하신 것이다. 그러나 많은 아이가 있는 큰 가정에서 죄 없는 자도 약간의 형벌을 공유할 수 있듯, 수백만의 아이가 있는 대단한 가정에서도… 아니, 이런 식이 아니다. 아이들이 많은 가정에서 이런 일이 일어나는 이유는 아버지나 선생이 여전히 사람이라는 데 있다. 그러나 하나님은 전체 장면을 조사하실 수 있고, 사람의 머리털까지도 세신 바 되시는 하나님, 참새 한 마리도 땅에 떨어지지 않도록 돌보시는 하나님은 어떤 일도 혼동하실 수 없다. 따라서 하나님의 경영 아래에서, 죄 없는 자 역시 약간의 형벌을 공유할 수 있는 그런 일은 일어나지 않는다. 다시 말해, 죄 없는 자가 죄책이 있다고 여겨지는 일은 일어나지 않는다. 다만 죄 없는 자라도 고난의 일부를 공유할 수 있다. 죄 없는 자가 하나님께 의지하며, 이것이 형벌인지를 묻는 순간, 그분은 즉각적으로 대답하신다. "아니, 사랑하는 아이야, 그것은 형벌이 아니란다." 당신은 확실히 그것을 안다.

28 마태복음 11:28, "수고하고 무거운 짐 진 자들아 다 내게로 오라. 내가 너희를 쉬게 하리라."

29 예를 들어, 요한1서 2:16, 갈라디아서 5:16~21을 참고하라.

요한1서 2:16, "이는 세상에 있는 모든 것이 육신의 정욕과 안목의 정욕과 이생의 자랑이니 다 아버지께로부터 온 것이 아니요, 세상으로부터 온 것이라."

30 창세기 2:18, "여호와 하나님이 이르시되 사람이 혼자 사는 것이 좋지 아니 하니 내가 그를 위하여 돕는 배필을 지으리라 하시니라."

31 전도서 4:10, "혹시 그들이 넘어지면 하나가 그 동무를 붙들어 일으키려니와 홀로 있어 넘어지고 붙들어 일으킬 자가 없는 자에게 화가 있으리라."

32 다음 자료를 참고하라. The Sickness unto Death, p. 42-46, KW XIX (SV XI 155~58)

33 마태복음 6:33, "그런즉 너희는 먼저 그의 나라와 그의 의를 구하라. 그리하면 이 모든 것을 너희에게 더하시리라."

34 다음을 참고하라. 최종 원고에서:

두 마음이 세상 형벌의 두려움으로 선을 품었을 때처럼, 경계선으로 움직인 자에게 화가 있을지라! -Pap. VII1 B 163:3 n.d., 1846

35 누가복음 17:10의 종과 비교해 보라. "이와 같이 너희도 명령 받은 것을 다 행한 후에 이르기를 우리는 무익한 종이라. 우리가 하여야 할 일을 한 것뿐이라 할지니라."

36 마태복음 11:12, "침례 요한의 때부터 지금까지 천국은 침노를 당하나니 침노하는 자는 빼앗느니라."

37 사무엘상 15:22, "사무엘이 이르되 여호와께서 번제와 다른 제사를 그의 목소리를 청종하는 것을 좋아하심 같이 좋아하시겠나이까 순종이 제사보다 낫고 듣는 것이 숫양의 기름보다 나으니"

그리고 다음을 보라. JP II 2152; V 5893 (Pap. VIII1 A 540; VII1 A 106)

38 그는 프랑스의 프랑수아 1세(Francis I)다. 그가 Pavia 전투 이후 감옥에 갇혔을 때(1525년), 그는 어머니에게 편지를 썼다. 이 편지에는 수정된 속담의 구절이 포함되어 있었다. 다음을 참고하라. Jacques Antonie Dulaure, Histoire physique, civile et morale de paris, I-VII (Paris: 1837), I, p. 209.

39 에베소서 4:14, "이는 우리가 이제부터 어린아이가 되지 아니하여 사람의 속임수와 간사한 유혹에 빠져 온갖 교훈의 풍조에 밀려 요동하지 않게 하려 함이라."

40 디모데후서 3:7, "항상 배우나 끝내 진리의 지식에 이를 수 없느니라."

41 전도서 1:9를 참고하라. "이미 있던 것이 후에 다시 있겠고 이미 한 일을 후에 다시 할지라. 해 아래에는 새것이 없나니"

42 마태복음 12:36을 참고하라. "내가 너희에게 이르노니 사람이 무슨 무익한 말을 하든지 심판 날에 이에 대하여 심문을 받으리니"

43 출처 미상

44 출애굽기 10장을 보라.

45 빌립보서 4:7, "그리하면 모든 지각에 뛰어난 하나님의 평강이 그리스도 예수 안에서

너희 마음과 생각을 지키시리라."

46 마태복음 10:29, "참새 두 마리가 한 앗사리온에 팔리지 않느냐? 그러나 너희 아버지께서 허락하지 아니하시면 그 하나도 땅에 떨어지지 아니하리라."

47 시편 94:9, "귀를 지으신 이가 듣지 아니하시랴. 눈을 만드신 이가 보지 아니하시랴."

48 잠언 4:23, "모든 지킬 만한 것 중에 더욱 네 마음을 지키라. 생명의 근원이 이에서 남이니라."

49 전도서 7:2, "초상집에 가는 것이 잔칫집에 가는 것보다 나으니 모든 사람의 끝이 이와 같이 됨이라. 산 자는 이것을 그의 마음에 둘지어다."

50 Carl Søeborg, "Om 100 Aar er Ating glemt," Fader Evans Stambog, ed. Andreas Peter Liunge(Copenhagen: 1824), p. 220. 그리고 다음을 참고하라. The Moment and Late Writings, KW XXIII(SV XIV 173).

51 키르케고르가 조카 Hans Peter Kierkegaard에게 보낸 편지를 참고하라. Letters, Letter 196, KW XXV.

52 마가복음 10:21, "예수께서 그를 보시고 사랑하사 이르시되, 네게 아직도 한가지 부족한 것이 있으니 가서 네게 있는 것을 다 팔아 가난한 자들에게 주라. 그리하면 하늘에서 보화가 네게 있으리라. 그리고 와서 나를 따르라 하시니"

53 누가복음 9:59, "또 다른 사람에게 나를 따르라 하시니 그가 이르되 나로 먼저 가서 내 아버지를 장사하게 허락하옵소서."

54 마태복음 25:21, "그 주인이 이르되 잘하였도다 착하고 충성된 종아 네가 적은 일에 충성하였으매 내가 많은 것을 네게 맡기리니 네 주인의 즐거움에 참여할지어다 하고"

55 신명기 28:37, "여호와께서 너를 이끌어 가시는 모든 민족 중에서 네가 놀람과 속담과 비방거리가 될 것이라." 여기에서 '속담'이 된다는 것은 일반적인 비난, 조롱의 대상이 되는 것을 의미한다. 또한, 다음을 참고하라. 왕상 9:7, 렘 24:9

56 누가복음 17:10, "이와 같이 너희도 명령 받은 것을 다 행한 후에 이르기를 우리는 무익한 종이라. 우리가 하여야 할 일을 한 것뿐이라 할지니라."

57 다음에 나오는 문장은 이 자료를 참고하라.

선장이 해안가의 과일을 실은 배로 항해할 때, 그는 일반적으로 전 과정을 미리 안다. 그러나 전사는 바다로 출항하고 전함이 바다 깊은 곳으로 나가고 난 후에야 명령을 받는다. 천재도 이와 마찬가지다. 그는 깊은 곳에 놓이게 되고 명령을 얻는다. 우리 나머지들은 무언가를, 혹은 우리가 맡고 있는 이런저런 것에 대한 다른 것들에 대하여 안다. -JP II 1292 (Pap. VI A 93) n.d., 1845.

58 이 부분은 눅14:16~24를 참고하라.

59 마가복음 12:41~44, "예수께서 헌금함을 대하여 앉으사 무리가 어떻게 헌금함에 돈 넣는가를 보실새 여러 부자는 많이 넣는데 한 가난한 과부는 와서 두 렙돈 곧 한 고드란트를 넣는지라. 예수께서 제자들을 불러다가 이르시되 내가 진실로 너희에게 이르노니 이 가난한 과부는 헌금함에 넣는 모든 사람보다 많이 넣었도다. 그들은 다 그 풍족한 중에서 넣었거니와 이 과부는 그 가난한 중에서 자기의 모든 소유 곧 생활비 전부를 넣었느니라 하시니라."

60 고린도전서 9:26, "그러므로 나는 달음질하기를 향방 없는 것 같이 아니하고 싸우기를 허공을 치는 것 같이 아니하며"

61 이 부분은 마태복음 21장 12-16절에 나오는 성전 청결사건에 관한 기록으로, 예수님께서 성전 뜰에서 매매하는 자들을 모두 쫓아내셨다고 기록되어 있다.

62 마가복음 8:36, "사람이 만일 온 천하를 얻고도 자기 목숨을 잃으면 무엇이 유익하리요"

63 이 부분은 눅10:42를 암시한다. "몇 가지만 하든지 혹은 한가지만이라도 족하니라. 마리아는 이 좋은 편을 택하였으니 빼앗기지 아니하리라 하시니라."

64 마13:44-46을 참고하라. "천국은 마치 밭에 감추인 보화와 같으니 사람이 이를 발견한 후 숨겨 두고 기뻐하여 돌아가서 자기의 소유를 다 팔아 그 밭을 사느니라. 또 천국은 마치 좋은 진주를 구하는 장사와 같으니 극히 값진 진주 하나를 발견하매 가서 자기의 소유를 다 팔아 그 진주를 사느니라."

65 이 부분은 눅14:28~30을 암시한다.

66 이 부분은 마25:14~30을 암시한다.

67 이 부분은 마태복음 23:28~30를 암시하고 있다.

68 마태복음 27:41~42, "그와 같이 대제사장들도 서기관들과 장로들과 함께 희롱하여 이르되, 그가 남은 구원하였으되 자기는 구원할 수 없도다. 그가 이스라엘의 왕이로다 지금 십자가에서 내려올지어다 그리하면 우리가 믿겠노라."

69 요한복음 6:14~15, "그 사람들이 예수께서 행하신 이 표적을 보고 말하되 이는 참으로 세상에 오실 그 선지자라 하더라. 그러므로 예수께서 그들이 와서 자기를 억지로 붙들어 임금으로 삼으려는 줄 아시고 다시 혼자 산으로 떠나 가시니라."

70 이 부분은 누가복음 19:28-43절을 암시하고 있다. 이 구절을 참고하면 다음과 같다. "이 사람들이 침묵하면 돌들이 소리 지르리라."

71 다음을 참고하라.

요한복음 7:20, "무리가 대답하되 당신은 귀신이 들렸도다 누가 당신을 죽이려 하나이까"

또한, 다음을 참고하라. 요 8:48, 52, 10:20

72 요한복음 19:30, "예수께서 신 포도주를 받으신 후에 이르시되 다 이루었다 하시고 머리를 숙이니 영혼이 떠나가시니라."

73 그 당시에 이스라엘은 로마의 속국이었다.

74 헤롯 안디바이다. 눅23:6~12를 참고하라. 그는 침례 요한을 참수시킨 자다. 왕국이 셋으로 나누어지자, 그는 갈릴리 지역과 뵈레아 지역의 통치자가 되었다.

75 요한복음 19:25~27, "예수의 십자가 곁에는 그 어머니와 이모와 글로바의 아내 마리아와 막달라 마리아가 섰는지라. 예수께서 자기의 어머니와 사랑하시는 제자가 곁에 서 있는 것을 보시고 자기 어머니께 말씀하시되 여자여 보소서 아들이니이다 하시고 또 그 제자에게 이르시되 보라 네 어머니라 하신대 그 때부터 그 제자가 자기 집에 모시니라."

76 복음서에는 요한을 제외하고 제자들이 십자가에 달린 것을 지켜보았다는 증언이 없다. 다만, 누가복음 23:49에서 다음과 같이 말할 뿐이다. "예수를 아는 자들과 갈릴리로부터 따라온 여자들도 다 멀리 서서 이 일을 보니라."

77 셰익스피어의 작품에 등장하는 글귀다. King Henry the Fifth, II, 4. II. 74-75; The Complete Works of Shakespeare, ed. Goerge Lyman kittredge (Boston: Ginn, 1936), p. 636 (Dauphin speaking): 408. 《존왕/에드워드 3세/리처드 2세/헨리 4세 제1부/헨리 4세 제2부/헨리 5세》 신상웅 역 (서울: 동서문화사, 2019), 483쪽. 프랑스 왕자가 말한다. "되받아서 몰아쳐야지요. 비겁한 개는 쫓고 있는 짐승이 멀리 달아나는 것을 보고 더 무섭게 짖어대는 법이니까요. 잉글랜드군을 단번에 때려 부수어, 전하가 얼마나 위대한 나라의 왕인지 보여주어야 합니다. 자존심은 자기를 비하하는 것만큼 용서할 수 없는 죄는 아니지요."

78 이하에 나오는 구절은 다음을 참고하라.

《상상의 때의 세 개의 강화(Three Discourses on Imagined Occasions)》의 원고에서;

. . . . 오 하나님, 당신의 이름으로 위대한 행위를 한 많은 자들에게 말씀하신다.

"내가 너를 모른다." 그러나 나는 그런 일에 호소하는 것이 아니라, 아무것도 방해를 받지 않았던 조용한 고독 가운데 내가 경험한 일에 호소한다. 내 안에 최고의 것으로 주님을 구할 때 말이다. 하나님은 역시 다음과 같이 말할 것인가?

"이것은 네가 아니다. 네가 나를 모를 수 있다니."

당신은 그 때를 기억하는가?

(완성된 것)

나에게서 그것을 빼앗은 자가 당신 아닙니까? 그리고 내가 눈물로 당신을 구합니다.

나는 세상에서 아무것도 구하지도 않고 바라지도 않습니다. 나는 당신과의 교제를 위해서 그것을 포기하였습니다. 당신은 지금 나에게 다음과 같이 말한다면: "나는 너를 모른다. 모든 것이 상실되었다."

당신 없이 가장 위대한 인간이 되는 것과 당신이 셀 수 있는 하나의 머리카락이 되는 것 사이에서 선택한다면(당신 앞에서 진실로 나는 그것에 불과하며, 어떤 다른 사람이 되기 위해 새로운 난맥(disarrangement)을 소망하지 않습니다.), 나는 후자를 선택할 것입니다. 내가 아무리 당신에 작더라도, 나에게 이 작은 것은 무한히 많을 뿐만 아니라, 당신에게는 결코 아무것도 아니지만, 다른 모든 것이 나에게 아무것도 아니며 절대적으로 아무것도 아닙니다.—JP III 3401 (Pap. VI B 161) n.d., 1844-45

79 이하의 구절은 다음을 참고하라. 원고에서;

그는 이것을 n제곱 정도는 안다. 그것을 하기 위해서가 아니다. 어떤 두 마음을 품은 자도 그가 모든 실망과 모든 착각을 불가능하도록 하기 위해서만 선에 봉사하며 영리함을 활용하는 것만큼 그렇게 영리할 수 없다. 그는 불법적인 방식으로 선에서 돈, 탁월함, 존경과 같은 유익을 얻지도 않는다. 그리하여 어떤 사람도 선의 겉모습만 보고 현혹되어 속지 않는다. -Pap. VII1 B 155:10 n.d., 1846

80 이 부분은 소크라테스와 아디만토스(Adimantus)와의 대화다. Plato, 《국가》 박종현 역 (파주: 서광사, 2009), 402.

81 침례(세례) 요한. 마가복음 1:4~6을 참고하라.

82 마태복음 3:10, "이미 도끼가 나무 뿌리에 놓였으니 좋은 열매를 맺지 아니하는 나무마다 찍혀 불에 던져지리라."

83 이 부분은 다음을 참고하라. 플라톤, 《소크라테스의 변명, 크리톤, 파이돈, 향연》 박문재 역 (파주: 현대지성, 2021), 15-17(19d-20c). 일부를 인용하면 다음과 같다.

"칼리아스여, 만일 당신의 아들들이 망아지나 송아지였다면, 당신은 아들들의 고유한 덕목이나 자질을 훌륭하게 빛내줄 사람을 찾아 고용했을 것이고, 그는 말 조련사나 농부였겠지요. 하지만 그들이 사람으로 태어났으니, 당신은 그들을 누구에게 맡길 생각이십니까? 인간의 덕목과 시민의 덕목을 잘 갈고 닦게 해 줄 사람은 대체 누구입니까? 당신은 이 일을 깊이 생각해보았을 것이 틀림없습니다. 그런 사람이 있는 것입니까, 없는 것입니까?"

내가 이렇게 물었더니, 그는 "당연히 그런 사람이 있지요"라고 말했습니다. "그가 누구며, 그의 이름이 무엇이고, 어디 출신이며, 수업료는 얼마나 받나요?"라고 내가 묻자, "소크라테스여, 그의 이름은 에우에노스이고, 파로스 출신이며, 수업료는 5므나 받지요"라고 대답했습니다.

나는 에우노스에게 정말 그런 전문 기술이 있어서, 그 정도의 수업료를 받고 가르치는 것이라면, 그는 행복한 사람이라고 생각했습니다. 만일 내게 그런 지식이 있었다면, 분명히 나는 자부심을 가지고 자랑스러워했을 것입니다. 하지만 아테네 사람들이여, 나에게는 그런 지식이 없습니다.

84 예를 들어, 요한복음 3:17~19를 보라. "하나님이 그 아들을 세상에 보내신 것은 세상을 심판하려 하심이 아니요 그로 말미암아 세상이 구원을 받게 하려 하심이라. 그를 믿는 자는 심판을 받지 아니하는 것이요 믿지 아니하는 자는 하나님의 독생자의 이름을 믿지 아니하므로 벌써 심판을 받은 것이니라. 그 정죄는 이것이니 곧 빛이 세상에 왔으되 사람들이 자기 행위가 악하므로 빛보다 어둠을 더 사랑한 것이니라."

85 비잔틴 제국 시대 그리스인들이 사용한 해전용 화기, 액체 화약이다. 로마인의 화약이라고도 하였다. 제조기술의 보안이 철저해서 오늘날까지 그 제조방법을 알 수 없다고 한다. 이것을 항아리에 담아 날려 보내기도 했고 호스 모양의 관에 담아 적의 함선에 날려 보내기도 했다. 물로도 끌 수 없어 특히 해전에 큰 효과를 보았다고 한다.

86 이 부분은 중세 마녀사냥과 관련이 있는 것처럼 보인다. 심판의 한 방법으로, 마녀로 의심되는 자를 밧줄에 묶어 물에 빠트렸을 때, 물 위로 떠오르면 마녀이고 물에 잠기면 죽는다. 마녀로 의심되는 자는 이 심판에서 죽을 수밖에 없다.

87 다음을 참고하라. Karl Rosenkranz, Erinnerungen an Karl Daub (Berlin: 1837; ASKB 743), 24 (ed. tr.): "밤에 외로운 초소에 있는 보초병처럼, 사람은 그렇지 않고서는 불가능한 생각을 한다." Søren Kierkegaard, 《두려움과 떨림》 강학철 역 (서울: 민음사, 1991), 74. JP I 1899 (Pap. VII1 B 157:2).

88 이하에 나오는 구절은 다음을 참고하라. 원고에서:

고난과 관련하여 두 마음은 예측불허의 도움을 언제나 엿보고 있다는 점에서 인식될 수 있다. 또한, 어디든 위안을 찾고 있는 미신적 긴장, 영원히 치유받기보다 시간에서의 위로의 비참한 토대로 타락한 비겁에 의해서도 인식될 수 있다. 사람이 이런 식으로 만족하는 것이 슬프지 아니한가? 우리가 풍부하게 금을 갖고 있을 때, 너무 자주 이런 식으로 고난당하는 자에게 은을 준다는 식으로 말하는 것은 이상하지 아니한가? 시간의 위로는 은이며, 진실로 은보다 못하다. 그러나 영원은 최고의 금보다 더 좋다. 그런데도 자주 고난당하는 자는 최고의 위로를 받는 것을 피하려는 것처럼 보인다. 말하는 자는 최고의 위로를 주는 것을 부끄러워한다. 영원의 위로는 최고의 위로일 뿐 아니라, 시간의 위로는 의심스러운 요소이다. 사상가*가 표현하듯, "치유되지 않았는데도, 그 상처를 덮어버린다. 그러나 의사는 때로는 상처를 계속해서 열어둘 때 회복이 온다는 것을 안다." 아니, 온갖 고난당하기를 원하는 사람은 시간의 위안을 경멸하며, 따라서 영원히 위로를 받는다.**

여백에서: 그래서 고난당하는 자들을 위로하고 상황이 좋아질 것이라고 말한다. 인내를

권유한다. 그것이 진실로 아름답고 상황은 더 좋아질 것이다. 하지만 이것은 금이다. 그런데 왜 은을 주는가!

이것은 이후에 사용되어야 한다.

*여백에서: 요하네스 클리마쿠스, Concluding Postscript[KW XII.1, p.85, SV VII 66]

**여백에서: "그는 풀려나는 것을 거부해야 한다."(히브리서 11:35)

-Pap. VII1 B 157:2 n.d., 1846

89 원고에서;

그러나 소원과 그것과 더불어 있는 고난은 소원의 본질과 비례하여, 소원의 은밀함과 비례하여, 시간의 길이에 비례하여, 유동적(변증법적)이다. 이것은 인간적인 동정과 역행하여 작용한다. 인간적인 동정심은 시간이 지나면서 감소하는 반면, 고난은 점점 더 무거워진다.

-Pap. VII1 B 157:3 n.d., 1846

90 이 부분은 《비학문적 후서》에 나와 있는 것을 자유롭게 인용한 것이다. Postscript, p. 84, KW XII.1 (SV VII 66).

91 에베소서 4:30, "하나님의 성령을 근심하게 하지 말라. 그 안에서 너희가 구원의 날까지 인치심을 받았느니라."

92 창세기 12:1, "여호와께서 아브람에게 이르시되 너는 너의 고향과 친척과 아버지의 집을 떠나 내가 네게 보여 줄 땅으로 가라."

93 계시록 21:4, "모든 눈물을 그 눈에서 닦아 주시니 다시는 사망이 없고 애통하는 것이나 곡하는 것이나 아픈 것이 다시 있지 아니하리니 처음 것들이 다 지나갔음이러라."

94 다음을 참고하라. Johan Arndt, Fire Bøger om den sande Christendom (Christiania: 1829; ASKB 277). 이 부분은 위치를 찾지 못했다. 또한, 다음을 참고하라. JP V 5920 (Pap. VII1 A 43). 오래된 경건한 작품(Arndt, Sande Christendom)에는 이 구절에 대한 아름다운 주석이 있다: "하나님은 우리의 눈물을 닦아 주실 것이다."- 그는 훌륭한 교리적인 질문을 덧붙인다: "그러나 당신이 전혀 울지 않았다면 하나님은 어떻게 눈물을 닦을 수 있을까? -이 단순한 진술은 얼마나 진실하고, 얼마나 감동적인 웅변인가?

95 원고에서 이후에 계속되는 문장은 다음과 같다.

"이 땅에서 아브라함은 매장지만 소유했을 뿐이다. 그럼에도 그는 하나님이 선택한 사람이었다. 그러나 매장지는 사람이 소유할 수 있는 가장 작은 곳이다. -Pap. VII1 B 157:5 n.d., 1846

96 최종 원고의 여백에서 삭제된 것은 다음과 같다.

. . . . 혹은 먹을 수 있는 짧은 할당된 시간 동안 사고가 있었고 꼴망태가 벗겨졌을 때, 그리하여 그 말 앞에 음식이 있었지만 굶주린 채로 서 있어야 했고, 어떤 사람도 그것을 도울 것이라고 생각하지 않을 때, 그러나 말은 아주 괴로워하는 것처럼 보였다. -Pap. VII1 B 164 n.d., 1846.

97 이 부분은 솔론과 크로이소스를 암시한다. 다음을 참고하라. Herodotus, History, I, 32, 34; Die Geschichten des Herodotus, I-II, tr. Friechrich Lange (Berlin: 1811-12; ASKB 1117), I, pp. 18-19, 20; Herodotus, I-IV, tr. A. D. Godley (Loeb, Cambridge: Havard University Press, 1981-82), I, pp. 38-39, 40-41, 《헤로도토스 역사》 박현태 역 (서울: 동서문화사, 2020), 27-8. (솔론이 말한다): "그렇다면 크로이소스 왕이시여, 인간의 생애는 모두가 우연입니다. 왕께서 막대한 부를 가지시고, 많은 백성을 통치하고 계시다는 것은 저도 잘 알고 있습니다. 그러나 지금 물으신 일에 관해, 왕께서 좋은 생애를 마치셨다는 것을 아실 때까지는 저로서는 아무 말도 할 수가 없습니다. (중략) 어떠한 일에 대해서나 그것이 어떻게 되어 가는가, 그 결말이 끝까지 보는 것이 중요합니다. 신에 의해 울타리 너머로 행복을 잠깐 보았으나, 결국 나락으로 떨어진 사람은 얼마든지 있습니다."

(중략) 솔론이 떠난 뒤, 크로이소스에게는 무서운 신벌(神罰)이 내렸다. 생각건대 그가 자기를 세계에서 가장 행복한 사람이라고 생각했기 때문일 것이다.

98 누가복음 15:7, "내가 너희에게 이르노니 이와 같이 죄인 한 사람이 회개하면 하늘에서는 회개할 것이 없는 의인 아흔아홉으로 말미암아 기뻐하는 것보다 더하리라."

99 마태복음 11:28과 비교해 보라.

100 에피쿠로스. 다음 자료를 참고하라. Diogenes Laertius, Lives of Eminent Philosophers, X, 140; Diogenis Laertii de vitis philosohorum, I-II (Leipzig: 1833; ASKB 1109), II, p. 242; Diogen Laërtes filosofiske Historie, I-II, tr. Børge Riisbrigh (Copenhagen: 1812; ASKB 1110-11), I, p. 508; Diogenes Laertius, I-II, tr. R. D. Hicks (Loeb, Cabridge: Harvard University Press, 1979-80), II, pp. 664-65.

101 다음을 참고하라. Kierkegaard: Letters and Documents, Letter 196, KW XXV.

102 로마서 12:15, "즐거워하는 자들과 함께 즐거워하고 우는 자들과 함께 울라."

103 다음을 참고하라. 마태복음 15:30~31, 8:1~4, 11:5; 누가복음 14:15~24

104 이 부분은 다음을 암시하고 있다. 마태복음 22:16, "자기 제자들을 헤롯 당원들과 함께 예수께 보내어 말하되 선생님이여 우리가 아노니 당신은 참되시고 진리로 하나님의 도를 가르치시며 아무도 꺼리는 일이 없으시니 이는 사람을 외모로 보지 아니하심이니이다."

또한, 다음을 참고하라. 막 12:14, 행 10:34, 롬 2:11, 갈 2:6, 엡 6:9

105 에베소서 6:14~17, "그런즉 서서 진리로 너희 허리 띠를 띠고 의의 호심경을 붙이고 평안의 복음이 준비한 것으로 신을 신고 모든 것 위에 믿음의 방패를 가지고 이로써 능히 악한 자의 모든 불화살을 소멸하고 구원의 투구와 성령의 검 곧 하나님의 말씀을 가지라."

106 예를 들어, 다음을 보라. JP IV 4599 (Pap. VIII1 A 161)

태어날 때부터 또는 어린 시절부터 이런 식으로 희생될 운명으로 타고나는 것, 보편적인 것에서 분리되어 그렇게 고통당하는 것, 그리하여 한 명도 예외 없이 그를 동정하는 것(사람들은 일반적으로 인간의 동정심이 부족하다고 쉽게 불평하지만 그러한 사람은 그것에 대해 너무 확신할 수 있기 때문에), 이것이 악마의 시작이다. 그러나 문제는 그러한 사람이 악한지 선한지에 달려 있다. 그가 악하다면, 그는 글로스터가 되어 존재를 미워하고 저주하며, 보편적으로 인간적인 것에 대해 복수할 것이다. 그가 선하다면 그는 다른 인간을 위해 모든 것을 할 것이며, 자기희생으로 그의 삶은 슬프게 그를 만족시킬 것이다. 그러나 그런데도 그는 한가지 조건을 가지고 있다. 혹은 하나님께 그 조건을 규정하지 못할지라도, 그가 성공하면 하나님께 감사한다. 다시 말해, 그의 불행을 숨기고 동정의 대상이 되지 않도록 하는데 성공한다면 말이다. 모든 고통 중에서 동정의 대상이 되는 것만큼 극심한 고통은 없다. 어떤 것도 하나님께 그 정도로 반항하도록 유혹하는 것은 없다. 사람들은 보통 그런 사람을 무기력하고 둔한 사람으로 생각한다. 그러나 오, 바로 이것이 가장 저명한 세계사적 영들의 존재에 숨겨진 비밀임을 보여주는 것은 어렵지 않다. 그러나 이것은 숨겨져 있다. 마치 하나님께서 선한 일을 위해 이 탁월한 선물을 사용하신다면, 그런 사람에게 말씀하시고 싶어 하는 것처럼 숨기신다.

"네가 사람들 앞에서 이런 식으로 굴욕을 당하고 과분한 불행에 버려지는 것은 내가 바라는 것이 아니다. 그러나 나와 관련하여, 네가 아무것도 아님을 깨닫는 데 이것이 도움을 줄 것이다."

107 이것은 "이 세상의 것"을 의미한다.

108 사도행전 5:40~41, "그들이 옳게 여겨 사도들을 불러들여 채찍질하며 예수의 이름으로 말하는 것을 금하고 놓으니 사도들은 그 이름을 위하여 능욕 받는 일에 합당한 자로 여기심을 기뻐하면서 공회 앞을 떠나니라."

109 마태복음 6:34, "그러므로 내일 일을 위하여 염려하지 말라. 내일 일은 내일이 염려할 것이요, 한 날의 괴로움은 그 날로 족하니라."

110 "인내"라는 덴마크어는 "용기"라는 낱말을 포함하고 있다.

111 다음을 참고하라. 사도행전 22:27~30, 24:23

112 요한복음 4:24, "하나님은 영이시니 예배하는 자가 영과 진리로 예배할지니라."

113 이하에 나오는 단락은 다음을 참고하라.

바다가 잔잔할 때, 저 깊은 곳이 투명할 때, 우리는 저 바다의 청결을 찬양한다. 저 숭고한 모습에 기뻐한다. 사람의 영혼도 이와 마찬가지다. 그 속에 비천하고 유한하고 잡다한 것들이 요동칠 때, 영혼은 마치 흙탕물과 같다. 탁하고 불투명하다. 어떤 깊이도 없다. 그러나 영혼이 한가지만을 품음으로 조용하게 깊을 때, 바다가 투명한 것처럼 청결하다. 따라서 우리가 영혼을 물에 비유한다. 그 심상은 적절하다: 청결하지 않은 모든 것이 가라앉을 때, 고요는 청결이다. 청결은 투명함이다. 투명함은 깊이다. -JP IV 4434(Pap. VII1 B 192:12) n.d., 1846

최종본에서 삭제된 것은 다음과 같다.

폭풍이 일어나는 중에 바다가 분노할 때, 하늘이 숨겨질 때, 바다와 하늘이 이런 뒤죽박죽 상태에서 하나로 혼합될 때, 이 드라마가 아무리 끔찍해도 우리는 바다가 청결하다고 말하지 않는다. 다시 평온이 찾아와 그들이 구별된 후에야, 저 바다 위로 하늘이 아치를 높이 그릴 때, 바다가 그 하늘을 깊은 곳에서부터 반사할 때, 그 후에야 우리는 바다가 청결하다고 말한다. 분노한 폭풍에 의해 "하나로 섞이는" 가운데 청결이 있는 것이 아니라, 구별(distinction) 속에 있다. 이런 이유에서 우리는 영혼을 바다에 비유할 수 있다. 영혼이 혼란스러운 것들을 하나로 통합하기 위해, 거만하게도 선과 악의 구별을 어길 때, 그 때 영혼은 짜증나고 불결해진다. 그러나 하늘 가까이 닿은 숲과도 같은 '선'이 영혼 위에서 아치를 그릴 때, 그래서 영혼이 하나됨(oneness)을 깊은 곳에서부터 다시 만들 때, 우리는 이것을 청결하다 말한다. 선과 악 사이의 구별이란 단순성(simplicity)이고, 혼란스러운 통일은 이중성(doubleness)이다. 어린아이가 단순하게 이해하는 것을 지혜가 더 이상 이해할 수 없다면, 아이에게 물어보라! 이것은 우리가 사용하는 심상(image)이다. 선과 악을, 바다와 하늘을 구별하는 것처럼* 물리적으로 나눌 수 없기 때문에 이것은 부적절한가? 혹은, 결국 하늘은 선이 아니고 바다는 악이 아니기 때문에 이것은 부적절한 비유인가? 하지만 거기에 구별이 존재한다면, 혼란한 통일 가운데 그것을 혼합시키는 것은 사람의 능력 안에 있다. 혹은, 마음이 청결한 가운데 겸손하게 그러나 엄격하게 구별하는 것도 사람의 능력에 달려 있다. 그때 이 은유는 정말로 적절하다!

여백에서: *그러나 영적으로, 따라서 비가시적으로, 영혼의 비가시성 속에 숨겨져 있다.

-JP IV 4435 (Pap. VII1 B 192:13) n.d., 1846

Chapter
3

단독자

설교자와 청중 사이

　나의 독자여, 내가 이 강화를 통해 그대에게 생각나도록 의도했던 것은, 바로 **고백의 때**(Anledningen af et Skriftemaal)입니다. 처음 고백을 언급했으나, 당시에는 이때를 적절하게 활용하지 못했어도, 이 강화에서 고백의 때는 절대 잊히지 않습니다. 축제의 때를 위해 손님 초청을 계획하는 것처럼, 이 강화 역시 고백의 때에 가장 잘 어울리는 것을 다루었습니다. 이 강화는 첫 번째 출발점(한가지를 품는 것)에서 시작하여 다양한 길을 따라 나아갔고, 그 출발점으로 항상 다시 돌아왔습니다. 말하자면, 이 강화는 세계를 두루 돌아다니면서 여러 인간 군상의 모습을 관찰했습니다. 때로 특별한 죄를 서술하기도 했고, 큰 죄를 지은 자의 마음 상태를 서술하기도 했습니다. 그리하여 매일 삶의 사소한 상황에서는 불순한 것이 없는 듯 보였고, 따라서 이 특별한 죄로 확인하기 어려운 것을 오히려 더 잘 주목하고 확인할 수 있었습니다.

　한가지를 품기 위한 요구조건을, 이 강화는 한결같이 고수하기에, 많은 잘못, 착각, 기만, 자기기만과 같은 것들에 관해 잘 알게 되었습니다. 두 마음이 숨겨놓은 길을 따라 추적하기도 하였습니다. 두 마음이 은폐한 것을 발견하기 위해 노력했습니다. 이 강화를 독자에게 더 잘 이해시키고자, 가능하다면 독자와 같은 이해 수준에 도달하려 노력했습니다. 그러나 이 강화가 주는 이해 가능성, 또한 독자가 강화를 이해하는 것, **이것은 진정한 진지함**(earnestness)**이 아닙니다.** 이러한 고찰에 적절한 강조점을 주지도 못합니다.

이런 진지함을 달성하기 위해, 이 강화는 독자에게 **결정적인 어떤 것**을 요구해야 합니다. 독자가 이 지점에 오기까지 강화가 요구해 왔던 것을 한 번 더 요구하는 데 그치는 것이 아닙니다. 곧, 독자의 말과 행동을 공유하는 것을 뜻합니다. 이 지점에서, 이 강화는 독자에게 **결정적인 자기활동**(self-activity)을 무조건 요구해야 합니다. 모든 것은 자기활동에 달려 있습니다.

따라서 나의 독자여, 그때(Anledningen)를 생각해 보십시오. 필요한 한 가지를 위해 죄의식이 필요를 날카롭게 하는 동안, 이 거룩한 곳(det hellige Steds, 성소)[1]이 가지는 진지함이 당신이 거룩한 결심을 하도록 의지를 강하게 하는 동안, 전지한 자의 존재가 자기기만을 불가능한 것으로 만드는 동안, 당신 자신의 삶을 생각해 보십시오. 이 강화는 권위가 없기에 건방지게도 당신을 판단하지 않을 것입니다.[2]

이때를 생생하게 생각함으로, 당신은 더 높은 판사 앞에 서 있습니다. 그곳에서 어떤 자도 다른 사람을 감히 판단하지 못합니다. 같은 피고의 입장이기 때문입니다. 이 강화가 당신을 특별한 사람으로 언급하는 일도 없습니다. 오히려 당신이 누구인지조차 알지 못합니다. 그러나 당신이 이때를 생생하게 생각할 때, 이 강화가 누군가에게 직접적으로 말을 건다면, 그것은 바로 당신입니다.

이 강화가 어떤 장점이 있었기 때문이 아닙니다. 이 강화가 당신에게 도움이 되는 이유는, 당신 스스로 자기활동을 했기 때문입니다. 곧, 당신을 대신하여 이 강화를 돕고 있는 것이 당신의 자기활동입니다. 당신의 자기활동이, 강화 중 "당신"이라고 언급된 친밀한 자가 되기를 스스로 원하는 것이지요. 바로 이것이 당신의 자기활동입니다. 진실로 이런 식으로 이 강화는 존재합니다.

아, 강화를 말하는 자(설교자)와 그 기술에 집중한 채 결정적인 논점에서 벗어나는 것을, 우리가 무엇보다 경계합시다. 이런 일이 일어난다면, 상호작용 관계에서 잘못된 곳에 그 강조점이 놓이는 것, 종교적 강화가 그 웅변과 기교로 찬사를 받는 것, 이에 따라 모든 사람이 최고의 가치와 해야 할 일을 찾는 것을 완전히 망각하는 것, 그것은 분주함과 두 마음의 잘못 때문입니다.

경건한 의미에서 웅변이란 농담에 불과합니다. 아름다워지는 것과 같이, 행운이 지닌 장점입니다. 그저 장난에 불과하다는 말입니다. **진지함이란, 행함을 위해 듣기 원하는 것을 뜻합니다.**[3] 이것이 **최고의 가치입니다.** 하나님을 찬양합시다. 스스로 원한다면, 모든 사람이 그것을 할 수 있습니다. 이와 반대로 분주함은, 지나치게도, 저 **농담**에 진지한 강조점을 둡니다. 오히려 진지함을 아무것도 아닌 것으로 여깁니다. 장난삼아 논쟁적으로 웅변하는 것을 최고의 것으로 생각합니다. 말하는 자가 진정한 웅변가가 되었는지 판단하는 것이 청중의 과업이라 생각합니다.

숨어있는 어떤 변칙이나 언급되지 않는 두 마음이 틈타지 못하도록, 자기활동이 요구되는 이 지점에서 종교적 강화와 관련하여 청중(listener)과 설교자(speaker)의 관계를 간단히 설명해 보겠습니다. 두 마음에 저항하며, 다시 세속적 예술에서 가져온 은유로, 이것을 설명해 보겠습니다. 이것이 다시 당신이 두 마음을 품게 하여, 방해하는 일이 없도록 합시다. 또는, 이 강화가 부적절하다고 비난하는 기회를 당신에게 제공하지 말도록 합시다.

세속적 예술을 수행하는 데 참여하기 위한 모험을 당신이 감행한다면, 그것들을 경건하게 이해하는 것에 도달해야 하는 것은 물론이고, 세상의 예술과 더불어 영적인(종교적인) 것 또한 이미 생각했음에 틀림없습니다. 그렇게 함으로써 명확하게 그 차이를 인지할 수 있었을 것입니다. 그렇지 않다면, 당신의 속사람 가운데 갈라진 틈이 있었을 것이고, 결과적으로 두 마음이 존재하고 있습니다. 그리하여 당신은 가끔은 세속적으로 살기 원했을 것이고 어쩌다 영적인(종교적인) 것을 생각했을 것입니다.

당신도 잘 알다시피, 극장 구석에 앉아 소곤거리는 사람이 있습니다. 그는 숨겨집니다. 보잘것없는 자입니다. 그는 무시되어야 하고 또한 무시되기를 스스로 바랍니다. 그러나 그때 거기 다른 사람이 있습니다. 눈에 띄게 앞으로 나와 모든 사람의 눈을 자기에게 집중시킵니다. 이런 이유에서 그의 이름은 **"배우"**(Skuespiller, show player)입니다. 그는 특별한 사람을 보여줍니다. 기만적 예술의 아름다운 의미에서, 각각의 모든 낱말은 배우가 구현할 때 진실이 되지요. 즉, 관객은 배우를 통해 진리를 찾습니다. 그런데도 배우는, 자기가 말해야만 하는 모든 것을, 숨어 앉아 소곤거리는 자를 통해 듣습니다. 그럼에도 배우보다 프롬프터(prompter)[4]가 더 중요하다고 생각할 만큼 어리석은 자는 아무도 없습니다.

이제 예술의 농담을 잊으십시오. 아아, 영적인(종교적인) 강화에 관해, 많은 사람이 어리석게 생각하는 것은 이것입니다. 즉, 세속적인 관점에서 설교자를 배우로 간주하고, 청중은 예술가를 판단하는 관객 정도로 봅니다. 그러나 이것은 결코 이런 것이 아닙니다. **설교자는 오히려 프롬프터**

입니다. 거기에 어떤 관객도 없습니다. 왜냐하면 모든 청중은 내적으로 자기 자신만 성찰해야 하기 때문입니다. 무대는 영원(eternity)이며, 진정한 청중이라면 청중은 강화를 통해 하나님 앞에 서 있습니다. 그렇지 않다면, 그것은 자기 잘못입니다.

프롬프터는 배우에게 대사를 속삭여 줍니다. 그러나 주된 것은 배우의 공연이고, 예술은 진지하게 농담을 건네고 있습니다. 설교자는 청중에게 말씀을 속삭입니다. 그러나 주된 것, 곧 진지함이란 이것입니다.

"하나님 앞에서 강화의 도움을 받아, 청중이 침묵하는 중에 자신 안에, 자신에 의해, 자신에게 말하는 것이다."

강화는 설교자를 위한 말이 아닙니다. 따라서 강화의 목적은, 설교자를 찬양하거나 비판하려는 것이 아닌, **청중의 "공연"입니다.** 만약 말하는 자, 즉 설교자가 속삭여야 하는 책임을 진다면, 그때 청중도 같이 자신의 과업을 오인하지 말아야 할 위대한 책임을 갖습니다.

공연은 극장에서, 그리고 관객이라 일컫는 참석자 앞에서 수행됩니다. 그러나 신앙적 설교에서는 하나님 스스로 참석하고 계십니다. 가장 진지한 의미에서, 그분은 설교가 어떻게 수행되고, 어떻게 들려지는지 점검하고 있는, **심판하는 관객**입니다. 바로 이런 이유로, 거기에는 어떤 관객도 없습니다. 따라서 설교자는 프롬프터이고, 청중은 현존해 있으며 동시에 하나님 앞에 서 있습니다. 이런 식으로 말한다면, **청중이야말로 하나님 앞에서 모든 진실함을 다해 연기하는 배우입니다.**

오, 우리가 이것을 절대 잊지 맙시다. 영적인 것을 세속적인 것으로 축소하지 맙시다. 영적인 것과 세속적인 것을 함께 놓고 둘 다를 진지하게 생각한다 해도, 영원히 이 둘 사이를 구별합시다. 영적인 설교가 세속적인 것으로 고려되자마자(연극에서 프롬프터를 배우보다 더 중요하게 생각하는 것처럼, 같은 어리석음이 관찰된다), 그때 설교자는 배우가 되고 청중은 판단하는 관객이 됩니다. 이 경우, 영적 설교는 참석한 몇몇 사람들 앞에서만 세속적으로 수행됩니다. 그러나 **극장에 하나님이 존재하지 않는 것처럼, 그곳에 하나님이 없습니다.**

하나님의 임재는 모든 것을 바꾸는 결정적 요소입니다. 하나님이 임재하시는 순간, 하나님의 임재 가운데 있는 각 사람은 자기 자신에게 집중해야 하는 과업을 갖습니다. 설교자 역시 설교하는 동안 자신에게 집중해야 하고, 설교에 스스로 집중해야 합니다. 청중 역시 설교를 듣는 동안 자신에게 집중해야 하고, 특별히 어떻게 듣고 있는지에 집중해야 합니다. 설교를 듣는 동안, 자기 속사람에서, 자신이 은밀하게 하나님과 대화하는지에도 주의를 기울여야 합니다. 만일 이것을 하지 않는다면, 청중은 건방지게도, 하나님의 일을 공유하고 있는 것입니다. **청중은 건방지게도, 하나님과 함께 설교자를 지켜보며 심판하고 있습니다.** 신앙적 설교에서 설교자와 청중 사이의 진정한 관계는 이런 것입니다.

혹은 이를 달리 설명하자면, 아무 권위 없는 교회의 종이, 하나님께 명령받은 기도문(den befalede Bøn)[5]을 큰 소리로 읽는 것과 같습니다. 바로 말하자면, 기도하는 자는 교회의 종이 아닙니다. 기도하는 자는 교회에 앉아 듣는 자였고, 교회의 종이 읽는 기도문을 듣는 동안, 자신을 하나님께 맡겼던 것이지요. 하지만 듣는 자는 말하지 않습니다. 그의 목소리는 들리지 않습니다. 자기 자신에게만 부드럽게 기도하는 것도 아닙니다. 아니, 침묵하는 중에 온 마음을 다해, 하나님의 임재 앞에서 기도합니다. 큰 소리로 기도하고 있는 자, 그가 말해야만 하는 것을 자신에게 속삭이고 있는 자의 들을 수 있는 목소리로 말입니다.

그러나 이것은 진지함이 아닙니다. 즉, 한 사람이 그가 말해야 하는 것을 다른 사람에게 말하거나, 명령하는 것입니다. 그러나 이것은 진지함입니다. 즉, 다른 사람이 자신을 변호하면서 그것을 하나님께 말하는 것입니다. 자, 이제 우리는 이것을 명확하게 이해할 수 있게 되었습니다. 요구조건은 반복될 뿐입니다. 설교자가 자신의 마음을 이 강화의 때에 생생하게 집중할 수 있도록 말입니다.

하나님 앞에 선 단독자 되기

이 강화가 당신에게 묻고 있습니다. 혹은 당신이 이 강화를 통해 자신에게 묻고 있습니다.

어떤 삶이 당신 것인가? 당신은 한가지를 품었는가? 그 한가지는 무엇인가?

이 강화는 당신이 건방지게도 이 한가지에 이름 붙이기를 원하지 않습니다. 왜냐하면 그런 사람에게 설교할 어떤 의도도 없기 때문입니다.

그런 사람과 어떤 관계도 맺을 수 없습니다. 이 강화를 위한 때를 당신이 진지하게 생각하는 것을 막는 것 외에는, 다른 어떤 것도 할 수 없기 때문입니다.

또한 다른 이유가 있습니다. 즉, 사람은 다른 사람과 급진적으로 다른 의견을 가질 수 있고, 혹은 정반대의 의견도 가질 수 있습니다. 그런데도 다른 사람과 관계 맺을 수 있습니다. 거기에 궁극적으로 의견의 일치점[6]이 반드시 있고, 그것을 특별히 무엇이라 부르든지, 보편적으로 인간적인 무엇에 대한 동의가 있기 때문입니다. 그러나 그가 미쳐버린다면, 그를 다룰 수 없습니다. 왜냐하면 궁극적으로 당신이 그와 동의하기를 바라는 최후 지점에서 오히려 그가 피하기 때문입니다.

사람이 누군가와 논쟁할 수 있습니다. 극단적인 상황에 이를 정도까지 논쟁할 수 있습니다. 궁극적으로 공통적인 것이 있다고 가정하는 한, **보편적으로 인간적인 것의 일치**가 있다고 가정하는 한, 자신에게 집중할 수 있다고 보는 한, 그렇습니다. 그러나 아무리 그가 세속적으로 노력한다고 하더라도, 절망하여 미친 사람처럼 시작한다면, 스스로 절망하고, 뻔뻔하게도 그런 절망을 자랑하고 도리어 **수치를 뽐낸다면**, 논쟁에서 그를 다룰 수 없습니다. 미친 사람처럼, 오히려 더욱 끔찍하게, 궁극적으로 동의점을 찾으려는 저 최후의 순간에서, 그가 피하기 때문입니다.

따라서 이 강화는 당신이 선을 품고 있다는 것을 가정하고, 지금 당신에게 어떤 종류의 삶이 당신의 삶인지 묻고 있습니다. 당신은 진리 안에서 한가지를 품었습니까?

당신의 직업이 무엇인지 꼬치꼬치 캐묻는 것이 아닙니다. 당신이 정부의 요직에 있다면, 얼마나 많은 일꾼들이 당신을 돕고 있는지, 얼마나 많은 부하직원이 당신의 부서에 있는지 캐묻는 것이 아닙니다. 아니, 이 강화는 캐묻지 않습니다.

이 강화는 무엇보다 가장 먼저 당신에게 묻습니다. 당신이 이 질문에 진실하게 대답할 수 있을 정도로 살고 있는지, 이 질문이 당신을 위해 진실하게 존재하는지. 이 진지한 질문에 당신이 진지하게 대답할 수 있기 전, 이미 당신은 삶에서 무언가를 선택했음에 틀림없고, 보이지 않는 것, 내면적인 것을 선택했음에 틀림없습니다.

자기 마음을 모을 수 있는 충분한 시간이 있을 정도로 살아야 합니다. 그래야 자기 자신을 이 질문에 굴복시키고 대답할 수 있는 조건인 투명성을 스스로 확보할 수 있습니다. 나의 가정이 맞았다면, 이를 위해 무엇을 말할 것인지 알아야만 하는 것이 요구됩니다. 세속적인 직업과 여가 활동으로 분주하기만 한 누군가는, 대중과 함께 소리치며 이 질문에 대답합니다.

"그런 질문에 대답하도록 사람을 유도하는 것은 어리석음에 새로운 어리석음을 쌓는 것이다."

그래서 이 강화는 지금 당신에게 묻습니다.

당신은 단독자(single individual)가 된 것을 의식할 정도로 살고 있는가?

찬사와 질투를 한 몸에 받은 자를 가려내기 위해, 그런 구별과 관련해 그 개인에 관해 캐묻는 질문이 아닙니다. 아니, 영원의 사명을 결단한 후 각 개인은 어떤 존재인지, 어떤 존재로 스스로 의식하는지에 관한 진지한 질문입니다. **하나님 앞에서 자기 삶을 생각할 때보다, 사람이 도대체 언제 더 진지해질 수 있겠습니까?**

이 의식(consciousness)은 진리 안에서 한가지를 품기 위한 근본적 조건입니다. 스스로 자신과 하나가 되지 못한 자는 완전히, 결정적으로, 아무것도 아니기 때문입니다. 외적인 의미에서만 존재합니다. 대중 가운데 다수로 살고 있을 뿐이고, 세속적 집합체 중 파편일 뿐입니다. 그런 사람에게, 진리 안에서 한가지를 품은 저 생각으로 자신을 사로잡는 일이 일어날 수 있겠습니까!

하지만 이 의식에 관해 이 질문을 던진 것입니다. 마찬가지로 이 강화는 일반적으로 묻는 것이 아니고, 단독자로서 당신에게 묻는 것입니다. 혹은 오히려, 나의 독자, 당신이 당신 자신에게 묻습니다. 당신에게 이 의식이 있는지, 이 강화를 위한 때를 생생하게 생각하는지, 당신 자신에게 묻습니다.

저 바깥세상에서 대중은 시끄러운 소리를 만드느라 분주합니다. 한 사람이 대중 앞에 서기 때문에, 대중 속에서 홀로 있으므로 다수가 되기에, 시끄러운 소리를 만듭니다. 그러나 전지한 자, 그분은 다른 누구보다 전체적으로 볼 수 있음에도 불구하고, 대중을 원하지 않습니다. **그분은 오직 단독자만을 원합니다.** 단독자만을 다루기 원하십니다. 단독자의 지위가 높든 낮든, 유명하든 비천하든, 오직 단독자만을 다루기를 원하십니다.

각 사람은 오직 단독자로서 자신을 하나님께 해명해야 합니다. 제삼자가 하나님과 단독자 사이에 끼어, 감히 이 해명을 방해할 수 없는 반면, 설교자는 감히 이런 질문으로 우리가 잊을 것을 생각나게 해야 합니다. 즉, **모든 회피 중 가장 치명적인 것은 대중 속에 숨는 것**, 단독자로서 자기 자신을 하나님께 검사받기를 회피하고 싶어 하는 것, 우리에게 그것을 생각나게 해야 합니다. 나무 사이에 숨어 하나님을 속일 수 있다고 아담의 나쁜 양심이 생각한 것을 아담이 스스로 행동에 옮긴 것처럼,[7] 하나님의 음성을 단독자로서 듣기 회피하고 있다는 것을, 우리에게 생각나게 해야 합니다.

하나님이 각 사람을 구별할 수 없길 바람으로, 이런 식으로 대중 속에 숨는 것, 이것은 더욱 비겁한 짓임에도 불구하고, 오히려 더 편리하고 편안할 수 있습니다. 그러나 영원에서는, 모든 사람은 단독자로서 하나님께 해명해야 합니다. 즉, 영원은 각 사람에게 단독자로 살아야 할 것을 요구합니다. 개인으로서 각 사람이 행했던 모든 것을, 영원이 불러올 것입니다. 시끄러운 착각 속에서 자신을 망각했던, 그 사람에게 말입니다.

영원에서, 단독자는 양심적으로 다루어질 것입니다. 대중 속에 있다고 착각했던 그 사람에게 말입니다. 그곳에서는, 어떤 일도 양심적으로 행하지 않았습니다. **각 사람은 하나님께 개인적으로 해명해야 합니다.** 왕도 오직 한 명의 개인으로 하나님께 해명해야 합니다. 가장 비천한 거지도 마찬가지입니다. 영원에서는 어떤 사람도 개인 그 이상이 되므로 거만해질 수 없습니다. 영원에서는 어떤 사람도 의기소침한 채, 자기가 개인이 아니라고 생각할 수 없습니다. 여기 이 땅의 바쁜 일상 가운데, 이름도 없이 그저 숫자로 이름 지어졌을지라도 말입니다.

양심의 소리가 유일한 권리로, 영원히 설정되어 있다는 것 말고, 영원의 해명(Evighedens Regnskab)에 다른 무엇이 있겠습니까! 영원에 무한한 침묵이 있다는 것, 저 무한한 침묵 속에서 양심은 오직 단독자에게만 말한다는 것, 개인으로서 그가 선을 행했는지 악을 행했는지, 사는 동안 개인이 되기를 원했는지 혹은 그렇지 않았는지를 그에게 말하는 것 말고, 영원이 다른 무엇을 해명하겠습니까! 영원에 무한한 공간이 있다는 것, 그래서 개인으로서 모든 사람은, 오직 자신의 양심과 함께 홀로 있다는 것, 영원에는 어떤 충돌도, 어떤 대중도, 대중 속에 숨을 수 있는 어떤 장소도 없으므로, 그 길에서 어떤 폭동도, 어떤 무질서도 더 이상 없다는 것, 이것 말고 영원이 다른 무엇을 더 해명하겠습니까!

여기, 시간에서, **양심**은 이미 각 사람을 분리하여 **단독자**로 만들기 원했습니다. 그러나 여기, 시간에서, 저 불안, 저 시끄러움, 저 혼잡, 저 대중, 저 회피의 정글 속에서, 아, 그렇습니다, 여기에서 누군가 그 양심의 귀를 먹먹하게 만들어, 그를 완전히 못 듣는 사람으로 만드는 끔찍한 일이 일어납니다. 바로 양심입니다. 양심은 제거할 수 없기 때문입니다. 양심은 여전히 그의 것입니다. 오히려, 그가 양심에 속해 있습니다.

하지만 이 지점에서 우리는 이 끔찍한 문제를 논의하지 않습니다. 심지어 더 선한 사람 속에서도, 양심의 소리가 수많은 사람 중 겨우 한 사람의 소리에 불과한 일들이 너무 쉽게 일어납니다. 그때 고독한 소리에서 일반적으로 일어나듯이, 양심의 고독한 소리는 다수에 의해 너무도 쉽게 부결되고 맙니다. 그러나 **영원에서 들려지는 유일한 소리는 양심입니다.**

단독자는 양심의 소리를 들어야 합니다. **이 소리의 영원한 메아리가**

바로 단독자이기 때문이지요. 단독자는 양심의 소리를 들어야 합니다. 양심을 피해 도망칠 곳이 없습니다. 무한에는 어떤 장소도 없기 때문입니다. **개인 스스로 그 장소가 됩니다.** 양심의 소리가 들려져야 합니다. 개인은 대중 주변을 헛되이 배회합니다. 아, 그 자신과 이웃한 단독자 사이에 어떤 세계가 있는 것처럼 보입니다. 그러나 결국 양심은 단독자가 말했던 것, 행했던 것, 생각했던 것, 곧 선이나 악에 관해, 단독자와 함께 말할 뿐입니다.

당신은 스스로 단독자임을 깨달을 정도로 살고 있는지요? 당신의 외적인 모든 관계에서도, 당신은 단독자로서 자신과 관계하고 있다는 것을 깨달을 정도로, 그렇게 살고 있는지요? 가장 친밀하다 부를 수 있는 아름다운 관계에서도, 당신은 훨씬 더 친밀한 관계를 맺고 있다는 것, 이 관계에서 당신은 하나님 앞에서 단독자로서 당신 자신과 관계하고 있다는 것을 기억할 정도로, 그렇게 살고 있습니까?

결혼이 주는 **거룩한 연합**에 의해 당신이 다른 사람과 결속된다면, 이런 친밀한 관계에서 하나님 앞 단독자로서 자신과 더 친밀한 관계를 고려합니까? 배우자를 정말로 사랑하는지 묻는 것이 아닙니다. 물론 그렇게 되기를 소망합니다. 남편이나 아내가 정말로 당신의 눈에 기쁨, 당신 마음의 바람인지 묻는 것이 아닙니다. 물론 당신을 위해 그렇게 되기를 바랍니다.

배우자를 즐겁게 해주기 위해 당신이 무엇을 했는지 묻는 것이 아닙니다. 당신과 배우자가 가정생활을 어떻게 준비했는지, 다른 사람에게 얼마나 유익한 충고를 얻었는지, 혹은 다른 사람들이 당신에게 얼마나 해로운 영향을 끼쳤는지 묻는 것이 아닙니다. 당신의 결혼이 대부분 다른 결혼생활과 같은지, 다른 많은 사람의 결혼생활보다 더 칭찬받을 만한지, 다른 사람들에게 본보기가 될 수 있는지 묻는 것이 아닙니다. 아니, 그런 모든 것을 묻지 않습니다. 이 강화는 당신에게 알랑거리며, 캐물으며, 감시하며, 혹은 변명하며, 비교하며 질문하지 않습니다.

이 강화는 당신에게 궁극적인 것을 묻습니다. 단독자로서 당신 자신과 가장 친밀한 관계에서, **당신이 책임을 깨닫고 있는지 묻습니다.** 배우자 앞에서가 아닌, 다른 사람들 앞에서가 아닌, 다른 사람들과의 비교에서가 아닌, 바로 **단독자로서 하나님 앞에서** 말입니다. 당신의 결혼 생활이 다른 사람들의 그것을 따랐는지 질문받지 않습니다. 관습과 절차를 따랐는지 질문받지 않습니다. 혹은 당신의 결혼이 다른 사람의 결혼보다 더 나았는지 질문받지 않습니다. **영원에서, 단독자로서 당신은, 단독자의 책임을 따랐는지만 질문받습니다.**

관습과 절차의 변화 그리고 어떤 비교든지, 그것은 다리를 절게 합니다. 혹은 절반만 진리입니다. 그러나 영원의 관습은 절대 구닥다리가 될 수 없습니다. 당신이 단독자라는 것 말입니다. 결혼의 친밀한 관계에서도 당신은 이것을 깨달아야만 합니다. 진실로 영원(eternity)이 겨냥하고 있는 것은 이혼이 아닙니다. 영원은 남자와 여자를 구별하지만, 그렇다고 이혼을 제거하려는 것은 아닙니다.[8]

당신의 배우자는 슬퍼할 때를 갖지 못하게 될 것입니다. 하나님과 당신 사이의 가장 친밀한 관계를 당신이 명심하기 때문입니다. 당신의 아내 혹은 남편이 세속적인 것만 원할 만큼 어리석을지라도, 혹은 세상의 방식으로 당신을 짓누를 만큼 어리석을지라도, 배우자의 어리석음이 영원의 법을 변화시킬 수 없습니다. 영원에서, 당신을 유혹한 것이 둘 중 누구였는지 질문 받지 않습니다(영원은 당신의 배우자와 함께 그것을 논의할 것이다).[9] 그러나 **당신은 단독자로서 당신 자신을 유혹당하도록 내버려 두었는지만 질문받게 될 것입니다.**

한 가족이 당신 주변에서, 당신과의 관계에서, 당신의 친밀한 관계에서, 당신의 자녀로 성장하는 것을 볼 정도로 당신의 결혼이 축복받았다면,[10] 당신은 단독자로서 당신 자신과 더 친밀한 관계가 있다는 것을 깨달았습니까?

당신은 배우자와 책임을 공유하고 있습니다. 따라서 영원은 단독자로서 책임에 대한 몫을 당신의 남편이나 아내에게 직접 물을 것입니다. 영원에서 계산은 힘들게 하고 회피는 쉽게 할 수 있는 단 하나의 복잡한 문제는 없기 때문입니다. 다른 사람들이 자녀 양육하는 것을 볼 수 있는 방식으로 당신도 자녀를 양육했는지 묻지 않습니다. **개인으로서** 당신이 어떻게 자녀를 양육했는지, 영원은 그것만 묻습니다.

당신이 친구들과 친밀하게 말할 수 있는 것처럼 영원은 당신과 말하지 않습니다. 아, 이런 친밀함 때문에 당신이 쉽게 회피에 익숙해지는 것이지요. 가장 친한 친구가 여전히 제삼자로서 말하고, 이런 친밀함으로 인해 자기 자신을 제삼자로서 이야기하는 것에 당신이 쉽게 익숙해지기 때문입니다. 그러나 영원에서 당신은 단독자입니다. 영원이 당신과 이야기할 때, 양심은 제삼자가 아닙니다. 당신이 양심과 이야기할 때, 양심이 제삼자가 될 수 없듯 말입니다. 양심과 당신은 하나이니까요.

당신이 알고 있는 모든 것을, 영원은 알고 있습니다. 당신이 그것을 알고 있다는 것도 압니다. 자녀의 양육 문제로, 당신이 배우자와 혹은 친구들과 어떤 대안을 놓고 심사숙고할 수도 있습니다. 그러나 궁극적으로 행동과 책임은 단독자로서 당신 것입니다. 당신이 이것을 회피할지도, 그래서 자신과 다른 사람들의 눈을 피해 저 심사숙고의 덤불 속에 숨더라도, 단독자로서 당신 홀로 지고 가야 할 책임이 있습니다.

그렇습니다. 시간에서, 이것저것을 자세히 따져 묻는 곳에서, 다양하게 얽혀 있는 상호작용(Vexelvirkningens)[11]의 혼돈 속에서, 우리는 이것을 착각으로, 혹은 상상력이 빚어낸 허구로 생각하곤 합니다. 즉, 셀 수 없는 이런 수백만의 사람이 각각 분리되어 설득된다는 것, 그래서 삶을 구성하는 가장 작은 구성요소의 바닥까지 정확하게 내려갈 수 있다는 것, 이것을 허구라고 생각하는 것이지요. 그러나 영원에서는 허구도, 착각도 아닙니다. 왜냐하면 각자 분리되어 단독자가 되기 때문입니다.

이것은 당신 삶의 모든 관계에서 적용될 수 있습니다. 당신이 세상에서 저 외딴곳에 사는 것이 아니라면, 인구가 밀집된 도시에 살고 있으며, 관심사가 세상에 있다면, 그래서 주변 사람들과 동시대의 사건들에 공감하면서 주의를 기울이고 있다면, 이런 식으로 당신 자신이 저 밖 세상과 관계할 때마다, 영원의 책임을 지고 있는 단독자로서, 당신 이 자신과 관계하고 있다는 것을 명심했습니까? 아니면, 자신을 대중 속으로 숨어들게 했습니까? 한 사람이 다른 사람을 비난하는 곳, 그들이 말하듯, 한순간에 다수가 존재하는 곳, 책임을 언급할 때마다 다음 순간에는 아무도 없는 곳 말입니다. 당신은 대중의 능력으로, 판사처럼 판단했습니까?

당신이 이해하지 못한 것에, 어쩔 수 없이 당신의 의견을 갖고 있었습니다. 아니, 반대로 당신은 영원히 면제되었습니다. 그러나 개인으로서 당신은 어쩔 수 없이, 당신의 의견과 판단에 책임을 지고 계산해야 합니다. 같은 의견을 가진 다수가 있었는지, 곧 잘못된 의견을 가진 다수가 있었는지, 그렇게 분주하게 캐묻듯이 당신에게 묻지 않습니다. 당신이 그런 의견을 갖고 있었는지만 묻습니다.

경솔하게, 아무 생각도 없이, 다른 사람들과 더불어 판단하도록, 당신의 영혼을 응석받이로 길들여 왔는지, 영원은 질문합니다. 당신이 다수를 얻었다는 것, 그래서 당신이 정당화되었다는 것, 대중과 함께 자랑함으로 인해 당신 속에 더 좋은 부분을 망친 것은 아닌지 묻습니다. 왜냐하면 당신은 다수였고, 다시 말해 잘못을 범한 다수였으니까요. 영원에서 당신이 선에 해를 끼쳤는지 질문받게 될 것입니다. 당신 스스로 판단하는 법을 알지는 못했지만, 시간적 의미에서 대중의 상당한 힘을 갖고 있는 사람들, 그러나 영원에서는 무시해도 될 정도 힘을 가진 사람들과, 더불어 판단했기 때문입니다.

시간의 계산법이 있습니다. 그들은 말합니다.

"하나가 더 있든 덜 있든 그건 중요한 게 아니야."

사람은 이것을 자신에 관해, 자기 자신에게 말합니다! 시간의 계산법이 있습니다. 그들은 말합니다.

"수백 명에게 저항하는 한 사람, 이것이 어떤 결과를 낳을까?"

그래서 한 사람은 비겁하게도 다수에 굴복하고 맙니다. 게다가 비진리는 주로 다수입니다. 진리는 일치되는 것에 만족합니다. 그러나 한 사람은 이렇게 비겁하게 굴복함으로 무언가를 얻습니다. 병원에서 누울 침대(en Plads i et Hospital)[12]조차 얻지 못합니다. 그런데도 한 사람은 가장 강한 자가 되는 특이한 결과를 얻습니다. 왜냐하면 대중은 언제나 가장 강한 자니까요.

하지만 영원은 중요하지 않습니다. 계산되지 않았습니다. 단독자는 언제나 한 명일 뿐입니다. 양심은 단독자를 면밀하게 지켜봅니다. 영원에서 당신은 헛되이 대중을 찾아 돌아다닐 것입니다. 소란스러운 소리와 함께 군중이 어디 있는지, 거기로 달려가기 위해 헛되이 귀를 기울일 것입니다. 영원에서 당신 역시 대중으로 인해 버려질 것입니다. 끔찍합니다. **영원한 것이 위로할 때, 고통은 단지 장난(jest)일 뿐이므로, 시간에서 대중에 의해 버려지는 것은 복된 일입니다.**

당신이 단독자라는 것을 깨달음으로 인해, 당신의 양심은 무엇을 강조하기를 원합니까? 당신이 판단한다면(많은 경우에 양심은 당신을 판단하지 못하게 할 것이다), 그것은 당신의 책임이라는 것을, 양심은 당신에게 가르치기를 원합니다. 그리하여 당신은 죽은 자 앞에 있는 것과 같은 수치심으로 이해한 것과 이해하지 못한 것을 시험해야 합니다.[13] 다수라는 저 쓰레기 더미로 도망치려는 멋진 도피를 당신이 구하지 못하도록, 양심은 당신에게 겁을 주려 합니다. 많은 바보가 한 명의 지혜로운 사람을 만들지 못하며, 대중은 명분을 위한 의심스러운 추천이기 때문입니다.

대중의 규모가 클수록, 대중이 찬양하는 것은 더욱 어리석고, 대중은 더욱 진리에서 멀어집니다. 대중이 어떤 영원한 진리라는 것, 이것이 야말로 어떤 가능성도 없을 것입니다. 영원히 존재하는 어떤 대중도 없기 때문입니다. 경솔한 대중을 즉시 기쁘게 하는 것은 진리가 가진 본질이 아닙니다. 근본적으로 진리는 그렇게 하지 않습니다. 그와 같은 다수에게 진리는 어리석은 것처럼 보임이 틀림없습니다.

그러나 단독자라는 것을 깨닫게 됨으로 **영원한 책임**을 갖고 판단하는 자는, 무엇이 비정상인지 판단하기를 더디 합니다. 왜냐하면 그것이 거짓, 기만, 신기루, 허영일 수도 있지만, 혹은 진리일 수도 있기 때문입니다. 저 옛날의 현자가 말했던 것을 기억합니다.

"대다수 사람이 볼 수 있는 불빛으로도 누군가의 눈에는 보이지 않는 것이 있다면, 그 사람은 오히려 어두움에 익숙하기 때문일 걸세. 그러나 혹은, 그가 더 밝은 불빛에 익숙하기 때문일 수도 있네. 이런 경우라면, 이것은 웃을 수 있는 문제가 아니네."[14]

그렇습니다. 이것은 웃을 수 있는 문제가 아닙니다. 그러나 웃을 수 있습니다. 게다가 경솔한 사람들이 비웃는 것은 더 슬프지요. 그 사람은, 그들보다 더 지혜롭거나 더 좋은 사람입니다. 왜냐하면 비웃는 자 또한 비웃음에 합당한 합리적인 근거가 필요하고, 이것이 부족하다면 비웃는 자야말로 우스꽝스러운 자가 되기 때문이지요. 그러나 이곳 시간에서, 인간과 함께하고 있는 세상의 소름 끼치는 방탕(prodigality)에서, 숫자가, 계산이 유혹하고 있습니다. 대중 속에서 자신을 계산하는 것 말입니다.

여기에서 어림잡은 수로 인해 모든 것은 쉽게 조작될 것이고 사람은 어지럼증을 느낄 것입니다. 그렇습니다. 이곳 시간에서 아마도 단독자는 성공하지 못할 것입니다. 그가 진리 안에서 선을 품는다고 할지라도, **대중을 해산시키는 데는 성공하지 못할 것입니다.**

그러나 영원은 할 수 있습니다. 영원은 양심의 강한 팔로 각 사람을 분리해 사로잡습니다. 단독자를 둘러쌉니다. 양심으로 단독자를 분리합니다. 이 판사 앞에 홀로 남겨진 자에게 화가 있을지라! 왜냐하면 영원이 단독자의 양심으로 분리하기 때문입니다. 그곳에 확실히 환난이 존재합니다. 그러나 환난이 변명인, 환난이 승리인 시간에서와 같지 않습니다. 환난이 홀로 있어야 하는 곳, 변명을 제거한 곳에, 영원은 그를 놓아둡니다. 홀로 있어야 하고 **행방불명**으로 처리되어야 하는 곳입니다.

이방인은 소란스러운 소리를 내지만, 하나님은 하늘에서 그들을 보고 웃는다고, 저 고귀한 시편 기자[15]는 선포합니다.[16] 나는 감히 이것을 믿을 수 없습니다. 아마도 이것에 관해 다음과 같이 말하는 편이 좋을 것 같습니다.

"대중이 소란스럽게 큰 소리를 내며 승리의 함성을 지르고 기뻐하는 동안, 영원한 것을 망각한 채, 방탕하면 좋은 것으로 여기는 곳, 대중의 소동이 있는 곳으로 각각 한 사람씩 서둘러 달려가는 동안, 대중이 조롱하며 '좋아, 당신이 우리를 찾을 수 있는지 두고 보자!'라고 하나님께 소리 지르는 동안, 저 군중 가운데 한 개인을 찾는 일은 언제나 어려우니까. 숲을 보고 있는 동안 나무를 보고 있는 것은 어려우니까. 그때 영원의 진지함은 조용하게 기다린다."

이 땅에 사는 세대가 모두 일어났다면, 영원과 맞서 싸우기 위해, 거대한 다수의 힘으로 영원을 지배하기 위해 하나의 대중으로 뭉쳤다면, 있는 자리에서 움직이지 않은 채 거품을 내며 밀려오는 파도를 해산시키는 절벽의 태연함처럼, 쭉정이를 미리 흩어버리는 폭풍처럼 쉽게 영원은 그들을 해산시켰을 텐데 말입니다.[17]

똑같이 쉽더라도, 같은 방법은 아닙니다. **바람은 쭉정이를 이동시켜 다시 쌓아놓기 위해서만 날려버리는 것이지만, 영원은 각 사람을 분리하여 각자가 무한한 짐을 지게 함으로 그를 무겁게 하여, 대중을 해산시키기 때문입니다.** 즉, 단독자가 되는 것입니다. 거기에서 최고의 축복이란 곧 최고의 진지함입니다. 거기에서 가장 복된 위로란 곧 가장 두려운 책임입니다.

영원에 많은 방이 있습니다.[18] 정확하게 각 사람을 위한 방이지요. 양심이 있는 곳, 누구에게나 있는 곳, 있어야만 하는 곳, **고독한 감옥도** 영원한 행복의 즐거운 방도, 모두 영원에 있기 때문입니다. 단독자가 된다는 이런 깨달음은 사람 속에 자리 잡은 근본 의식입니다. 그가 지닌 영원한 의식입니다.

그러나 자신이 단독자임을 명심한 자, 궁극적이고 가장 고차원적인 책임에서 오직 자기 자신과 홀로 있음을 명심한 자, 그는 판단을 더디 합니다. 왜냐하면 제삼자로서, 공평한 관망자로서, 그가 판단할 때, 가장 친밀한 친구라도 필연적으로는 결정적인 것을 생략하게 되니까요. 직접 관계하는 사람이 되는 것, 양심이 "너(Du)"[19]라고 말하는 사람이 되는 것, 둘은 별개의 문제입니다. 충고를 해주는 방식과 관련해, 양심은 친밀한

"너"를 친구인 당신에게만 부릅니다.

그런 사려 깊은 자는 많이 판단하기를 싫어합니다. 그가 한가지만 품을 수 있도록 이것이 돕습니다. 인구가 많은 대도시에 사는 것을, 그는 완벽한 장점으로 여기지 않습니다. 거기에서는 의사소통하는 도구의 발달로 인해, 가능한 온갖 종류에 관해 피상적이고 성급한 의견을 갖습니다. 반면, 그는 이런 편안함을 유혹이나 올가미로 여기고, 단독자로서 영원한 책임에 관심을 두고자, 진지함을 배웁니다. 잠언은 말합니다.

"심지어 어리석은 자라도, 침묵할 수만 있다면 지혜로운 자이다."[20]

이것은 사실입니다. 자신이 어리석다는 것을 폭로하지 않았을 뿐만 아니라, 이렇게 자기를 통제하는 것으로 도움받아, 자신을 단독자로 깨달을 수 있었으며, 동시에 대중의 의견을 성급하게 받아들이지 않았을 것이기 때문입니다. 혹은 스스로 어떤 의견이 있더라도 대중이 성급하게 그것을 받아들이지 못하도록 했을 것입니다.

자신을 단독자로 깨닫는 자의 시야는 모든 것을 반전된 형태로 보도록 만들어집니다. 그의 마음이 영원의 진실한 생각과 친해집니다. 곧, 삶의 모든 것이 반전된 것처럼 보입니다. 바로 다음 순간, 영원은 말할 것도 없고, 전적으로 순간적인 것은 허영과 공허뿐입니다. 마치 욕망이 가졌던 가장 사나운 순간이, 기억 입장에서는 가장 역겨운 것처럼 말입니다. 육욕(lust)과 같은 저 순간은 얼마나 강력한가요!

그것은 마치 분노, 복수, 열정이 갖는 저 사나운 순간과 같습니다. 저 순간의 만족감은 마치 망상에 사로잡힌 것처럼 보이고, 기억에는 공포 그 자체로 작용합니다. 분노한 자, 복수하는 자, 열정이 가득한 자, 자기를 주장하고 있습니다. 열정의 저 순간에, 그렇게 생각합니다. 그러나 기억의 순간에, 복수의 저 순간이 기억에 사무칠 때, 스스로 역겹게 느껴집니다. 왜냐하면 복수의 순간, 자신을 상실했기 때문입니다.

전적으로 순간적인 것은 유익한 것 같습니다. 하지만 이미 그다음 순간, 그것은 기만에 지나지 않았던 것으로 증명됩니다. 영원이 이해할 때, 그것은 후회를 낳을 뿐입니다. 순간적인 모든 것이 이와 마찬가지입니다. 대중의 의견 역시 이와 같습니다. 의견과 동정이 순간적인 한, 대중과 함께 할 뿐입니다.

나의 독자여, 당신이 영원히, 명백하게, 단독자임을 깨달을 정도로, 그렇게 살고 있습니까? 이것이 바로, 이 강화가 당신에게 던지는 질문입니다. 혹은, 당신이 자신에게 물어야 하는 질문입니다. 당신이 이 강화의 때를 생생하게 생각하고 있는지 말입니다. 당신을 방해하는 것이 무엇인지, 사람이 이런 깨달음 가운데 살아야 하는 것을 다른 많은 사람도 확신하는 것인지, 이 강화가 당신에게 말해 줄 수 없습니다. 각 사람을 분리하여, 모든 사람이 이런 확신을 갖는지, 혹은 전혀 반대로, 어떤 사람에게도 이런 확신이 없는지, 이 강화는 아무런 관심이 없습니다.

설교자 역시 당신이 이런 확신을 해야 한다고 설득하지 않을 것입니다. 다시 말해, 설교자가 스스로 이 확신을 가졌을지라도 말입니다. 따라서 당신이 이 확신을 얻기 위해 설교자를 필요로 하지 않듯, 설교자 역시 당신을 필요로 하지 않습니다. 영원이 지닌 고상한 진지함은, 다수의 추천도, 어떤 능변의 추천도, 받는 것을 원치 않습니다. 이 강화는 당신에게, 어떤 한가지라도 감히 약속하지 않습니다. 당신을 모욕하기를 바라지도 않습니다. 감히 이 땅의 이익을 얻게 해 준다며 당신에게 약속하지도 않습니다. 당신이 이 확신을 받아들이고 지키며 헌신하는 경우에 말입니다.

반대로, 이 확신을 고수한다면, 당신의 삶은 몹시 힘들어지고, 수많은 힘겨운 일을 당해야 할 것입니다. 이 확신을 지킨다면, 수많은 사람이 당신을 조롱할 것입니다. 이런 확신을 굳게 지키는 것(adherence)이 당신에게 더 많은 희생을 요구하는 것은 말할 것도 없습니다. 그때, 조롱도 당신을 방해할 수 없다는 것은 두말할 나위 없습니다. 다시 말해, 당신이 이 확신만 꼭 붙들고 있다면 말입니다. 곧, 당신이 올바른 길을 걷고 있다는 것을 스스로 믿는 것만으로도 **조롱은 당신에게 오히려 유익**합니다.

따라서 대중의 의견도 중요합니다. 사람이 거만하게도 그것을 무시하는 일이 없어야 합니다. 아니, 도리어 그것을 깨달아야 합니다. 만일 당신이 대중과 정반대인 일을 하기 위해 주의를 기울인다면, 당신의 생각은 적중한 것이며, 정말로 당신은 올바른 일을 하고 있습니다. 혹은 당신이 처음부터 정반대의 일을 한다면, 그때 대중의 의견이 당신과 반대임이 폭로될 만큼 당신의 운이 좋다면, 당신이 옳은 자리에 있었다는 것을 확신할 수 있습니다.

그때, 당신은 심오하게도, 스스로 자기 확신을 조사하고 시험했을 뿐만 아니라, **한 번 더 시험받는 유익을 얻은 것**입니다. 조롱에 도움받아서 말입니다. **조롱은 당신에게 상처를 줄 수 있으나, 조롱으로 인해 당신이 올바른 길을 걷고 있다는 것, 영광의 길이자 승리의 길을 걷고 있다는 것**

을 알게 된 것입니다. 이것은 마치 병사가 전쟁 중에 입은 영광의 상처와 같습니다. 병사의 가슴에 상처와 명예의 훈장이 동시에 존재합니다.

친구들 사이에서 꽤 유쾌한 녀석으로 여겨졌고, 자기 아버지를 전혀 두려워하지 않았던 한 소년을, 당신도 학창 시절에 틀림없이 알았던 적이 있을 것으로 생각합니다. 그 친구가 감히 다른 친구들에게 말합니다.

"너희들은 내가 아버지를 두려워할 거라고 생각해?"

그러나 실제로는, 그가 아버지를 몹시 두려워하고 있음을 누구라도 알게 된다면, 그 친구를 조금이라도 놀릴 것입니다. 슬프게도, 깜짝 놀란 사람들이 모인 대중 틈에서(그가 깜짝 놀라지 않았다면, 왜 대중에 참여하기 위해 뛰어들었겠습니까!), 두려워하지 않는 것은 유쾌할 정도로 재미있는 일입니다. 심지어 하나님도 두려워하지 않을 정도입니다.

대중을 두려워하는 것이 아니라, 실제로, 문자 그대로, 하나님을 두려워하는 단독자가 저 밖에 있는 것을 발견한다면, 그때 사람들은 대체로 단독자를 조금이라도 조롱할 것입니다. 조롱을 얼버무리며 말합니다.

"사람은 하나님을 사랑해야지."

그렇습니다. 하나님이 사랑이시고[21] 사람이 감히 하나님을 사랑할 때, 이것이 사람에게는 가장 큰 위로라는 것을 하나님께서 아십니다. 우리가 결코 거만하거나 어리석게 되지 맙시다. 하나님을 모독하며 조상들로부터 물려받은 것, 하나님이 궁리하신 것을 폐하지 맙시다. 즉, 사람은 실제로, 문자 그대로 하나님을 두려워해야 합니다.[22]

하나님을 두려워하는 자, 단독자가 되는 것을 깨달은 자입니다. 그리하여 하나님 앞에서 스스로 영원에 책임져야 함을 아는 자입니다. 회피와 변명에 도움받아 아무리 이 땅에서의 삶을 잘 살아낼 수 있어도, 빛이 차단된 그늘진 이 길을 따라 걸으며 온 세상을 다 얻는다 해도, 그런데도, 불타는 사막에 그늘이 없듯, 저 세상에 어떻게든 피할 수 없는 장소가 무조건 존재하기 때문입니다.

이 강화는 이것을 더 이상 말하지 않을 것입니다. 반복적으로, 오직 당신에게만 묻습니다. 단독자임을 깨달을 정도로, 당신을 그렇게 살고 있습니까? 그리하여 하나님 앞에서 영원한 책임을 깨닫고 있는지요? 이 깨달음으로 인해, 당신 삶의 관계들을 간파할 만한 시간과 고요함과 행동에서 벗어남을 얻을 수 있을 정도로, 그렇게 살고 있습니까?

당신은 삶에서 물러나도록, 영광스러운 자리에서 내려오도록, 행복한 가정생활을 포기하도록 요구받지 않습니다. 반대로, 저 깨달음이 삶의 관계 속에서 당신의 행동을 지원하고, 변화시키고, 명백히 해명해 주고 있는지를 요구받습니다. 당신이 치러야 할 영원한 결산(eternal accounting)을 곰곰이 생각하기 위해, 뒤로 물러나 앉아 있을 필요가 없습니다. 거기에서 새로운 책임만 지면 됩니다. 의무와 과업을 이루기 위해 당신에게 점점 더 많은 시간이 주어짐을 알게 될 것입니다. 반면 당신이 영원히 책임져야 하는 것과 관련한 관심으로, 당신은 결국 분주하지 않게 될 것이고, 온갖 가능한 것들에 분주하게 관여하지 않게 될 것입니다. 우리가 시간 낭비라고 부르면 가장 좋을 활동들 말입니다.

직업과 소명

이것이 중요한 질문입니다. 단 한가지만 필요한 것처럼, 이 강화가 한 가지를 품는 것만 말한 것처럼, 하나님 앞에서 영원히 자기에게 책임지는 단독자라는 이 깨달음도, 필요한 한가지입니다.[23] 이 강화는 계속 묻습니다.

삶에서 당신 직업이 무엇인가?[24]

캐묻기 좋아하는 사람이 질문하는 것처럼, 그 일이 큰지 작은지, 당신이 왕인지 혹은 노동자에 불과한지 묻지 않습니다. 많은 돈을 모았는지, 위대한 명성을 쌓았는지, 분주하게 묻는 것도 아닙니다. 이것은 대중이 서로 질문하고 대답하는 방식입니다. 그러나 당신의 직업, 그것이 맡은 바가 크든 작든, **당신은 감히 그것을 영원의 책임과 함께 생각하는지, 그 것이 중요합니다.** 감히 이 순간, 아니면 다른 어떤 때, 그것을 인정하느냐 는 것입니다.

무언가 끔찍한 일이 터졌다고 가정해 봅시다. 당신이 사는 도시가 저 먼 남쪽에 있는 도시들처럼 갑자기 멸망했다고 가정해 보십시오.[25] 각각 의 사람은 한 때 스스로 선택한 직업을 갖고 있었으나 모든 것은 중단된 상태로 있었습니다. 동시대 관습에 따라 살아가는 것에 관해, 그들은 어 떤 변명도 하지 않았습니다. 후세가 평가하듯이 말입니다. 당신이 수치 를 당하지 않도록 말입니다!

혹은 이미 고인이 된 저명한 사람 중 한 명을 상상해 봅시다. 대중이 그에게 찬사를 쏟고, 그에게서 많은 것을 배우자고 기념합니다. 축하하는 소리와 사람들 간 주고받는 대화가 시끄럽군요. 이것은 더욱 진지합니다. 그런 그가 당신에게 왔다면, 당신을 방문했다면 어떨까요? 그와 얼굴을 마주합니다. 자세히 살펴보는 눈초리! 그 앞에서 감히 당신의 직업을 계속 영위하는 것입니다!

당신은 이런 생각에 익숙하지 않은가요? 저 변화된 자들[26]이 죽은 후에 단독자를 방문함으로써 섬기기를 바라는 방식이 이런 식입니다. 왜냐하면 마치 바보들이 대접받기를 원하는 것처럼, 생각 없는 대중이 손뼉을 치며 떠들썩하게 찬양하며, 변화된 죽은 자를 대우할 때, 그들이 이런 일을 안다면, 행복한 거주지에 앉아 가만히 있을 수 없기 때문입니다.

변화된 자가 귀족(fornem)[27]이 되었다고 생각하지 마십시오. 반대로 그는 더욱 겸손해졌고, 더 인간적으로 모든 사람과 관계합니다. 따라서 그는 최고 공직자가 방문하는 것처럼 단독자를 만나기 위해 여행할 때, 가장 낮은 직업을 거부하지 않습니다. 그 직업에 진정한 진실성이 있다면 말입니다. **그가 거하는 영원에서, 모든 보잘것없는 차이**(differences, Forskjelligheder)[28]**는 잊힙니다.** 그러나 저 변화된 자, 영광스러운 자는 영원처럼 대중을 원하지 않습니다.

따라서 당신의 직업이 세상의 차이들에 비해 너무 열등하기에, 비천한 당신의 직업에 스스로 수치심을 느꼈다면, 변화된 자가 개인적으로 당신을 방문한 일로 인해, **당신은 오히려 담대함을 얻게 될 것입니다.** 변화된 자가 개인으로 당신에게 방문한 일은, 확실히 당신에게 그 직업의 비천함에 담대함을 줍니다. 또한 더 온전하게 진실한 진실성이 무엇인지에 확신을 갖게 됩니다.

아니, 그런데 제가 지금 무슨 말을 하는 것인가요? 당신이 지금 이 강화의 때를 생생하게 생각하고 있다면, 당신은 훨씬 더 높은 누군가 앞에 개인으로 서 있는 것이 아닌가요? 그런데도 그분이 더 인간적으로 생각하고 있습니다. **당신 직업의 비천함을, 그 직업이 얼마나 영광스러운지를 말입니다.**

당신의 직업을 생각할 때, 당신 마음의 태도는 어떠한가요? 당신은 그 일을 어떻게 수행하고 있습니까? 당신의 직업이 소명(calling)이라고 확신합니까?

따라서 당신은 **그 일의 결과를 통해** 재해석하지 않았습니다. 그러나 그 결과가 불리하다면, 당신의 노력이 성공을 거두지 못한다면, 소명이 아니라고 생각한 적이 있었습니다. 맞습니까? 슬프게도, 이런 변덕이 사람을 무척이나 약하게 만듭니다.

그러므로, 굳건히 서십시오! **하나님의 도움으로, 당신 자신의 충성으로, 희망 없는 시작에서 선한 것이 생겨날 것입니다.** 어디든 시작은 존재합니다. 하나님과 함께하는 어디에든, 좋은 시작은 존재합니다. **시작하기에 불행한 어떤 날도 없습니다.** 심지어 불행한 날도, 당신이 하나님과 함께 시작할 수만 있다면, 절대 불행하지 않습니다.

혹은 그 결과가 유익하기에, 무언가를 당신의 소명으로 착각하며 자신을 속인 적은 없었습니까? 즉각적 성공, 기이한 성공이었으니까요. 슬프군요, 세상에서는 그런 종류의 일을 말합니다. 때로는 "직업이 정당하다는 증거는 그것을 할 수 있는 것"[29]에 있다고 경건한 자들이 말합니다.

따라서 누군가 자신의 마음을 강팍하게 하여 움직이지 않은 채, 조용하게 온갖 종류의 잔인함을 실행할 수 있다면, 그것은 그가 **해야만 하는 일**이었을 것입니다. 따라서 이런 뻔뻔한 자가 마음속에서 가장 혐오하는 범죄를 찾을 수 있다면, 그래서 그것을 실행할 수 있다면, 그것은 그가 해야만 하는 일이었을 것입니다! 아니, **어떤 유리한 결과도 소명이 있다는 것을 핵심적으로 입증할 수 없듯이, 어떤 불리한 결과도 소명을 믿는 자의 확신을 반박할 수 없습니다.**

당신은 어떤 방식으로 일하기를 바라는지 한마음을 품고 결심했습니까? 아니면, 대중과 의견일치를 보기 원하기에, 아직도 두 마음을 품고 있습니까? 반항적이지 않고, 의기소침한 것이 아니더라도, 당신은 영원히 관심을 두고 어떤 "경매(bid)"의 낙찰가를 고수합니까? 당신은 변하지 않은 채, **언제나 같은 값을 제시하고 그 시기가 다양하게 바뀌더라도 같은 것만을 사기 원하는 건가요?**

선은 금과 같은 것이라고 당신은 생각합니까? 그래서 아주 많은 값을 치르고 살 수 있다고 생각합니까? 당신이 선을 위하여 행하지 않을 수 없는 어떤 유익이 거기 있습니까? 당신이 포기할 수 없는 어떤 차이가 있는지요? 포기할 수 없는 어떤 관계가 있습니까? 당신에게 이보다 더 중요한, 위로부터 오는 어떤 환호성이 있습니까? 혹은 아래로부터 오는 환호성이 있습니까? 만약 어떤 값을 주고라도 반드시 사야 하는 것이 선이라면, 아주 비싼 값에 사야만 하는 것을 다른 사람들이 아주 싼 값에 산다면, 그리고 당신이 그것을 지켜본다면, 당신은 질투할 것인가요?

그러나 잊지 마십시오. 도대체 어떤 것이 값을 매길 만한가요? 당신의 노력이 성공할 때, 당신은 **무가치한 종**이라는 것을 깨닫습니까?[30] 혹은 당신의 노력이 실패할 때, **무가치한 종**이라는 것을 깨닫습니까? 당신이 보상받았기 때문에, 더 많은 유익을 얻었기 때문에, 보상이 당신을 변화시킬 수 있다고 생각합니까? 그러나 역경도 당신을 변화시킬 수 없습니다. 그것은 당신이 무엇을 인정하는지, 다만 **부끄러워하며 표현할 뿐**이니까요. **당신은 아무것도 요구할 권리가 없다는 것을 표현할 뿐이니까요.**

당신의 영혼에 의심스러울 만한 아무것도 숨기지 않았습니까? 상황이 달라지기를 여전히 소원하고 있어도, 마치 강도처럼 자신을 위해 감히 보상을 취하길 바랐어도, 그것을 들먹이고 있다 하더라도 말입니다. 역경이 존재하지 않기를 바랐을지라도 말입니다. 역경은 당신 속에 이기심을 감금하니까요. 아무리 억압당한다 해도, 이기심은 당신이 운이 좋았다면, 선을 위해 무언가를 할 수 있는 것인 양, 이야기할 만한 가치가 있는 것을 할 수 있는 양, 어리석게도 당신을 속여 착각에 빠지게 합니다.

경건하고 지혜로운 자는 역경이 닥칠 때, 어떤 역경도 제거되지 않기를 바란다는 것, 이것을 망각하지 말기 바랍니다. 왜냐하면 그것이 유익이 될지 아닐지 알 수 없기 때문입니다. 지혜롭고 경건한 자는 자기를 핍박했던 권력자가 자신을 풀어주기를 원할 때, 현명한 자, 그는 말합니다.

"내가 이것을 무조건 원하는 것이 아닙니다.[31] 왜냐하면 핍박이 제게 유익인지 아닌지 명확히 알지 못하기 때문입니다."

바로 이때, 그는 **모든 승리 중에 최고의 아름다운 승리**를 얻었다는 것을 망각하지 마십시오. 당신은 형벌에 대한 두려움으로만 선을 행하고 있습니까? 그래서 당신은 선을 품을 때조차 얼굴을 노려보고 있습니까? 그래서 당신은 밤에 꿈꿀 때조차 형벌을 제거해달라고 구했습니까? 또한 그 정도로 선을 원했고 공상 중에 자신을 속여 그런 노예 같은 마음으로도 선에 봉사할 수 있다는 착각에 빠졌는지요?

오, 선은 어느 날 한가지를 원하고 내일은 다른 것을 원하는, 가혹한 현장 작업반장이 아닙니다. 선은 언제나 한가지만을 원하고 언제나 변치 않는 것을 원합니다. 그러나 선은 양심을 갖습니다. 그리하여 정직을 요구할 수도 있고 정직이 현존하는지 볼 수도 있습니다!

목적과 수단

이제 당신이 사용하는 수단들입니다. 당신의 일을 수행하기 위해 어떤 수단들을 씁니까? 그 수단들이 목적만큼이나 당신에게 중요한가요? 그렇지 않다면, 당신이 한가지를 품는 것은 불가능합니다. 이런 경우, 방어할 수 없고, 무책임하고, 이질적인 수단들이 흘러들어옵니다. 혼란과 타락을 부추기면서 말입니다.

영원의 관점에서 이해할 때, 수단은 한가지입니다. 목적도 한가지입니다. **수단과 목적은 하나이며 같은 것입니다.** 거기에는 단 하나의 목적만 존재합니다. 진리 안에 있는 선. 단 하나의 수단이란 진리 안에서 선한 수단만을 쓰기를 원하는 것이지요. 그러나 진리 안에 있는 선이 곧 목적입니다.

시간에서, 이 땅에서, 이 둘은 분리되고 수단보다 목적이 더 중요하게 여겨집니다.[32] 목적은 중요한 것으로 생각됩니다. 목적은 거기에 도달하고자 노력하는 자에게 요구됩니다. 그는 수단에는 덜 양심적입니다. 그러나 이것은 그렇지 않습니다. 이런 식으로 목적을 갖는 것, 경건치 못한 조바심입니다.

영원의 의미에서, 목적과 수단 사이에 오히려 반전이 있습니다. 사람이 세상을 살아가면서 노력을 다하기 위한 목적을 설정하고, 설사 그것을 달성하지 못한다 해도, 영원의 의미에서 그에게 전적으로 아무 잘못도 없습니다. 아니, 오히려 그는 찬사를 받아야 합니다. 결국, 그는 자신이 통제할 수 없는 죽음이나 역경들로 인해 방해받을 수 있습니다. 이 경우, 그에게 전적으로 아무런 죄가 없습니다.

영원의 이해에 따르면, 인정되는 수단을 제외한 다른 수단들을 활용하기를 거부했기에, 그는 목적을 달성하는 데 방해받을 수 있습니다. 다시 말해, 이 경우 그는 열정의 조바심과 영리함의 발명을 포기한 것입니다. 이 경우 오히려 그는 찬사를 받아야 합니다. 따라서 그가 시간에서 목적을 달성하는 것에, 영원히 아무런 책임이 없습니다. 그러나 그는 영원히, 무조건, 사용한 수단에 책임을 집니다.

그가 선한 수단만을 사용하기를 원하거나 사용할 때, 영원히 이해할 때, 그는 목적에 도달한 상태입니다. 목적에 도달하는 것이 인정받을 수 없거나, 혹은 의심스러운 수단을 쓴 것의 변명이나 방어하는 것을 의미한다면, 슬프지만, 그가 내일 죽었다고 상상해 보십시오. 이 경우 영리한 자는 자신의 어리석음에 갇힌 것입니다. 그는 인정받을 수 없는 수단을 썼습니다. 그러나 그는 목적을 달성하지 못하고 죽고 말았습니다. 목적을 달성하는 일이 결론에 이른 것이지만, 수단을 사용하는 일은 시작에 이른 것입니다.

목적을 달성하는 것은 과녁을 한 방에 맞히는 것과 같습니다. 그러나 수단을 사용하는 것은 과녁을 겨냥하는 것과 같습니다. 하지만 과녁을 한 방 맞히는 것보다 겨냥하는 것이, 명사수의 목표에 있어, 더 신뢰할 만한 증거입니다. 왜냐하면, 한 방이 우연히 과녁에 맞을 수도 있고, 또한 총이 발사되지 못했더라도, 그것이 명사수의 잘못은 아니기 때문입니다. 그러나 과녁을 겨냥하는 일에는 어떤 변칙도 허용될 수 없습니다.

이 땅에서의 시간적 열정에서, 목적은 수단보다 무조건 더 중요합니다. 따라서 이것은 열정가의 고통입니다. 이 목적이 최고치에 이른다면, 이에 따라 그는 잠을 잘 수 없고 심지어 미치게 될 수도 있습니다. 다시 말해, 그가 시간을 통제할 수 없으며, 언제나 너무 늦을 수 있기 때문이지요. 겨우 30분 정도 늦더라도 말입니다.

이 땅의 열정은 불행하게도 보편적인 열정이므로, 미치지 않도록 대부분 사람을 구원하는 것은 지혜가 아니라, 나태함이라고 말할 수 있습니다. 반면에 영원의 복이 주는 위로는 안식과 같고, "추수하는 날의 시원한 생수"[33]와 같습니다. 영원을 품은 자는 결코 너무 늦을 수 없다는 데, 이 위로가 있습니다. 그에게 수단이 목적만큼이나 무조건 중요하다면 말입니다.

영원은 일시적으로 캐묻지 않습니다. 결과에 조바심을 갖지도 않습니다. 바로 그런 이유로, **수단은 무조건 목적만큼 중요합니다.** 이 땅의 세속적인 열정에, 이런 관점은 충격적이고 무기력하게 만들기에 충분합니다. 그때 양심은 모든 것 중에서 가장 무기력해질 것입니다. 양심은 "사람의 마음속에 소동을 일으키고, 곤경들을 가득 채우는, 부끄럼을 잘 타는 결백한 정신"입니다. 왜냐하면 이 정신에게, 수단은 무조건 목적만큼 중요하기 때문이지요.

나의 독자여, 그때, 선하고 영광스러운 것처럼 보이는 당신의 일을 할 때, 수단은 목적만큼이나 당신에게 무조건 중요했는지요? 혹은 당신의 생각이 어지러웠습니까? 그래서 목적의 위대함 때문에, 당신은 의심스러운 수단을 사소하고 보잘것없는 것으로 간주한 것입니다. 아아, 이 어지러운 상태는 영원에서 절대 발견되지 말아야 합니다. 영원은 분명하고 투명하기 때문입니다!

사업 규모가 엄청나게 크기 때문에, 사소한 잘못을 묻는 것은 불필요하다고 생각하나요? 다시 말해, 잘못이 어떤 것이든지 그것이 죄책으로 가장 위대한 사업보다 무한히 더 중요한 것일지라도, 그 잘못은 사소한 것으로 생각하는 것 아닌가요! 걸작품(masterpiece)이 그 생산되는 방식과 아무런 관련이 없다고 생각합니까? 그렇습니다, 걸작은 아무 관련이 없을 수 있습니다. 그러나 걸작을 만든 거장(master)이 거룩한 봉사의 의미로서, 경건하게 자기 능력을 사용한 것인지, "눈부신 죄"[34]를 짓는 중에 절망에 사로잡혀 걸작을 만든 것인지, 거장은 이런 질문과는 감히 아무런 관련이 없다고 생각합니까?

당신의 생각이 이런 방식으로 어지럽지 않다면, 분명히 술 깨었고 정신이 초롱초롱하다면,[35] 당신은 수단을 사용하는 데 온전한 양심이 있다고 생각합니까? 어떤 젊은이가(물론 그는 부끄럼을 잘 타는 결백한 정신이다) 당신에게 왔다면, 감히 그에게 무조건 모든 것을 알려줄 수 있는 건가요? 당신의 "온전한 행동" 속에 정말로 아무것도 없었습니까? 내가 이것을 어떻게 표현해야 할까요? 이것을 표현하기 위해 많은 말을 할 수도 있으나 오히려 이런 식으로 짧게 말하고 싶습니다.

당신의 그 행동을 어른들과 당신의 동갑내기들에게 말한다면, 그 행동의 영리함과 기민함에 대해 그들이 존경할 만한 것이 있습니까? 그러나 이상하게도 젊은이는 부끄러워할 만한 것이 있습니까? (당신이 영리하지 않았기 때문이 아니라, 영리한 행위를 경멸할 만한 고귀함이 없었기 때문입니다.) 다시 말해, 당신은 어떤 아부를 함으로써 이런저런 것을 얻었던 것입니다. 무언가를 숨기면서까지 이런저런 유익을 얻었습니다. 약간의 거짓말로 탁월한 거래를 했습니다. 거짓된 충성으로 당신의 **대의명분**을 발전시켰습니다. 오해하고 있는 사람들의 찬사를 결집하여 승리를 얻었습니다. **가장 강력한 연합을 영리하게 계획함으로 부와 권력을 얻었습니다.**

온전한 행동 가운데 당신에게 정말 다른 것은 아무것도 없었습니까? 그 행동이 공개되었든 비밀이었든 상관없이 말입니다. 젊은이가 감히 당신의 행동 속에서 발견할 아무것도, 당신이 가진 적이 없었습니까? (물론 이런 식으로 당신이 젊은이를 사랑하고 그의 청결함을 보존하길 바라는 것은 아름답습니다!) 당신 스스로 저항하며, 감히 죄가 있다고 인정할 만한 아무것도 없었는지요? 어떤 희생으로도 감히 젊은이가 발견하도록 허용할 만한 아무것도 없었는가 말입니다.

아, 제가 여러분에게 지금 무슨 말을 하는 건가요? 이 강화의 때를 생생하게 생각한다면, **가장 마음이 청결한 이 젊은이의 결백보다 더 무한히 청결하게 판결하고 있는 더 높은 판사 앞에, 당신은 서 있는 것입니다.** 이 판사 앞에서 당신의 죄가 누설되는 것을 막을 길이 없습니다. 그분은 당신의 죄를 이미 알고 있기 때문입니다.

다른 사람을 향한 당신의 마음 상태는 어떤가요? 한가지를 품음으로 모든 사람과 화목하고 있습니까? 아니면 불화를 일으키며 한 분파에 속해 있습니까? 혹은 모든 사람과 사이가 나쁜가요, 아니면, 모든 사람이 당신과 사이가 나쁜가요? 당신은 자신을 위해 원하는 것을 모든 사람을 위해 원하는 건가요? 혹은 자신을 위해, 자신과 자신의 것들을 위해 최고의 것을 원하나요? 혹은 당신과 당신의 것이 최고가 되어야 합니까? 당신은 한가지를 품음으로 다른 사람들이 당신에게 해주기를 원하는 것을 다른 사람에게 합니까?[36]

이런 원함(willing)이 모든 것을 질서 있게 하는 영원의 질서입니다. 죽은 자들과 당신이 본 적이 없는 사람들이 화합하게 하는 질서입니다. 그뿐만 아니라, 당신이 알지 못하는 언어와 관습을 갖고 있는 이상한 사람들과, 이 세상의 모든 사람과 화합하게 하는 질서입니다. 그들은 혈족이요, 한가지를 원하는 영원의 과업에 의해 하나님의 신성과 영원히 관계합니다.[37]

다른 사람들보다 당신 자신과 당신의 것을 위해 다른 법을 원하나요?

사람들이 무조건 위로받을 수 있는 것과 다른 차별화된 무언가를 통해 위로받기를 원합니까?

어느 날 왕과 거지와 당신 친구 중 하나가 동시에 당신을 찾아왔다면, 당신은 감히 그들 앞에서 솔직하게 원하는 것을 말할 만한 자신감이 있습니까? 거기에서 당신의 위로를 구할 만한 담대함이 있습니까? 폐하께서는 당신이 천민이라 해도 절대 무시하지 않을 것이라는 확신이 있습니까? 거지가 똑같은 위로를 얻지 못했기 때문에 낙담하여 떠나지 않을 것이라는 확신은 있습니까? 친구가 당신의 담대함에 놀라 기뻐할 것이라는 확신은 있습니까?

아, 세상의 동맹(alliance)이라 부르는 것이 있습니다. 그것은 위험합니다. **모든 동맹은 분열을 초래하기 때문입니다.** 동맹이 보통 사람들을 배제할 때, 분열을 일으킵니다. 동맹이 상류층을 배제할 때, 공무원을 배제할 때, 왕을 배제할 때, 거지를 배제할 때, 현명한 자를 배제할 때, 저 무지한 영혼을 배제할 때, 분열을 일으킵니다. 왜냐하면 모든 동맹은 보편적 인간성의 원수가 되기 때문입니다.[38]

그러나 한가지를 품는 것, 진리 안에서 선을 품는 것, 단독자로 하나님과 연합하기를 원하는 것, 무조건 누구나 할 수 있는 것, 이것이 **화합**입니다. 당신이 모든 사람과 멀리 떨어진 독방 감옥에 있든, 짐승들과 함께 무인도에 있든, 그런데도 진리 안에서 선을 품는다면, 그래서 **하나님과 연합한다면, 그때 당신은 모든 사람과 연합하는 것입니다. 이것이 모든 사람과 하나가 되는 방식입니다.** 끔찍한 일이 일어났다면(경건하게 덕을 세우는 것은 한순간을 위한 여자의 하찮은 장식과 같지 않아야 합니다), 그래서 당신이 산 채로 파묻혔다면, 관에서 깨어났을 때 익숙한 위로에 의지했다면, 그때 역시 이 고독한 고통 중에 당신은 **모든 사람과 화합하게 될 것입니다.**

이것이 지금 당신의 마음 상태가 맞습니까? 당신이 혼자서 또는 다른 사람들과 동맹하여, 헛되이 취한 당신의 이익, 당신의 선물, 당신의 삶의 호의가 정말 없었나요? 당신은 이것으로 위안을 삼으십시오. 그리고 시작하지 않은 사람들에게 당신이 위안으로 삼는 것을 감히 말하지 마십시오.

당신이 가난한 사람에게 자선을 베풀어 그를 위로할지 모르지만, 반역적으로 여전히 당신은 최후의 위로를 얻습니다. 당신은 가난한 자를 위로할지 모르지만, 당신의 재물이 당신을 영원히 가난하지 않게 해준다는 사실에 위로를 받습니다.

당신이 무지한 영혼을 돕는다 해도, 반역적으로 자신을 위해 최후의 위로를 얻습니다. 당신의 정신적 재능은 가히 천부적이라 말할 수 있을 정도로 아주 특별합니다. 당신이 내일 아침에 일어났는데 그 나라에서 가장 둔한 사람이 되는 일은 일어날 수 없습니다.

당신이 아무리 젊은이를 상담한다 해도, 감히 그에게 도전할 수 있는 용기를 불어넣어 줄 수는 없습니다. 왜냐하면 당신에게 개인적인 비밀이 있으니까요. **당신은 반역자이며, 최고의 것을 알지 못하도록 젊은이를 은밀하게 속였으니 말입니다. 최고의 것을 알지 못하도록 당신 자신도 속였으니까요.** 그것도 은밀하게 말입니다! 최고의 것은 당신의 비밀입니다!

이제 고난 겪는 자에 던지는 질문이 있습니다. 그가 어떻게 느끼는지에 대한 것이 아닙니다. 아아, 이 강화는 그런 식으로 동정하지 않습니다. 그러나 당신이 강화를 위한 때를 생생하게 생각한다면, 그때 당신은 하나님 앞에 있으므로 인간적인 동정을 넘어 위로 향합니다. 그때 비참하게 그런 동정은 필요 없습니다. 그때 당신이 그런 동정을 소원했으므로 동정이 드러난다면, 보기 드물게 그런 일이 일어날 수도 있습니다. 당신은 담대하게 그런 동정에 감사할 수는 있으나, 애원하는 자처럼 허리를 굽혀 감사하지는 말아야 합니다. 하나님은 확실히 그것을 금하십니다.

당신에게 동정심이 거절된다면, 사람들이 당신을 보고 놀라 겁쟁이가 되며, 이기적인 마음으로 당신을 피한다면, 당신이 겪는 고난을 감히 상상할 수 없기에 당신을 혐오한다면, 그때 당신은 동정 없이 지낼 수 있어야 합니다. 동정심이 부족한 것을 불쾌하게 생각하지 말아야 합니다. 하나님은 확실히, 이것을 유심히 볼 것입니다.

그때 이 강화가 당신에게 묻습니다. 혹은 당신이 이 강화에 도움받아 스스로 묻습니다. 지금 진리 안에서 한가지를 품을 정도로 살고 있습니까? 주제넘게 당신을 판단하려는 것이 아닙니다. 또한, 누구도 판단하지 않습니다. 성서가 불행한 자를 향해 애정 어린 마음을 갖는다면, 사람이 세상의 권력자와 유명인들과 관계하는 같은 방식으로, 성서가 정확히, 함께 고난 겪는 자를 존경하는 마음으로 그를 돌보는 것은 당연합니다.[39]

이 강화는 캐묻기 좋아하여 분주하게 당신이 무슨 고난을 겪는지, 그 고난의 종류가 무엇인지 묻지 않습니다. 혹은 얼마나 오래 고난을 겪었는지도 묻지 않습니다. 의사나 목사가 당신의 고난을 어떻게 생각하던지도 묻지 않습니다. 그들이 이 땅의 소망을 당신에게 얼마나 심어 주었는지도 묻지 않습니다. 아아, 그러나 바보처럼 다른 사람의 관심을 끌어들이기 위한 구별의 표시로 고난을 생각하는 경우가 있습니다.

당신은 이 강화에 도움받아 당신 자신에게 질문합니다. 고난 겪는 자가 고독한 중에 자기 자신에게 말할 때, 자기 삶이 무엇으로 형성되었는지 스스로 물을 때, 진리 안에서 한가지만을 품었는지 물을 때, 무엇을 가장 잘 아는지 장황한 이야기에 빠져들 만한 유혹은 없습니다. 비교에 빠지는 유혹도 없습니다. 모든 비교는 해를 끼칩니다. 그것은 악일 뿐입니다.

당신은 지금 진리 안에서 한가지만을 품고 있습니까? **당신이 고난으로부터 자유롭기 위해서만 한가지를 품는다면,** 그것은 진리 안에서 한가지만을 품은 것이 아니라는 것을 당신 스스로 알고 있습니다. 그러나 당신이 너무 둔한 나머지 이 소원이 사라졌다면, 이 소원의 고난 중에 사람이 되는 것이 무엇인지 알게 하는 저 행복한 관계와 단절했다면, 사람이 되는 것이 얼마나 사랑스러운 것인지, 더 행복한 자로 사는 것이 얼마나 아름다운지 잊었다면, 이것 역시 진리 안에서 한가지를 품은 것이 아닙니다.

지금 이런 고난 중에 있는 당신의 상태는 어떠한가요? 의사와 목사는 당신의 건강 상태를 묻습니다. 그러나 **영원은 당신의 그 상태에 대한 책임을 당신 스스로 지게 합니다.** 조바심이 불타오른 나머지 경박하게 미신에 사로잡혀, 스스로 흔들리지 않도록 붙잡고 있는 상태인가요? 의기소침한 가운데 고통이 부재한, 그러한 나태한 상태인가요? 아니면 인내하는 가운데 스스로 모든 고난 겪기를 원하면서, 따라서 영원한 것이 당신을 위로하도록 한 상태인가요?

시간이 지남에 따라 당신의 상태는 어떻게 변했습니까? 잘 시작했으나 점점 더 조급해졌습니까? 반대로 시작에서는 조급했지만, 고난 겪는 중에 인내를 배웠습니까?[40] 슬프게도, 당신의 고난은 어쩌면 세월이 지나도 변하지 않은 채로 있습니다. 만약 고난이 변했다면, 그것은 의사나 목사가 서술해야 하는 문제임이 분명합니다. 아아, 당신의 고난이 변함없는 것 같다는 생각이, 당신에게 서서히 죽음을 드리우는 것처럼 보입니다.

그러나 의사와 목사, 그리고 당신의 친구가 말해야 하는 어떤 변화에 관해서도 알지 못하지만, 이런 변함없는 같은 무게 아래, 무한한 변화(infinite change)가 자리 잡고 있는지, 이 강화는 그것을 당신에게 묻습니다. 고난이 변하는 것이 아닙니다. 고난이 변했다면, 그것은 결국 유한한 변화(finite change)일 뿐입니다. 그러나 그것은 당신 안에, 좋은 것이 점점 더 좋아지는 무한한 변화, 무한한 향상(infinite improvement)입니다.

세월에 따라 변화된 당신의 상태를 이 강화가 서술해야 한다면, 감히 사도의 말씀을 인용할 수 있을까요? 이 강화가 "고난이 변함없음(steadfastness)을 가르쳤고, 그 변함없음은 경험을, 경험은 그에게 소망을 가르쳤다"[41]라고 감히 말하면서, 변하지 않는 고난 가운데 처한 당신 삶에 관해 감히 말할 수 있습니까? 이 강화가 당신 무덤 옆에서 감히 이렇게 말할 수 있겠습니까?

"그는 부끄러워할 수 없는 소망(hope, haab)을 얻었다."[42]

당신이 죽었기 때문에 무덤 앞에서 낙담하면서, 그저 중얼거릴 뿐인 감사의 말을 하는 대신, 이 강화가 기쁨에 찬 나머지, 담대하게 영웅의 무덤 옆에 있는 것처럼, 어느 날, 이렇게 감히 말할 수 있습니까?

"그의 삶 전체는 고난이었다. 그런데도 그의 삶은 저 수많은 사람을 부끄럽게 했다."

영원에서, 당신의 고난에 관한 어떤 질문도 없을 것입니다. 왕의 지위(king's purple)에 관한 질문도 눈곱만큼도 없을 것입니다. 정말로 눈곱만큼도 말입니다. 영원에서, 당신은 단독자로, 오직 당신의 믿음(Tro)과 충성(Troskab)에 관해서만 질문받을 것입니다. 맡은 책임이 크든 작든, 결코 어떤 질문도 없을 것입니다. 일할 수 있는 얼마나 많은 자금을 받았는지,[43] 견뎌야만 하는 수십 킬로의 짐을 얻었는지에 관한 질문도 없을 것입니다. **오직 당신의 믿음과 충성을 묻는 말만 있을 것입니다.**

시간에서는, 다른 질문을 받습니다. 특별히 얼마나 많은 일을 맡게 되었는지 질문을 받습니다. 많은 일을 맡았다면, 세상이 그토록 놀람으로 인해, 당신에게 충성심을 묻는 것은 잊힙니다. 그러나 적은 일을 맡았다면, 시간은, 그 일에 관해 당신으로부터 어떤 것도 듣고 싶어 하지 않습니다. 그 일에 어떤 짐이 있었는지, 어떤 충성이 있었는지도 듣고 싶어 하지 않습니다.

영원은 충성만 묻습니다. 가장 비참하게 고난 겪는 자에게 묻는 것만큼이나 진지하게, 왕에게도 충성에 관해서만 묻습니다. 거의 어떤 일도 맡은 일이 없다는 것은 변명이 될 수 없습니다.[44] 단순하고 유일하게 충성을 묻고 있는 질문에 따른 대답도 아닙니다. 고난이 사람을 유혹할 뿐만 아니라 훌륭한 안내자가 될 수 있다는 것을, 영원한 긍휼함으로 알고 있는 질문에 대한 대답도 아닙니다. 왜냐하면 "슬픔이 웃음보다 나음은, 얼굴에 근심하는 것이 마음에 유익하기"(전도서 7:3) 때문입니다.

이것이 영원이 묻는 변화입니다. 고난의 불변성을 말하는 것이 아닙니다. 이것은 영원이 질문하는 방식입니다. 당신 스스로 이 강화의 때를 생생하게 생각한다면, 당신이 이것을 당신 자신에게 묻는다면, 저 변화가 자리를 잡지 못했더라도, **진리 안에서 충성을 행했는지 질문 받는다면, 이것은 당신에게 변화를 일으킬 수 있는 큰 도움을 줄 것입니다.**

인간의 동정이 당신에게 아무리 부지런히 질문한다 해도, 그 질문이 고난의 불변성에 변화를 줄 수 없습니다. 하지만 하나님 앞에서와 진리 안에서, 당신 자신에게 영원의 질문을 언급한다면, 이 질문은 그 속에 이미 변화의 가능성을 포함하고 있습니다. 그러나 나는 지금 덕을 세우기 위한(upbuiliding) 것처럼 말하고 있습니다. 마치 존경심에서 나온 것처럼 행한다면, 강화가 이 질문을 촉구하는 것에 관해 양심의 거리낌이 있습니다. 그러나 당신은 스스로 가장 잘 압니다. 당신이 이 질문을 한다면, 그것은 결산하는 질문일 것입니다. 다음과 같습니다. 당신은 현재 이런 방식으로 살고 있습니까?

결론: 사람과 영원

이것들이 이 강화의 질문이었습니다. 나의 독자여, 당신이 단독자라면, 그리고 우리가 이런 방식의 삶에서 얼마나 멀리 떨어져 있는지, 스스로 고백해야 한다면, 진리 안에서 한가지만을 품는 저 마음의 청결에서 얼마나 멀리 떨어져 있는지, 이 질문이 대답을 요구하고 있습니다. 그러나 다른 의미에서 모든 착각과 기만을 회피하기 위해 대답이 필요 없다면—왜냐하면 그런 대답들은 오히려 우리 자신에 대한 고발이기에—그것이 질문의 형식을 갖췄음에도 불구하고 그것은 바로 통곡으로 바뀌고 말 것입니다. 그때, 단독자로서의 나의 독자여, 내가 다음과 같이 말하기에 우리는 결국 하나가 되어야 하는 것일까요?

"우리 삶은 아마도 다른 모든 사람의 삶과 똑같다."

우리가 이 시간에 처음부터, 또한 모든 것을, 다시 시작해야 할까요? 많은 사람 가운데 함께하고 있는 회피에 관해 다시 말해야 할까요? 왜냐하면 많은 사람이 있는 곳에, 외모(externality), 비교, 방탕, 변명, 회피가 있기 때문입니다! 회피가 파괴적 특성을 가짐을 이해하고 있을지라도, 끝내 우리는 그것을 의지함으로 끝나야 하는가 말입니다! 집단이 실패한다는 사실로 우리 자신을 위로해야 하나요?! 아아, 이미 이곳 시간에서 집단적 실패는 그 자체로 가엾은 위로입니다. 영원에서 집단적 실패란 존재하지 않는 것이기 때문입니다.

영원에서 나의 독자여, 단독자인 당신과 나는 개인으로, 개인으로 홀로, 그 삶의 특별한 것에 질문받을 것입니다.[45] 내가 이 강화에서 틀리게 말했더라면, 나의 독자, 당신은 그것을 질문받지 않을 것입니다. 나는 어떤 사람에게서도 그것을 배울 수 없었습니다. 왜냐하면 그가 잘못된 것을 제시했다면, 그는 그것에 관해 질문받을 것이고, 나는 다른 사람에게서 배운 잘못된 가르침에 대해 책임지게 될 것이기 때문입니다.

나는 누구와도 협력하지도 않았습니다. 왜냐하면 그의 협력이 파괴적이었다면, 그는 그것을 질문받을 것이고, 나는 그와 협력을 추구했거나 회피하지 않은 점에 관해 책임을 지게 될 것이기 때문입니다. 게다가, 나 자신을 타락하게 한 것에 관해서도 책임을 지게 될 것입니다.

만일 내가 틀리게 말했다면, 내가 틀리게 말한 것까지, 단독자로서 그것에 관해 질문을 받을 것입니다. 거기에는 어떤 변명도 없습니다. **영원에서는 눈곱만큼도 집단적 실패에 관한 생각은 없습니다!** 영원에서, 나의 독자, 단독자인 당신과 나는 단독자로서, 단독자로 홀로, 그 삶의 특별한 것들을 질문받을 것입니다.

내가 이 강화에서 진실하게 말한 것이 사실이라면, 나는 이것을 더 많이 질문받지 않을 것입니다. 내가 사람들을 얻었는지도 질문받지 않습니다. 반대로, 내가 그들을 얻기 위해 최소한의 것이라도 했는지 질문받게 될 것입니다. 내가 이것을 통해 이 땅의 유익을 얻었는지에 관해서는 질문받지 않습니다. 반대로, 내가 그것을 얻기 위해 최소한의 것이라도 했는지 질문받게 될 것입니다.

내가 무슨 결과를 생산했는지도 질문받지 않습니다. 혹은 내가 무엇이든 어떤 결과를 만들었는지, 내가 만든 결과가 손실과 조롱이었는지, 질문받지도 않습니다. 아니, 영원은 이런 모든 어리석은 질문들로부터 나를 제외할 것입니다.

시간에서 일어나는 일은 너무 혼란스러우므로 어떤 것이 어떤 것이고, 어떤 질문이 진지하고, 어떤 질문이 경박한지 알 수 없습니다. 특별히 경박한 질문이 천 번 정도 들려질 때, 진지한 질문이 한 번 정도 들린다면 그렇습니다. 하지만 영원은 구별할 수 있습니다. 물론, 이에 따라 문제가 더 쉬워지는 것은 아닙니다. 진지한 질문이 더 진지해질 뿐입니다. 영원에서는 눈곱만큼도 집단적 실패란 없습니다. 영원에서, 나의 독자여, 단독자인 당신과 나는 단독자로서, 단독자로 홀로, 그 삶의 특별한 것들에 질문받을 것입니다.

삶에 관련한 진실한 관찰이 이 강화에 포함된 것이 사실이라면, 이것을 제시할 만한 기회와 능력이 내게 허락된 것이 사실이라면, 이 강화가 수행되어야 할 상황이 호의적이지 않은 것이 사실이라면, 영원은 캐묻기 좋아하지도, 장황한 세부적 상황에 관여하지도 않을 것입니다. 오히려 단독자로서 나에게 책임을 지게 할 것입니다. 내가 만일 침묵한다면 말입니다.

시간에서, 내가 지닌 과업이라는 것이, 내 이익을 위해 영리해지는 것일 때, 세상의 영리함이 판단하고 평가할 때, 비호의적인 상황은 침묵을 위한 방어일 뿐만 아니라, 침묵은 영리함으로 존경받습니다. 반면에 호의적 상황은 모든 사람이 대화에 참여하도록 초대합니다. 하지만 영원에서, 상황이 어렵다면, 말해야 하는 의무는 두 배가 됩니다. 어려움은 소환이고 출두 명령(summons)입니다.

영원히, 단독자는 그 환경들이 비호의적이었다는 것을 알았는지만 질문받을 것입니다. 이 경우에 그는 감히 침묵한 채 남아 있었는지, 속담에서 말하듯 침묵과 동의로, 단독자로서 그 상황이 진리에 더욱 비호의적이 되도록 헌신했는지만 질문받을 것입니다.

영원히, 그 상황에 어떤 숨겨진 장소도, 어떤 회피도 있을 수 없습니다. 왜냐하면 그는 단독자로서만 질문받을 것이고, 어려운 상황은 그를 두 배 더 무거운 형량으로 기소(indictment)하는 것과 같이 될 것이기 때문입니다. 다시 말해, 침묵한 채 남는 것, 이것은 잠을 자는 것과 같지 않습니다. 물론, 잠을 자는 자는 죄를 짓지 않습니다. 그러나 단독자가 침묵한 채 있으므로 세상에서 자기 자신에 대한 충격적인 죄책감을 초래하는 하는 한, 이것은 잠을 자는 상태와 같지 않습니다.

죄책감은 그가 상황을 변화시키지 못했다는 데 있지 않습니다. 그가 오직 침묵하며 남아 있었다는 데 죄책감이 있습니다. 그 침묵이 만일 분별에서 나왔다면 침묵 상태로 남는 것은 올바릅니다. 그러나 그 침묵이 영리함에서 나온 것이라면, 그때 죄책감을 낳습니다. 침묵으로 남는 것이 가장 영리한 것이니까요.

그러나 질문이 마치 고발하는 것처럼 들릴 때, 우리는 무엇을 해야 할까요? 무엇보다, 각자는 서로 분리되어 하나님 앞에 책임 있는 단독자가 되어야 합니다. 각자는 서로 분리되어 단독성이 내리는 이 엄격한 심판을 견뎌야 합니다. 바로 이것이 강화의 목적은 아닌가요? 저 조용한 정원에서 "죽은 자의 수가 어떤 무리를 만들 수 없듯" 고백하는 자의 수가 어떤 무리를 만들 수 없습니다. 심지어 왕도 저 보통 사람들을 피하고자 분리되어 저 고백에 이르지 못합니다. 왜냐하면 고백하고 있는 자는 무리와 함께 하는 것이 아니기 때문입니다.

각자는 하나님 앞에 단독자로 홀로 있습니다. 남편과 아내가 함께 저 고백에 이른다 해도, 함께 고백하는 것이 아닙니다. 저 고백하는 자는 무리 안에 있는 것이 아니기 때문입니다. 그는 단독자로서 홀로 하나님 앞에 있습니다. 그가 단독자로서, 보잘것없는 자가 속삭여 주는 것으로 도울 때, 자신에게 언급된 저 질문이 고소였다는 것을 자기 자신에게 인정할 때, 그는 고백하고 있습니다. 사람은 공로나 업적을 고백하는 것이 아닙니다. 그는 죄를 고백합니다.

그가 고백할 때, 스스로 어떤 공로도 없었다는 것을 깨닫습니다. 저 공로와 업적이 기만과 착각이었다는 것을 깨닫습니다. 그것들은 대중 가운데 있거나 적어도 다른 사람들과 어울릴 때 있었던 것들입니다. 따라서 자기 자신을 단독자로 인식하지 못한 자는 스스로 공적이 있는 자라고 인정하는 유혹에 쉽게 빠집니다. 그러나 고백의 목적이란, 고백의 순간에 자기 자신이 단독자라는 것을 깨닫는 것이고, 만일 그렇지 않다면, 이런 깨달음 없는 삶을 살아야 하는 데 있지 않습니다. 오히려, 그는 고백의 순간에 단독자로서 어떻게 살았는지, 단독자로 결산해야 합니다.

매일의 삶에서 그에게 이와 같은 의식을 요구하지 않는다면, 고백이 요구하는 것은 자기모순에 불과합니다. 보통 사람이 어떻게 왕처럼 살아왔는지를 하나님과 자기 자신에게 결산하도록 요구하는 것과 같습니다. 왕이 된 적이 없는 그에게 말입니다. 사람이 이런 깨달음 없이 삶을 살게

했을 때, 단독자로서 그의 삶에 대한 결산을 요구하는 것도 이와 마찬가지입니다.

독자여, 이 강화가 어떻게 시작되었는지 지금도 기억하고 있습니까? 혹시 잊었다면, 지금 기억해 내도록 내가 도와도 되겠습니까? 시간에서 그것이 자신의 때를 갖고 있는 것이 사실입니다.[46] 그러나 **영원에서는 '언제나' 때**(time)**를 갖고 있어야 합니다.** 삶에서 이런 일이 일어나지 않는다면, 영원은 다른 이름으로 다시 오고, 또 다시 '언제나 때를' 갖고 있어야 합니다. **그것은 바로 회개입니다.**

어떤 사람의 삶도 완전하게 수행되지 않고 모두 나약하기에, 섭리는 사람의 삶의 길에 두 명의 안내원을 보내주셨습니다. 한 명은 앞에서 부르고 다른 한 명은 뒤에서 부릅니다. 그러나 회개의 부름은 언제나 11시에 있습니다. 따라서 고백은 11시에 있습니다. 갑자기 그런 것이 아닙니다. 왜냐하면 고백은 거룩한 행위요, 침착한마음(collected mind)을 요구하기 때문입니다.

침착한마음, 이것은 모든 혼란 중에서, 모든 관계에서 자기 자신을 모으는 마음입니다. **하나님 앞에 책임을 지는 단독자로, 자기 자신과의 관계에 집중하기 위해서입니다.** 이것은 모든 혼란 가운데, 이로 인한 모든 비교에서 자기 자신을 모으는 마음입니다. 비교는 이 땅에서 우연히 생기는 낙담을 부추깁니다. 비교하는 자는 자기가 수많은 다른 사람 뒤를 따라가고 있을 뿐이라는 것을 스스로 고백해야 하기 때문입니다. 다른 관점에서 비교는 오만을 부추깁니다. 인간적으로 말해, 그는 수많은 다른 사람 앞에 멀리 가는 것처럼 보이기 때문입니다.

고백하는 자는 저 비교를 초월하여 있다는 것, 그가 단독자로서 자기와의 관계에 집중하기 위해 모든 관계에서 벗어나 있다는 것, 그렇게 함으로써 그가 평상시에 맺었던 모든 관계의 책임을 지는 것, 이것은 저 11시의 곤경에 관한 새로운 표현입니다.[47] 비교가 더 많을수록, 시간은 더 많이 있는 것처럼 보입니다. 비교가 더 많을수록, 사람의 삶은 더 나태해지고, 더 시시해집니다.

그러나 모든 비교가 무한히 중단될 때, 그는 하나님 앞에서 고백하고 있는 단독자와 같습니다. **그는 비교를 초월하여 죄인이 됩니다**(guilty). 마음의 청결을 요구하는 이 요구가 모든 비교를 초월하여 존재하는 것처럼 말입니다. **하나님은 그에게 마음의 청결을 요구하십니다.** 고백하는 자는 하나님 앞에서 자기 자신에게 그 청결을 요구합니다. 슬프지만, 이것이 그가 죄를 고백하는 이유입니다. 고백의 행위와 시간이 아무리 어렵다 해도, 고백하는 자는 영원을 얻습니다. 즉, 그는 단독자라는 의식(consciousness) 가운데 있다는, 진리 안에서 한가지를 품는 이 과업 가운데 있다는, 그런 확신을 얻습니다.

이 의식은 좁은 문이요, 협착한 길입니다.[48] 이 길은 사람들이 한 줄로 따라가는 그런 좁은 길이 아닙니다. 아닙니다. 이런 협착함은 각각 분리되어 단독자가 되는 데 있습니다. 그는 이 좁은 길을 따라 이 바늘구멍을 통해 진군해야 합니다. 거기에서는 어떤 비교도 그를 진정시킬 수 없습니다. 어떤 것도 이 비교처럼, 그토록 음흉하고 잔인하게 그를 죽일 수 없습니다.

반면에, 넓은 길은 넓습니다. 수많은 사람이 그 길을 걷고 있으니까요. 대중의 길은 언제나 넓습니다. 거기에는 기가 막힐 정도로 유독한 변명의 꽃들이 만발해 있습니다. 변명을 유혹하는 숨겨진 장소가 바로 거기에 있습니다. 비교의 차디찬 미풍이 바로 거기 있습니다. 그 길은 생명으로 인도하지 않습니다.

단독자만 오직 진리 안에서 선을 품습니다. 고백의 11시에서뿐만 아니라 매일의 삶에서 회개할 때, 그를 고소하고자 하는 모든 질문이 있더라도, 분주한 일이 방해할지라도, 그 길은 옳은 길입니다. 그는 한가지를 품음으로 마음의 청결을 요구하는 저 요구와 관계하고 있습니다.

나의 독자, 당신이 여기에서 말한 것보다 고백에 관해 더 많은 것을 안다면, 죄의 고백 다음으로 무엇이 따라오는지 안다면,[49] 이렇게 길어진 강화가 헛된 것만은 아닙니다. 이 강화가 실제로 당신을 멈출 수만 있다면, 당신이 잘 아는 것의 도움을 받아 당신을 멈출 수만 있다면, 더 많이 알고 있는 당신을 멈출 수만 있다면 말입니다.

그러나 이것을 잊지 마십시오. 모든 것 중에 가장 끔찍한 일이란, "속은 채 계속 살아가는 것"입니다. "속을 것으로 예상되는 것이 아니라, 다양한 지식에 의해 속는 것입니다." 아아, 바로 저런 이유로 얼마나 끔찍하게 속는지요. 기독교 국가에서 모든 사람이 아는 것을 설교자가 모르고 있는 사실이 있다는 것을 어떤 사람도 의심하지 않도록, 가능한 모든 것이 들려지게 하려고 가능한 빨리 특별한 것을 설교자가 포기하는 것이 가장 큰 유혹이라는 것, 이것을 명심하십시오.

아, 오직 하나님만이 단독자가 어떻게 이것을 알고 있는지 압니다. 그러나 사람이 더 멀리, 더 멀리 간다고 한들, 이것이 그에게 무슨 소용이 있습니까? 그에 관해 이것을 말해야 합니다.

"그는 끊임없이 멀리 간다."

또한 다음과 같이 말해야 한다.
"그를 멈출 수 있는 것은 아무것도 없다."

멈춤(halting)이란 나태한 휴식(indolent resting)이 아닙니다. **운동**(movement)입니다. **멈춤은 마음에서 일어나는 내면의 운동입니다.** 자기의 내적 성숙입니다. 다만 더 멀리 앞으로 진행하는 것은 곧장 표면 위에 있는 과정에 불과합니다. 이 길 위에서는 한가지를 품는 곳에 도달하지 못합니다. 언젠가 결정적으로 멈춘 자만이 더 멀리 갈 때, 다시 더 멀리 가기 전에 멈출 때, 그때만 그가 한가지를 품을 수 있습니다. 마음의 청결이란 한가지를 품는 것입니다.

하늘에 계신 아버지! 당신 없는 인간은 다 무엇입니까![50] 인간이 알고 있는 모든 지식이 다 무엇입니까! 인간이 알고 있는 지식이 아무리 광대하고 다양해도, 당신을 모른다면 일관성 없는 토막지식에 불과합니다.[51] 인간의 모든 노력이 다 무엇입니까! 그 노력이 세상을 다 품는다 해도, 당신을 모른다면, 일의 완성에 겨우 절반 정도 도달한 것에 불과합니다. 왜냐하면 당신은 하나이면서 전부이기 때문입니다!

그때, 주여, 우리의 이해에, 한가지를 깨달을 수 있는 지혜를 더하여 주소서. 우리의 마음에, 이 지혜를 받을 수 있는 성실을 더하여 주소서. 우리의 의지에 한가지만을 품을 수 있는 청결을 더하여 주소서.

그때, 모든 일이 다 잘 풀릴 때, 한가지만을 품을 수 있는 인내력을 더하여 주소서. 마음이 혼란할 때, 한가지만을 품을 수 있는 집중력을 더하여 주소서. 고난 겪을 때, 한가지만을 품을 수 있는 참을성을 더하여 주소서.

오, 일을 시작하시고 완성하시는 주여,[52] 날이 밝을 때, 젊은이에게, 한가지만을 품을 수 있는 결심을 더 하여 주소서. 날이 저물 때, 늙은이에게 처음의 결심을 새롭게 할 수 있는 기억을 더 하여 주소서. 그래서 마지막이 처음과 같도록, 처음이 마지막과 같게 하여 주소서. 그래서 오직 한가지만을 품었던 자의 삶이 되게 하여 주소서.

그러나 아! 이것은 이런 식이 아닙니다. 처음과 마지막 사이에 무언가 끼어들었습니다. 그것들 사이에 죄의 분리가 놓여 있었습니다. 매일, 허구한 날, 그것들 사이에 무언가 개입합니다. 곧, 지연, 멈춤, 중단, 오류, 파멸입니다.

그때, 주여, 회개하는 가운데 다시 한가지만을 품을 수 있는 담대한 확신을 더 하여 주소서.

회개는 일반적 과업의 중단을 가져옵니다. 회개는 일의 멈춤을 가져옵니다. 회개하는 자가 죄를 고백하는 중에, 자기를 고발하며 하나님 앞에 홀로 있을 때, 그날이 그에게는 바로 안식일인 것처럼 말입니다. 회개할 때만이, 무거운 짐을 진 자는 고요합니다.

오, 그러나 회개는 진실로, 처음으로 돌아갈 것을 구하는, 중단입니다. 그리하여, 회개는 분리된 것을 재결합합니다. 그리하여, 회개는 슬픔 가운데, 실패를 만회합니다. 그리하여, 회개는 배려 가운데, 앞에 놓인 것을 완성합니다.

오, 일을 시작하시고 완성하시는 주여, 환난 날에 승리를 더하여 주소서. 그리하여, 회개하는 가운데, 고통당하는 자와 욕망에 불탔던 자와 결심 가운데 단호했던 자, 그들이 실패했던 것을 실행하는 데 성공할 수 있도록 도와주소서. 곧, 한가지만을 품을 수 있게 하옵소서.

참고자료

1 교회, 여기서는 고해성사가 이루어지는 방.

2 마태복음 7:1~2, "비판을 받지 아니하려거든 비판하지 말라. 너희가 비판하는 그 비판으로 너희가 비판을 받을 것이요, 너희가 헤아리는 그 헤아림으로 너희가 헤아림을 받을 것이니라."

3 야고보서 1:22, 25를 참고하라.

4 배우가 대사를 잊었을 때, 상기시켜 주는 사람이다.

5 명령받은 기도: 그 당시 『교회 예식서(Kirke-Ritualet)』, 3-5쪽에 따르면, 예배는 성가대가 예배당 입구와 바닥에 서서 다음과 같은 짧은 기도로 시작한다. "주님, 창조주 하나님 아버지, 나의 구주 예수님, 삶과 죽음에 합당한 보혜사 성령님, 내게 말씀하실 것을 들으려고 이 거룩한 집에 왔습니다. 오 주여! 예수 그리스도를 위해 당신의 성령으로 제 마음을 충만하게 하시고, 설교를 통해 제 죄를 애통해하고, 삶과 죽음에서 예수 그리스도를 믿으며, 거룩한 삶과 행동으로 매일 저를 위해 중보하는 것을 배우게 하소서. 예수 그리스도의 이름으로 기도합니다. 아멘!" 『교회 예식서』, 5~6쪽, 예배는 또한 다음과 같은 짧은 기도와 주기도문으로 끝난다. "주님, 이제 당신께서 제가 무엇을 하기를 원하는지 가르쳐 주신 것을, 모든 사람을 대신하여 감사드립니다. 나의 하나님, 예수 그리스도를 위해 당신의 성령으로 지금 나를 도우시어, 내가 당신의 말씀을 깨끗한 곳에서 지키고, 그 안에서 믿음으로 강건해지고, 거룩한 생활로 향상되어, 삶과 죽음에서 나를 위로하게 하소서, 아멘."

6 슐라이어마허의 변증학을 참고하라.

7 창세기 3:8, "그들이 그날 바람이 불 때 동산에 거니시는 여호와 하나님의 소리를 듣고 아담과 그의 아내가 여호와 하나님의 낯을 피하여 동산 나무 사이에 숨은지라."

8 갈라디아서 3:28, "너희는 유대인이나 헬라인이나 종이나 자유인이나 남자나 여자나 다 그리스도 예수 안에서 하나이니라."

마태복음 22:30, "부활 때에는 장가도 아니 가고 시집도 아니 가고 하늘에 있는 천사들과 같으니라."

9 디모데전서 2:14를 암시한다. "아담이 속은 것이 아니고 여자가 속아 죄에 빠졌음이라."

10 이 부분은 창세기 1:28을 암시한다. 이 부분은 결혼예식의 일부였다. "하나님이 그들에게 복을 주시며 하나님이 그들에게 이르시되, 생육하고 번성하여 땅에 충만하라, 땅을 정복하라, 바다의 물고기와 하늘의 새와 땅에 움직이는 모든 생물을 다스리라 하시니라."

11 상호작용은 인과 관계에 관련한 논의에서, 독일의 이상주의에서 흔히 사용되는 개념으로, 원인과 결과가 서로 영향을 주고 받는 관계로 인식된다.

12 부분적으로는 시립, 부분적으로 민간 기관을 의미하며, 무능력자, 빈곤층, 병자 또는 노약자에게 무료 숙박과 보살핌을 제공하는 곳을 말한다.

13 이 구분은 비길리우스 하우프니엔시스가 쓴 《불간의 개념》(1844)의 모토에서 소크라테스에 기인한다. "왜냐하면 소크라테스는 '자신이 이해한 것과 이해하지 못한 것을 분별했다는 점'에서 위대했기 때문이다." 《불안의 개념》 임규정 역 (파주: 한길사, 2008), 76쪽.

14 Plato, Republic, 518 a-b; Opera, IV, pp. 384-87; Dialogues, p. 750; 《국가 정체》 박종현 역 (파주: 서광사, 2009), 455쪽. (소크라테스가 말한다.)

"그러나 만약에 어떤 이가 지각이 있다면, 그는 눈에 있어서의 두 가지 곤혹 현상이 두 가지 것(원인)에서 연유하여 일어난다는 것을, 즉 빛에서 어둠으로 옮겼을 때와 어둠에서 빛으로 옮겼을 때에 일어난다는 것을 기억할 걸세. 이 사람은 똑같은 현상들이 혼(soul)의 경우에도 일어난다는 데에 생각이 미치어, 어떤 혼이 혼란을 일으켜 뭘 알아볼 수 없게 되는 경우를 보게 되더라도, 생각 없이 웃지 않고, 이 혼이 한결 밝은 삶에서 와서 미처 익숙하지 못하여 암흑 속에 있는 것인지, 아니면 한결 심한 무지의 상태에서 한결 더한 밝음으로 감으로써 눈부셔하는 것인지를 살피려 할 걸세. 그래서 그는 한쪽에 대해서는 혼의 그런 처지와 삶을 행복하게 여기되, 다른 쪽에 대하여는 불쌍히 여길 것이며, 또한 이 혼에 대해서 웃고 싶은 심정일지라도, 그의 웃음은 위쪽의 빛에서 온 혼에 대한 웃음보다는 덜한 것일 걸세."

15 다윗을 말한다.

16 시편 2:4, "하늘에 계신 이가 웃으심이여 주께서 그들을 비웃으시리로다."

17 욥기 21:17~18, "악인의 등불이 꺼짐과 재앙이 그들에게 닥침과 하나님이 진노하사 그들을 곤고하게 하심이 몇 번인가. 그들이 바람 앞에 검불 같이, 폭풍에 날려가는 겨 같이 되었도다."

시편 35:5, "그들을 바람 앞에 겨와 같게 하시고 여호와의 천사가 그들을 몰아내게 하소서."

이 부분은 주로 악인에 대하여 상용되는 이미지이다.

18 요한복음 14:2, "내 아버지 집에 거할 곳이 많도다. 그렇지 않으면 너희에게 일렀으리라. 내가 너희를 위하여 거처를 예비하러 가노니"

19 덴마크어 "Du"는 일반적인 이인칭 단수 대명사이다. 가족 구성원이나 친구들을 언급할 때 사용된다. 영어에서 "thou"는 같은 형태의 고어이다. 그러나 현재 사용되고 기독교적 용법은 이 단어에 옛 격식체의 이인칭 복수 형태로 거리감과 엄숙함을 부여한다. 하지만 30년 내지는 40년이 지나면서 실제로 차이는 사라졌다. 지금은 누구나 "Du"로 부른다.

20 잠언 17:28, "미련한 자라도 잠잠하면 지혜로운 자로 여겨지고 그의 입술을 닫으면 슬기로운 자로 여겨지느니라."

21 요한일서 4:8, "사랑하지 아니하는 자는 하나님을 알지 못하나니 이는 하나님은 사랑이심이라."

22 잠언 1:7, "여호와를 경외하는 것이 지식의 근본이거늘 미련한 자는 지혜와 훈계를 멸시하느니라."

잠언 9:10, "여호와를 경외하는 것이 지혜의 근본이요 거룩하신 자를 아는 것이 명철이니라."

23 누가복음 10:42절을 암시한다.

24 이 부분은 마틴 루터의 직업관을 언급하는 것이다. 다음 자료를 참고하라. 예를 들어, "하나님의 일에 관하여" 2장 2절 4항(Om Guds Gierninger, afsnit 2, § 4, i Balles Lærebog), 24쪽: "모든 사람은 자신이 처한 지위를 하나님의 부르심으로 간주하여 상황에 따라 자신이 할 수 있는 최대한의 최선을 행해야 한다." 여기에서 바울의 고린도전서 7장 20절을 인용하고 있다. "각 사람은 부르심을 받은 그 부르심 그대로 지내라."

25 이 부분은 아마도 이탈리아의 도시 폼페이, 헤르쿨라네움을 언급한다. 이 도시들은 베수비오 화산폭발로 멸망한 도시들이다. 실제적인 발굴은 1738년에 시작되었다고 한다. 1806년에는 많은 사람들이 화산폭발로 죽었다는 사실이 드러났다. 아마도 이런 사실들이 키르케고르가 살았을 당시에 큰 이슈가 된 것처럼 보인다.

26 죽은 자들을 의미한다.

27 덴마크어로 "fornem"은 원래 "구별된, 배제된"의 의미로 여기에서는 의미 상, 귀족으로 바꾸었다. 죽어서 하나님의 나라에 있는 사람들은 모든 고난으로부터 "배제되어 귀족"이 된 것처럼 보인다.

28 여기에서 그 의미와 관련하여서는, 직업에 비천에 따른 차이들을 의미한다.

29 원고에서; ". . . . 왜냐하면 당신은 그것을 할 수 있으니까. (아들러(Adler): 하나이며 유일한 증거는 그것을 할 수 있다는 것이다.) -Pap. VII1 B 158:8 n.d., 1846

30 누가복음 17:10, "이와 같이 너희도 명령 받은 것을 다 행한 후에 이르기를 우리는 무익한 종이라. 우리가 하여야 할 일을 한 것뿐이라 할지니라."

31 히브리서 11:35, "여자들은 자기의 죽은 자들을 부활로 받아들이기도 하며 또 어떤 이들은 더 좋은 부활을 얻고자 하여 심한 고문을 받되 구차히 풀려나기를 원하지 아니하였으며"

32 이 부분은 철학자 칸트를 언급하고 있다. 그에 의하면, 그 자체로 선한 목적이 있다. 이것은 그가 말한 "정언 명령"이 도덕성과 연결되는 이유이기도 하다. 정언 명령은 이 목적에 걸맞는 절대적 행위를 부여한다. 이와 대조적으로 어떤 특별한 목적을 달성하기 위한 수단에 따른 행위를 부여하는 것은 "가언 명령"이다. 정언 명령은 무조건적인 최고의 도덕법을 표현하고 그 의무에 따라야만 하는 것이다. 반면에 가언 명령은 어떤 도덕 가치가 없다. 따라서 목적에 따라 행동하는 것이 수단에 따라 행동하는 것보다 더 높고 중요하다.

33 잠언 25:13, "충성된 사자는 그를 보낸 이에게 마치 추수하는 날에 얼음 냉수 같아서 능히 그 주인의 마음을 시원하게 하느니라."

34 키르케고르 일기 AA:18을 참고하라.

35 데살로니가전서 5:6, "그러므로 우리는 다른 이들과 같이 자지 말고 오직 깨어 정신을 차릴지라."

베드로전서 4:7, "만물의 마지막이 가까이 왔으니 그러므로 너희는 정신을 차리고 근신하여 기도하라."

베드로전서 5:8, "근신하라 깨어라 너희 대적 마귀가 우는 사자 같이 두루 다니며 삼킬 자를 찾나니"

36 마태복음 7:12, "그러므로 무엇이든지 남에게 대접을 받고자 하는 대로 너희도 남을 대접하라. 이것이 율법이요 선지자니라."

37 사도행전 17:28~29, "우리가 그를 힘입어 살며 기동하며 존재하느니라. 너희 시인 중 어떤 사람들의 말과 같이 우리가 그의 소생이라 하니, 이와 같이 하나님의 소생이 되었은즉 하나님을 금이나 은이나 돌에다 사람의 기술과 고안으로 새긴 것들과 같이 여길 것이 아니니라."

38 cf. Fr. Schleiermacher's lectures on dialectics, see Dialectics. Aus Schleiermacher's handwriting body Nachlasse herausgegeben von L. Jonas, Berlin 1839, ktl. 769, eg § 45~46, p. 17f.

39 예를 들어, 마태복음 5:4를 보라. "애통하는 자는 복이 있나니 그들이 위로를 받을 것임이요."

40 히브리서 5:8, "그가 아들이시면서도 받으신 고난으로 순종함을 배워서"

41 로마서 5:3~4를 참고하라. "다만 이뿐 아니라 우리가 환난 중에도 즐거워하나니 이는 환난은 인내를, 인내는 연단을, 연산은 소망을 이루는 줄 앎이로다."

42 로마서 5:5, "소망이 우리를 부끄럽게 하지 아니함은 우리에게 주신 성령으로 말미암아 하나님의 사랑이 우리 마음에 부은 바 됨이니"

43 마태복음 25:14~30, 누가복음 19:12~27을 보라.

44 원고에서; 왜냐하면 이것은 그의 충성의 부족을 변명하고 있기 때문이다. -Pap. VII1 B 169:1 n.d., 1846.

45 이하의 구절은 다음을 참고하라. 원고에서; . . . . 개인으로 홀로, 그리고 모든 인간에게 어떤 일이 일어났는지 질문 받지 않을 것이다. 혹은 이웃과 이웃을 반대하는 자들에게 어떤 일이 일어났는지 질문 받지 않을 것이다. 단지 개인으로 질문 받을 것이다. ─Pap. VII1 B 169:2 n.d., 1846.

46 이 부분은 전도서 3:1~11을 참고하라.

47 마태복음 20:6, "제십일시에도 나가 보니 서 있는 사람들이 또 있는지라. 이르되 너희는 어찌하여 종일토록 놀고 여기 서 있느냐?"

48 마태복음 7:14, "생명으로 인도하는 문은 좁고 길이 협착하여 찾는 자가 적음이라."

49 이 부분은 죄의 고백 뒤에 제사장의 죄 사함의 선포를 언급한 것이다.

50 시편 8:5, "그를 하나님보다 조금 못하게 하시고 영화와 존귀로 관을 씌우셨나이다."

51 고린도전서 13:12, "우리가 지금은 거울로 보는 것 같이 희미하나 그 때에는 얼굴과 얼굴을 대하여 볼 것이요, 지금은 내가 부분적으로 아나 그 때에는 주께서 나를 아신 것 같이 내가 온전히 알리라."

52 빌립보서 1:6, "너희 안에서 착한 일을 시작하신 이가 그리스도 예수의 날까지 이루실 줄을 우리가 확신하노라."

마음의 청결

2023년 12월 18일 초판 1쇄 발행

지은이 | 쇠렌 키르케고르
옮긴이 | 이창우

발행인 | 이창우
기획편집 | 이창우
표지 디자인 | 이형민
본문 디자인 | 이창우
교정·교열 | 지혜령

펴낸곳 | 도서출판 카리스 아카데미
주소 | 세종시 대평로 56 515동 1902호
전화 | 대표 (044)868-3551
편집부 | 010-4436-1404
팩스 | (044)868-3551
이메일 | truththeway@naver.com

출판등록 | 2019년 12월 31일 제 569-2019-000052호

책값은 뒤표지에 있습니다.
ISBN 979-11-92348-01-8(세트)
ISBN 979-11-92348-24-7(94230)